多维视角下的社会体育研究

王志华 著

北京工业大学出版社

图书在版编目（CIP）数据

多维视角下的社会体育研究 / 王志华著. — 北京：北京工业大学出版社，2019.9
ISBN 978-7-5639-6967-8

Ⅰ. ①多… Ⅱ. ①王… Ⅲ. ①全民体育－研究 Ⅳ. ①G811.4

中国版本图书馆CIP数据核字（2019）第185329号

多维视角下的社会体育研究

著　　者：王志华
责任编辑：李倩倩
封面设计：点墨轩阁
出版发行：北京工业大学出版社
　　　　　（北京市朝阳区平乐园100号　邮编：100124）
　　　　　010-67391722（传真）　bgdcbs@sina.com
经销单位：全国各地新华书店
承印单位：定州启航印刷有限公司
开　　本：787毫米×1092毫米　1/16
印　　张：14.5
字　　数：290千字
版　　次：2019年9月第1版
印　　次：2019年9月第1次印刷
标准书号：ISBN 978-7-5639-6967-8
定　　价：50.00元

版权所有　翻印必究

（如发现印装质量问题，请寄本社发行部调换 010-67391106）

作者简介

王志华，教授，研究生学历，体育人文社会学，主要研究方向健康管理理论与实践、运动健康促进。主持科研课题4项，获广西高等教育自治区级教学成果奖2项；发表科研论文20余篇，获省级以上教学科研论文成果奖一等奖1项，二等奖6项；主编教材3部。

前　言

当前，竞技体育和大众健身已成为现代社会体育的两大主题。在我国，全民健身运动计划的实施取得了阶段性的成果，国民体质状况有了根本性的转变，人们的体育运动意识大大增强，群众的体育运动水平得到了普遍的提高，中国正以一个体育大国的形象出现在世界舞台上。

随着经济的发展和社会文明程度的提高，现代社会对人们素质的要求也越来越高，人们不仅要具有丰富的科学文化知识，而且要有强健的体魄和健康的心理。开展体育运动既能丰富人们的文化内涵，也能锻炼人们的体质和塑造人们的心灵。同时，体育作为一项文化事业，能够有效地推动社会和经济的发展，推动民族之间的交流与合作，增进本民族的伟大信心和凝聚力。可见，体育运动在现代社会的发展中正发挥着重要的作用。

在社会主义和谐社会建设的今天，我国的社会体育经过近几十年的发展也取得了一定的成绩，这是与社会体育的自身条件和客观条件分不开的。自身条件表现在，社会体育本身内容丰富，形式多样，贴近大众生活，符合现代社会发展及和谐社会建设的要求，深受广大群众的欢迎和喜爱；客观条件表现在，我国经济发展水平的提高、体育运动的快速发展以及人们体育意识的增强等因素为社会体育的发展奠定了良好的基础。

目前，我国的社会体育进入了一个新的发展阶段，在政府鼓励政策的支持和引导下，社会体育活动开展得如火如荼，我国的体育人口也呈现出显著增加的趋势。在新的时代背景下，众多专家及学者对社会体育的研究也更加深入和透彻。总体来看，我国的社会体育理论与实践体系已基本建立起来，并逐步走向完善。在高校中，全国各大高校及体育院校基本都开设了社会体育课程，这势必会推动社会体育快速发展。虽然，我国社会体育发展的势头良好，也取得了一定的成绩，但在发展的过程中仍然存在着诸多问题，如社会体育理论缺乏，组织与管理体系不健全，社会体育人才稀缺等，这都是今后需要大力发展的方面。

本书共分为八个章节，在第一章中主要介绍了社会体育的概念以及类型等内容；在第二章中主要对社会体育的参与进行了研究；在第三章中主要对社会体育资源进行了分析；在第四章中对社会体育与现代社会进行了分析；在第五章中对社会体育与健康管理进行了分析；在第六章中对城市社区体育与农村体育进行了分析；在第七章中对老年社会体育的组织与开展进行了分析；在第八章中对社会体育活动的内容原则与方法进行了分析。

总体来看，本书内容丰富、结构完整，对社会体育的基本理论问题进行了深入的剖析，对社会体育的组织管理问题进行了细致的梳理和分析，对社会体育实践的开展方式、方法做了全方位探索，体现了理论与实践的高度统一，对社区体育工作者具有重要的理论启示意义和现实借鉴价值。

本书在撰写的过程中，参考和借鉴了大量关于社会体育的书籍及资料，在此向有关专家及学者致以诚恳的谢意。当然，由于时间仓促和精力有限，本书难免存在不足之处，恳请广大读者批评指正。

目 录

第一章 绪 论 1
　第一节 社会体育概述 1
　第二节 社会体育的类型 10
　第三节 社会体育发展的方针、目标与任务 14
　第四节 国内外社会体育的发展概况 20

第二章 社会体育的参与研究 33
　第一节 社会体育参与概述 33
　第二节 体育人口与非体育人口 39
　第三节 我国参与体育锻炼的人口情况 42
　第四节 社会体育参与的影响因素 50

第三章 社会体育资源 59
　第一节 社会体育指导员 59
　第二节 社会体育经费 64
　第三节 社会体育场馆设施 70
　第四节 社会体育产业 82

第四章 社会体育与现代社会 85
　第一节 社会体育与生产生活的转变 85
　第二节 社会体育与社会文化 95
　第三节 社会体育的发展 98

第五章　社会体育与健康管理 ... 105
第一节　健康与健康管理 ... 105
第二节　健康的影响因素 ... 112
第三节　不同人群的健康管理 ... 122

第六章　社会体育活动的原则、内容与方法 ... 135
第一节　社会体育活动的原则 ... 135
第二节　社会体育活动的内容 ... 140
第三节　社会体育活动的练习方法 ... 155
第四节　社会体育活动的指导方法 ... 157

第七章　城市社区体育与农村体育 ... 165
第一节　城市社区体育的发展概况 ... 165
第二节　城市社区体育的组织与管理 ... 168
第三节　农村体育的发展概况 ... 179
第四节　农村体育的组织与管理 ... 188

第八章　老年社会体育的组织与开展 ... 193
第一节　我国社会的老龄化问题 ... 193
第二节　社会体育与老年人健康 ... 199
第三节　老年社会体育项目的选择 ... 206
第四节　老年社会体育的组织管理 ... 217

参考文献 ... 223

第一章 绪 论

从 20 世纪 90 年代开始，社会体育以其崭新的面貌走进人们的生活，成为现代生活方式的重要内容。社会体育是社会、经济发展的产物，是全民健身发展的必然要求。为此，国家体育局与国家教委于 20 世纪 90 年代初首先在我国北京体育大学、天津体育学院、沈阳体育学院等体育院校设置社会体育专业，以适应我国迅猛发展的社会体育需求。本章将对社会体育的概念与类型以及发展的方针、目标与任务进行分析。

第一节 社会体育概述

一、社会体育及相关概念解析

（一）社会学的概念

社会学产生于 19 世纪上半叶的欧洲，在 160 多年的时间里，社会学有了很大的发展，主要表现在两个方面：一是社会学自身不断发展和完善，并形成了许多理论和流派；二是社会学在世界各国广泛传播，成为一门重要的社会科学学科。

"社会学"一词最初得名于法国实证主义哲学家、社会学家孔德，他被誉为"社会学之父"。而后经过卡尔·马克思、斯宾塞、迪尔凯姆、马克斯韦伯等学者的不断发展，逐渐形成具有独立理论、研究方法和范式的一门社会科学。孔德创建社会学的根本目的是适应当时社会需要，探寻认识社会和解决社会问题的理论和方法。1838 年 10 月，孔德在《实证哲学教程（第 4 卷）》首次使用"社会学"这一概念，并提出建立社会学这样一门独立的学科，这标志着社会学的诞生。美国社会学家英克斯指出给社会学下定义的三条途径——历史的途径（创始人说了什么）、经验的途径（当代社会学家在做什么）、分析的途径（理性指示什么）。孔德认为社会学是"关于社会现象的根本原则的实证研究"，因此他认为社会学就是社会的百科全书。福武直认为"社会学是一门研究人类社会共同生活的科学"（日本《世界大百科辞典》）。也有人认为社会学是研究具体问题的行为科学，提出"社会学是关于人类行为科学的一个分支学科，旨在探究人之间的社会关系及人与人之间和集体之间相互交往和相互影响的原因及其结果"（《大英百科全书》）。

一百多年来，社会学的发展大致经历了初创时期、形成时期、发展时期三个不同的发展阶段。在各国的努力下，社会学的"本土化"工作发展迅速，社会学这一学科已在世界各国扎根、成长。19世纪末，社会学传入我国，经历了一个曲折的发展过程。近年来，我国学者对社会学的概念如何定义，众说纷纭。综合起来认为：所谓社会学"是指在现代社会关于社会良性运行和协调发展的规律性的综合性应用社会科学"。

（二）社会体育的定义

社会体育，在国外被称为大众体育，在我国习惯被称为群众体育。随着对群众体育运动系统深入研究，不少学者结合我国实际情况，认为社会主义市场经济条件下群众体育运动的发展，要充分依托社会，形成社会体育的机制，要从社会的整体视角来研究区别于竞技体育与学校体育之外的群众体育，因此主张用社会体育来取代群众体育名称。1995年8月29日，在第八届全国人大常委会第十五次会议上通过的《中华人民共和国体育法》中，正式使用了社会体育这一名称，使社会体育这一名称获得了法律界定与认可，社会体育已成为从事社会体育研究专家、学者高频率使用的词语。

社会体育，是指在社会余暇时间中广泛开展的，以身体运动为主要手段，以提高健康水平、进行娱乐消遣为主要目的，在身心健康发展的阶梯上不断超越自我，促进社会物质文明、精神文明进步的社会实践活动。这是社会体育的本质特点的高度概括。

社会体育是我国体育事业的重要组成部分，社会体育与学校体育、竞技体育等一起共同支撑着我国体育事业，是我国体育事业不可分割的组成部分。在我国体育事业的长期发展中，社会体育、学校体育、竞技体育这三大组织体系既各自独立，按照各自的目标和规律，运用各自的人力、财力和物力资源，在各自的领域运行与发展；又相互影响渗透，相互关联促进，以实现我国体育事业的发展目标。显然我国体育事业的发展既需要社会体育、学校体育、竞技体育这三大组织体系独立工作，发挥各自的功能作用承担起各自的责任义务，又需要社会体育、学校体育、竞技体育这三大组织体系有机结合，融为一体。因此，正确认识社会体育与学校体育、竞技体育的联系与区别，对正确把握社会体育概念与内涵大有裨益。

在我国的体育工作和体育活动中，社会体育与群众体育往往被混用在一起，笼统地被归为一种概念，这种现象的存在是可以理解的，因为这两种体育模式确实存在许多交集。但如果严格来看，社会体育与群众体育并不能简单地归为同一概念，它们有着各自不同的概念。

我国体育管理部门将我国的体育大致划分为群众体育和竞技体育两部分，其中群众体育包括社会体育、学校体育、军队体育。在这一概念里，社会体育被归类于群众体育的一部分，是包含在群众体育当中的。而我国《中华人民共和国体育法》则将体育分为社会体育、学校体育、竞技体育、军队体育四个部分，在这个分类当中群众体育并不自成一类，而是融入以上各个领域中的。

根据历史资料记载，"社会体育"一词早在1918年就已经在我国出现并且已经在体育范畴内广泛应用了。当时的社会体育的概念如下："社会体育者，指学校、军队以外一般社会之运动而言，期以锻炼身心，养成坚实之国民也。"而"群众体育"这一概念在我国于1929年也已经开始使用了。

现代社会体育的概念是指职工、农民和街道居民等自愿参加的，以增强身心健康为主要目的的，内容丰富、形式多样的群众体育活动过程。从这一概念可以看出，社会体育是我国现代体育事业的重要组成部分。社会体育与群众体育常常被归纳为同义词，是由于有广义和狭义之分。广义而言，社会体育是相对于高水平竞技体育而言的，在英文当中被称为"sport for al"，从字面理解，在这个概念当中，除了竞技体育之外的所有体育活动都包含在社会体育当中。同时，社会体育还有狭义概念，就是指广大民众自愿参加的以健身、健美、医疗、消遣、娱乐和社交为目的的，内容广泛、形式多样的体育活动过程。

社会体育是人的全面发展不可或缺的途径之一。社会体育在促进人的全面发展的同时，又能够将人的全面发展完全地反映出来，所以归根到底，社会体育存在的意义就是人的全面发展，社会体育在所有的体育类型当中涵盖的范围最为广泛。社会体育与竞技体育、学校体育和军队体育存在的最大区别就是作为社会体育的主体活动参与者对体育活动参与的自愿性和对活动要素把握的自主性。其中最为突出的一点就是社会体育的对象是除了学校体育涵盖的学生之外的普通人群，也与军事体育训练有着不同的意义。社会体育与社会文化的关系非常密切，它与社会文化相互交叉，相互影响，相互渗透。社会体育的活动形式多种多样，其活动内容也是丰富多彩、不拘一格的。社会体育存在着如此的包容性，以至于任何类型的体育都可以合理地存在于社会体育当中。

社会体育长期存在于人类社会，是由于它是一定的社会政治、经济、文化、教育的产物，同时对于人类的健康有着非常重大的意义，所以社会体育的生命力如此旺盛。而由于社会生产力正在不断增强，这使得人们能够参与体育活动的闲暇时间也变得越来越多，参加社会体育的机会和条件也与日俱增。社会体育不受固定规则、器材、设备、场地的限制，其参与对象也不受性别、年龄、职业、兴趣、爱好等方面的限制，因此，社会体育几乎没有任何多余的限制。在人们越来越重视健康的当今社会，社会体育的作用愈发凸显，无论是从社会文化的角度，还是从体育活动的角度来说，社会体育的参与程度几乎都是最高的。

二、社会体育的结构及特点

（一）社会体育的结构

社会体育的根本任务是增强体质、增进健康，围绕这些根本任务，社会体育由若干子系统通过一定的结构形式，相互联系构成了一个有机的整体。这个整体的根本性质是社会系统这一物质的系统。而论规模，社会体育是一个组织系统，它庞大而且复杂。

1. 社会体育结构的特性

（1）整体性

当今，人们在社会生活中已经离不开社会体育这一重要组成部分，因此可以极大地将社会体育的根本属性与发展方向体现出来。构成社会体育的每一部分都可以被看作一个整体，这个整体的组成部分是相互联系的。参与社会体育活动的人群都是社会体育活动的主体，他们的主体地位不因性别、年龄、职业而改变。社会体育如果缺少他们的参与，结构就会不完整。不仅社会体育的内部因素相互之间有着千丝万缕的联系，而且社会体育还与外界环境有着极其密切的关系，与外界环境的关系主要体现在：内部因素与外界的物质、能量与信息进行交换。

（2）稳定性

幼儿体育、家庭体育、民间体育、中老年体育、妇女体育、残疾人体育、职工体育、民族体育等不同类别的体育是现代社会体育结构包括的主要内容。

构成社会体育的每个因素都是相互制约与影响的，这正是社会体育结构稳定性的体现。不过相对于竞技体育和学校体育的结构来说，社会体育结构的稳定性是较为松散的。社会体育有着更加丰富的系统、有着与内外环境比较稳定的联系，而且社会体育与外部环境进行的物质、能量和信息交换也是相对稳定的。

（3）层次性

现代社会体育结构的层次是十分复杂的，这种复杂性可以从社会体育的表层结构与深层结构共同体现出来。具体如下。

①社会体育的年龄结构、类别结构、等级结构、组织结构、管理结构以及项目结构等是社会体育表层结构主要包括的内容。

②社会体育的性质结构、人才结构、知识结构、技术结构、智能结构、智力结构以及功能结构等是社会体育深层结构主要包括的内容。

（4）动态性

社会体育结构的动态特征是相对于稳定性来讲的。社会体育结构的动态性既包括整体的动态，又包括层次的动态。从这一点来看，社会体育结构的动态性现象是绝对的、普遍的，因而也是客观的。

社会体育是只有人类才有的一种特殊的社会现象，因此，社会体育结构的变化受两方面的影响。一方面，受社会体育自身运动的影响；另一方面，受人类发展与社会发展的影响。社会体育结构的动态性对社会体育产生的影响如下。

第一，影响社会体育的发展序列，即过去、现在和未来的纵向序列。

第二，影响社会体育的发展规模、程度与速度，促使其朝着多元化方向发展。

2. 社会体育结构的类型

根据不同的需要与标准，从不同的角度来看，社会体育结构的类型可分为很多种。在实践中的运用通常以解决的实际问题来决定。

（1）从宏观视角划分

社会体育的结构从宏观上划分，有分析结构和具体结构两种类型。

①具体结构。具体结构是指民间体育、婴幼儿体育、老年人体育、妇女体育、残疾人体育、职工体育、农民体育、家庭体育等形式。这种结构容易被人们意识到，是有形的。体育同社会生活的各个方面的联系都很紧密，并不是一种孤立的社会现象。

②分析结构。诸多具体结构的社会方式的总和就是分析结构。分析结构是不容易被人意识到的抽象结构。可以从横与纵两个角度来对分析结构进行研究。从横向角度进行分析的主要方式是，分析从事不同工作、具有不同学历的人的

体育态度、价值观以及活动方式；从纵向角度进行分析的主要方式是，分析处于不同历史时期的人的体育态度、价值观以及活动方式等。

（2）从组成形式分析

从组成形式分析社会体育结构，有松散结构和封闭结构两种。

①松散结构。人们自发组织起来的结构就是松散结构。例如，群众自发组织的球迷协会、操场晨练点等。组织或参与松散结构的人群不会被一些固有的规定来约束。

②封闭结构。具有严格纪律规定与约束的结构就是封闭结构。例如，体育协会与体育俱乐部等。社会体育结构在一定程度上能够促进社会体育的快速发展。合理的社会体育结构对社会体育性质的健康和功能的优化具有决定作用。社会体育结构的合理程度，决定着社会体育这个大系统整体的组织化与有序化进程。社会体育的结构可以将处于不同时期的人们认识与理解体育的观点反映出来。

随着我国体育社会化进程的不断加快，有关人员一定要加快研究社会体育结构合理性的进程，此外，还要加快构建与社会主义市场经济相适应的社会体育组织网络化体系。

（二）社会体育的特点

社会体育与学校体育、竞技体育相比，既有联系，又有区别。社会体育既有别于高水平的竞技体育，也有别于以青少年为教育对象的学校体育，但它又与学校体育和竞技体育存在着相互关联、相互制约的内在关系。

1. 社会体育与竞技体育、学校体育的区别

（1）对象的广泛性

社会体育面向对象既不是少数人，也不是某一群体，而是全体的社会成员，即包括不同职业、不同性别、不同年龄、不同群体、不同地域和不同民族人的体育。而竞技体育面向对象是有体育天赋的极少数人（运动员），学校体育面向的也只是青少年儿童（学生）这一群体。

放眼全球，在大众的参与程度上，没有任何一种文化形态能够比得上社会体育。不同的人种和民族都在参与社会体育，不同的阶层和人群也开始逐渐参与到社会体育中来。同样，它可以包容着不同年龄和性别的人群，而有人存在的地方也都会留有社会体育的痕迹。因此，只要有人群所在，就会有社会体育，

只是发展程度和形态会有区别。从活动空间来看，开展高水平的竞技体育和学校体育受到的局限要比社会体育多得多。

每个人的一生几乎都会与社会体育有着密切的关系，因此提倡终身体育的同时，也是在鼓励参与社会体育。每个人接触体育、参与体育最频繁的体育类型就是社会体育。而且各种人群都可以参与社会体育，参与对象经常会利用闲暇时间从事与社会体育相关的事，由此看来，社会上没有任何一种活动消耗的社会总时间能与社会体育相比。

（2）目的的多样性

由于参与体育运动的社会成员年龄、职业、性别、体质、运动兴趣等方面存在着差异，因而参与体育运动的目的就各有不同，呈现出多样性。如老年人参与主要是防病治病延年益寿；中年人参与主要是健康保健、调节精神；青年人参与主要是健美、娱乐、消遣。不同职业、不同性别在参与体育运动方面也具有目的的多样性。而竞技体育追求的主要目标是，最大限度地开发人的身心潜力，提高运动技能水平，创造优异成绩，夺取锦标。学校体育的主要目的是，提高学生身心素质水平，促进学生德、智、体全面发展，为培养社会主义现代化建设所需合格人才服务。

（3）体育参与的自觉性

社会体育是社会成员依据自身需要自觉自愿参与的体育，具有非强制性。而竞技体育与学校体育均带有强制性特点。体育课程是学生必修课，必考项目。《中学生体育合格标准的试行办法》中规定，对体育不合格学生，经补考仍不合格者，只发结业证书，不得报考高一级学校。《大学生体育合格标准》中规定，体育合格准予毕业，否则不能毕业，按结业处理。竞技体育的运动员更具有强制性特点，运动员提高运动成绩必须经过长期的、系统的，甚至是严酷的强制性训练。

（4）时间的业余性

不占用工作时间与学习时间，利用工作与学习之余参加体育活动是社会体育区别于竞技体育与学校体育的又一个鲜明特征。业余性是参与社会体育的基本原则，我国对公民参与社会体育活动给予积极鼓励与支持，但并不强制。学校体育作为学生教育的重要组成部分，在各个方面国家都进行了严格规定。按照相关规定，只要学生身体状况正常，对体育教学大纲所规定的内容就必须严格完成，最后还要进行相关考核，考核过关才算完成规定内容。此外，学生还必须参加每天一小时的体育活动，这是国家规定学生应该做到的。军队体育则严格遵循军事训练大纲，其中体育训练是对军队进行军事训练的主要方法。因此，学生和军人参加体育活动是必须进行的强制活动，并且学校和军事体育的组织与管理都是严格由专门人员负责的，这是其与社会体育的主要区别。虽然学校体育和军事体育当中的活动也具有社会体育的某些性质，但以上不同仍凸显了社会体育的业余性特点。

（5）内容的丰富性

据不完全统计，现有健身方法和形式有两万多种，而且还不断发展增加。丰富多彩的体育内容为体育参与者提供了广阔的选择范围，每个锻炼者都可依据自己意愿去选择，而且内容的选择无规定与限制。竞技体育则是以奥林匹克运动会设置的项目而展开的，运动项目开展具有限制性；学校体育开展受课程纲要指导和学校体育资源的制约，也具有一定的局限性。

（6）形式的灵活性

社会体育具有非常灵活的组织形式，其组织对象既可以是行政部门组织，也可以是社会团体，还可以是参与者自身。社会体育通过灵活运用各种体育措施而去适应各种客观因素，所以它几乎不受任何限制，往往还能够创造出各种新的方法手段来满足人们对于体育的各个方面的需求。

（7）组织管理的复杂性

由于社会体育是一项涉及全社会的事业，在社会体育管理系统中，既有专门、正式的政府部门，也有形形色色、非正式的社会体育组织；既有各行各业单位的体育机构，也有分散在社会各界的社会体育指导员。同时，参与者分布地域、职业性质、社会地位、活动目的等差异较大，进一步增大了社会体育管理的复杂性。要求社会体育在管理机制上，既要与外部保持高度的一致，又要保持自身相对的独立性和稳定性。此外，由于经济的制约，现阶段我国体育场地设置、指导人员、资金等体育资源还十分匮乏，这都给社会体育组织管理工作带来了难度，使其组织管理工作具有复杂性特点。

2. 社会体育与竞技体育、学校体育的关联

社会体育、学校体育、竞技体育是我国体育事业的三大组成部分。它们之间既各自独立、相互区别，又相互联系、互相制约。

（1）竞技体育、学校体育对社会体育发展的影响作用

竞技体育对社会体育发展具有积极的影响作用。竞技体育既可以通过吸纳社会体育中涌现出的竞技运动人才，对社会体育发展起到积极推动作用，又可以以它特有的魅力和示范作用，帮助人们实现由体育观赏者向体育参与者转换。竞技体育以它特有的魅力吸引了无数人观赏，人们在尽情地观赏高水平、精彩

的竞技表演时，不但获得了美的享受，而且受到了竞技体育的感染与激励，产生参与体育实践的渴望与要求。现实中许多体育锻炼者都是竞技体育观赏者，都有过由观赏者向参与者转化的过程。

学校体育对社会体育的影响作用更是直接、明显的。学校体育质量直接影响社会体育发展、体育人口的数量与质量。良好的学校体育教育，使学生在校期间建立了正确的体育观念，形成了终生体育意识、兴趣、习惯与能力，那么学生在毕业以后，走上社会，就能主动积极融入社会体育之中，成为稳定的体育人口，因此，学校体育被称为社会体育的基础。《全民健身计划纲要》特别将青少年列为全民健身实施对象的重点，其战略意义显而易见。

（2）社会体育对竞技体育与学校体育的积极影响作用

社会体育既需要竞技体育给予激励、促进与示范；又需要学校体育为其发展提供坚定基础。社会体育发展离不开竞技体育与学校体育的发展。而社会体育也同样积极影响作用于竞技体育与学校体育。

①社会体育对竞技体育的影响作用。社会体育可以给竞技体育的发展创造良好的社会文化环境，提供为数众多的爱好者和支持者。训练场、球场、赛场，体育观众的观赏、热烈鼓掌、摇旗呐喊予以助威都能给运动员强烈的感染与震撼，鼓励鞭策他们刻苦训练，顽强拼搏，勇攀竞技体育高峰，促进竞技体育向"更高、更快、更强"方向发展，离开广大体育爱好者的支持与关心，竞技体育也将失去发展的沃土与动力。

社会体育又是不断涌现优秀竞技体育人才的源泉。社会体育开展得好，能够更快、更多地发现具有体育天赋的人才，避免人才的浪费。因而，社会体育又可被称为竞技体育的基础。江泽民同志称竞技体育是"群众体育的拔尖"。

坚持普及与提高相结合，坚持社会体育与竞技体育协调发展，努力探索社会体育的发展规律和竞技体育的发展规律，全面提高我国体育的整体水平，是我国体育发展的既定方针。

②社会体育对学校体育的影响作用。社会体育包括社区体育、家庭体育，丰富多彩的社区体育活动，良好的家庭体育氛围，都对少年儿童体育意识、兴趣爱好产生潜移默化的影响。孩子置身于这种良好的体育氛围中，容易受到感染激励。尤其孩子的父母，是孩子的第一任启蒙教师，父母的体育态度、体育行为对孩子影响最为直接，最为深刻。孩子父母热爱体育、参与体育，能对孩子起到言传身教的作用。而当今，学校体育开展不畅受阻，其原因很多，但主要原因除了受应试教育影响，片面追求升学率外还有一个重要原因，就是社会、家庭对孩子的体育活动缺乏理解、支持。因此，社会体育发展得好，能够为孩

子们提供体育活动的时间、空间与条件，就能促进学校体育发展。父母多给孩子参与体育活动的关心与支持，就能促进孩子积极参与校内体育活动。因此，社会体育是学校体育发展依赖的必要环境。

社会体育不仅可为学校体育发展提供环境条件，同时，也为学校体育改革提供指导。传统体育教育是一种封闭式体育教育，只注重技术传授与体质增强，未能与社会体育沟通、联系接轨，以致形成了学生毕业体育终结的现象。而社会体育发展要求是体育人人参与，体育终生参与。社会体育的发展必然对学校体育提出更高要求，要求学校体育能够培养学生终身体育意识、兴趣、习惯和能力，成为未来的社会体育参与的成员。应该说，当今社会体育的发展既为学校体育发展提供了良好的外部环境与发展契机，也对学校体育寄予厚望，学校体育要实现与社会体育接轨，必须加大改革力度。

第二节 社会体育的类型

一、按区域分类的体育

（一）城市体育

城市体育是指在城市开展以健身、休闲、娱乐为目的的身体锻炼活动。其主要作用是有助于市民建立健康、文明、科学的生活方式和提高生活质量。在我国，城市体育正向社会化、社区化、家庭化、设施配套化、活动内容多样化和高档化方向发展。

（二）农村体育

农村体育是指在农村开展以健康、休闲、娱乐为目的的身体锻炼活动。主要特点是活动项目多样化、乡土化，活动时间农闲化，活动形式分散化。

（三）乡镇体育

乡镇体育是指在乡镇开展以健康、休闲、娱乐为目的的身体锻炼活动。在我国，主要是以其辐射作用促使农村体育网络化，推动农村体育的发展。

二、按年龄分类的体育

（一）婴幼儿体育

婴幼儿体育是指对出生1个月至学龄前的婴幼儿进行的身体锻炼活动。目的是促进身体正常发育、机能协调发展和身心和谐，培养参加体育活动的兴趣，发展基本活动能力。要选择适合婴幼儿生理条件的各种户外活动，充分利用空气、阳光、水等各种自然因素；对活动场地、服装、设备、器材和项目等的安排要以安全、卫生为原则；合理掌握活动的生理负荷，一般以中等强度的有氧代谢为主；教法手段要生动活泼、有趣、多样化，活动组织游戏化。

（二）儿童、少年体育

儿童、少年体育是指对7～18岁的儿童、少年进行的身体锻炼与教育活动。以身体运动、卫生保健为手段，有学校体育课、课外体育活动和校外体育活动等多种组织形式。目的是锻炼身体，增强体质，培养体育能力，促进身心全面发展。

（三）青年体育

青年体育是指对18～25岁的青年进行的以健康、娱乐、休闲为目的的身体锻炼活动。这一年龄阶段是身体的成熟期，要充分发挥其身体的潜在能力，学习和提高体育的技术、技能，提高身体素质，掌握未来从事职业所需的身体活动能力和体能。

（四）老年体育

进入老年期后，身体各器官、系统就逐渐发生器质和机能的退行性变化，以致疾病频频发生，流行病的患病率也大大地高于中青年时期。从30岁左右开始，脑细胞的数量就会逐渐减少，60岁以后减少的数量更是明显，由此带来一系列衰老的症状，如反应迟缓、智力下降等，影响着老年人的正常生活。随着年龄的增长，各种身体素质和运动能力多呈下降趋势，各种运动能力的下降尤其明显，因此在这一时期，会出现严重的运动障碍。年龄愈是增大，出现运动障碍的比例愈是增大。老年人由于生理上的变化，导致产生无用感。退休而离开工作岗位，使老年人心理上产生孤独寂寞感。生活在空巢家庭中的老人还会经常产生无力感。要根据老年人的健康、体力状况和兴趣来安排活动内容；锻炼时要注意循序渐进、持之以恒、安全卫生和因人而异；不要做憋气和速度太快的运动或猛然使劲举起重物，以及突然蹲下或低头等动作练习；应避免剧烈的对抗性竞赛。此外，定期的医务检查并指导参加者日常的自我医务监督，是开展老年体育工作不可忽视的重要方面。

三、按健康状况分类的体育

残障人体育是指对身体残疾或精神障碍者进行的身体锻炼活动。其目的是帮助残障人解除身体上精神上的痛苦，锻炼掌握各种生产和生活技能，增强自信心。锻炼要循序渐进、量力而行，坚持户外，健残兼顾，注重实效，持之以恒。

（一）聋哑人体育

聋哑人体育是指对双耳听力丧失、听觉障碍、不能说话或语言障碍者进行的身体锻炼活动。目的是锻炼身体，促进身心健康，获得健康生活的乐趣。主要特点是以直观形象的演示结合手势、口型等方法进行指导。

（二）盲人体育

盲人体育是指对视力丧失以至全无光感者进行的身体锻炼活动。目的是提高机体的灵活性、触觉的灵敏感，发展听觉以补偿视觉的缺陷，提高定向、平衡能力和对自然环境的适应能力。活动前要让运动员熟悉运动场地，活动中结合采用辅助设备器材，以声音和触觉为导向是主要特点。

（三）残疾人体育

残疾人体育也称特殊体育、残障人体育，它是指社会人群中在视力、听力、言语、智力、肢体等方面有缺损者，通过身体练习，以达到保健康复、培养其意志品质、提高他们生活自理能力及让他们充分享受自身体育权力所进行的体育活动。四肢残缺或麻痹畸形而导致运动系统功能不同程度丧失或障碍者进行的身体锻炼活动，目的是增强残疾部位的血液循环和营养供应，避免残疾部位的肌肉萎缩和神经坏死，提高生理机能，改善残疾部位的畸形状态等。锻炼时要充分发展和锻炼健全肢体，加强残疾侧尚存肢体的锻炼，使补偿薄弱环节与促进身体全面发展相互结合，相互促进，从而提高锻炼效果。

（四）智障者体育

智障者体育是指对脑器官损伤引起认识活动的持续障碍、智能明显低于常人平均水平者进行的身体锻炼活动。目的是促使其身体得到正常发展，增进健康，增添生活乐趣，提高生活适应能力。

四、按活动场所分类的体育

（一）社区体育

社区体育是指由社区居民自主进行的简便易行、广大群众喜闻乐见的多种多样的身体锻炼活动。其具有自主性、公益性、多样性、有趣性、服务性等特点。

社区体育把一个社区的居民组织到一起从事体育文化活动，通过生动有趣的体育活动形式拉近社区居民间的心理距离，增进相互间的了解，增强社区意识和社区的归属感，并进一步吸引社区居民参与体育活动。

科学文明的生活方式是现代人文明素质的体现，有助于提高居民的生活质量，维护社区秩序的稳定。社区体育通过一些富有吸引力的有益的休闲活动，吸引了众多的居民参与到其中，让居民善度余暇，一定程度上抵御了不健康的生活内容的侵蚀，使广大居民有了一种积极健康的生活方式。

社区体育通过体育的形式，满足了人们对"群体"的需要，沟通了人们的感情，增强了社区的凝聚力。人们可以在体育这种活动形式中扮演新的角色，在改善体质状况的同时，丰富感情体验，实现对人的关怀。

（二）企业体育

企业体育是指在企业中开展以健康休闲娱乐为主的身体锻炼活动。形式有工前操、工间操、小型多样竞赛和简易运动会等。企业体育是建设现代文明企业的重要手段。其目的是增强企业的凝聚力，振奋企业精神，增强企业活力和劳动者身体素质，提高劳动生产率。

五、按活动性质分类的体育

（一）休闲体育

休闲体育是指人们在闲暇时间以增进身心健康、丰富和创造生活情趣、完善自我为目的的身体锻炼活动。特点是具有自由性、文化性、非功利性和主动性等。对增进健康、强健体魄、预防疾病与康复、提高文化素养与精神文明建设、丰富生活内容与加强人际关系，以及促进人的社会化与个性形成等都有重要意义和作用。

（一）民族体育

民族体育是指各民族在长期社会实践中所创造、积累和发展起来的带有显著民俗特点的，以健身、防身、娱乐为主要目的的身体锻炼活动。它往往以其悠久的历史、动人的传说、瑰丽的色彩和独特的情趣反映了各民族的生活习俗、文化特点、道德风尚和宗教信仰,是各民族政治、文化、生活的一种特殊表现形式。它具有传统性、集会性、节庆性、游艺性、风俗性、表演性等特点。

(二)竞技体育

竞技体育也称"竞技运动"。它是指在最大限度地挖掘和发挥个人或集体在体能、心理、智力等方面潜力的基础上,达到提高竞技能力水平,以创造优异运动成绩为主要目的的一种社会活动过程。它包括长期系统的运动训练,为创造优异运动成绩而组织的运动竞赛,以及为保证训练与竞赛顺利进行的场地、设备、器材等物质条件和科学理论研究。

其特点:①具有强烈的竞争性;②具有超常的体力与高超的技艺性;③按严格统一的规则进行竞赛,成绩得到社会承认;④具有高尚的娱乐性。

项目包括:田径、体操、游泳、篮球、排球、足球、乒乓球、羽毛球、网球、棒球、垒球、手球、曲棍球、水球、冰球、跳水、举重、射击、射箭、击剑、摔跤、柔道、拳击、马术、自行车、赛艇、皮艇、帆船、划艇、滑冰、滑雪等数十项。各国或各地区还有自己的特殊项目,如中国的武术。发展竞技体育对振奋民族精神,教育培养一代新人,丰富人们文化和精神生活,促进经济发展与繁荣,加强国际间的交往,以及推动整个体育事业的发展都有重要的意义。

社会体育的分类有利于对群众体育结构的进一步的理解,有利于群众体育的指导与组织。

第三节 社会体育发展的方针、目标与任务

一、我国社会体育事业发展的基本方针

(一)国家发展社会体育事业的方针

我国《宪法》规定:"国家发展体育事业、开展群众性的体育活动,增强人民体质。"这一规定确立了发展我国社会体育事业的根本方针,明确了国家要发展社会体育事业的责任,明确了国家和各级人民政府发展社会体育事业的主体地位。国家和各级人民政府作为发展社会体育事业的主体,要为广大人民群众参与社会体育创造良好的环境和条件,不断推进社会体育建设事业向前发展。

（二）为增强人民体质、提高人民健康水平服务的方针

建设社会主义的根本目的就是实现人民的富裕幸福，就是要为人的全面发展提供条件，满足人的需要，促进人的素质提高。人的生活幸福和人的全面发展都离不开社会体育。发展社会体育事业就是要以人为本，为了人的全面发展。社会体育为人民服务，最大限度地满足人们的社会体育需求。

（三）为经济建设、国防建设和社会发展服务的方针

社会体育对经济建设、国防建设和社会发展的能动性，决定了社会体育为之服务的可能性和必要性。社会体育对于提高劳动者身体素质、提高劳动生产率，对于增加体育消费、扩大市场需求，对于发展体育产业、增加就业机会，对于提高后备兵源身体素质、巩固国防，对于提高生活质量、增进民族团结、促进社会安定，都有积极的作用。它集中体现了社会体育为社会主义服务的基本方针。

（四）国家与社会共同兴办的方针

我国是一个经济发展中的人口众多的大国。发展社会体育事业完全依靠政府，无论从财力上还是从人力上都是不可能的，必须走社会化的道路，形成国家、社会、个人共同兴办社会体育事业的格局。要深化体育改革，改变在计划经济体制下形成的由政府体育行政部门一家办、主要依靠行政手段办、主要依靠政府投资办的模式。政府要鼓励并扶持企事业单位、社会团体和个人兴办社会体育事业，形成多兴办主体多渠道投资，政府为广大人民群众提供基本社会体育公共产品和服务，社会为满足人们多样化体育需求提供条件的发展模式。

（五）活动与建设并举、重在建设的方针

开展群众性体育活动是宪法规定的国家发展体育事业的基本责任。我国在组织人民群众开展群众性体育活动方面创造了丰富的经验。但是要提高我国社会体育的规模和水平，则需要解决社会体育基础建设和系统建设问题。由于种种原因，我国在这方面欠缺较多，差距较大，严重影响了人民群众参与社会体育活动的机会和质量。因此，我们在坚持广泛开展群众性体育活动的同时，必须重视社会体育事业的建设，按照党中央精神文明重在建设的方针，用搞建设的思路去发展社会体育事业。

（六）特别保障青少年儿童体育活动的方针

《中华人民共和国体育法》（以下简称《体育法》）规定"国家对青年、

少年、儿童的体育活动给予特别保障"。青少年儿童是国家的希望和未来，提高青少年儿童的身体素质是提高中华民族素质的基础工程。保障青少年儿童的体育活动不仅是学校体育的责任，也是社会体育的责任。国家要在青少年儿童参与体育活动的时间、设施、内容、指导等方面提供特别保障，为他们健康成长创造条件。

（七）国家扶持少数民族地区发展社会体育事业的方针

扶持少数民族地区发展经济和文化事业，是党和国家始终坚持的一项基本方针。由于历史原因，我国大多数少数民族地区体育事业发展相对滞后，需要国家在资金、物资、技术、人才等方面加以扶持。发展少数民族地区社会体育事业，对于加强民族团结、繁荣民族文化、维护国家稳定、巩固国防等有着重要作用和深远意义。

二、我国社会体育事业发展的目标与任务

（一）实现我国社会体育目标与任务的基本要求

新中国成立以来，尤其是20世纪90年代以来，我国社会体育事业迅速发展，积累了较为丰富的经验，并初步总结了发展具有中国特色的社会体育的基本经验和要求，这些经验和要求是进一步实现我国社会体育目的和任务的保障。

1. 坚持基本宗旨，遵循三条原则

社会体育工作必须坚持"为人民服务"这一宗旨，这是由我国社会主义的性质所决定的。在制定社会体育工作的方针、政策、法规制度，研究开展社会体育活动的形式和方法时，都必须从"为人民服务"这个宗旨出发。为此，开展社会体育工作要遵循以下三条原则。

一是从我国实际出发的原则，坚持突破纵向、打开横向、深入社会、进入家庭，通过网络化群众性体育活动，以促进社会体育的深化。"突破纵向"就是要使社会体育从一家办（体育局）逐步向大家办转变，以部门办体育为主；"打开横向"就是要抓群众团体体育，以群众性体育组织办体育为主。

二是开展群众性体育活动，坚持"业余、自愿、小型多样、科学文明和因人因时、因地制宜"的原则，使体育成为人们生活中不可缺少的一部分，渗透到生活的各个方面。

三是指导社会体育工作，坚持"实事求是、从不同层次起步、区别对待、

分类指导、分级管理、突出重点、择优扶持"的原则，使社会体育工作在扎扎实实的基础上稳步发展。

2. 做到协调发展

（1）与经济发展相协调

社会体育事业的发展规模和速度，取决于生产力的发展水平。根据生产力发展水平来开展社会体育，并不是消极地适应，而是积极地服务。在一定条件下，社会体育开展得好，可以提高劳动者的身体素质，有利于提高劳动生产率，起到促进和推动生产力发展的积极作用。因此说，社会体育既能服务于经济的发展，又能促进经济的发展。

（2）与文化发展相协调

社会体育除了具有增进人的身心健康、增强体质这个最基本的功能外，还具有其他功能，如政治功能、经济功能、文化功能、娱乐功能等。体育属于大文化范畴，社会大文化的发展，可以带动社会体育的发展，而社会体育所具有的诸多功能，又可以丰富大文化的内涵，促进大文化的发展。

（3）与高水平竞技体育发展相协调

坚持普及与提高相结合，促进体育事业的全面发展。以青少年为重点，以全民健身为基本内容的社会体育，要与以奥运会为最高层次，以训练、竞赛为主要内容的竞技体育协调发展。

3. 抓好社会体育的基本建设

抓好硬件、软件建设是发展社会体育的一项立足当前、着眼未来的基础工程，是优化社会体育工作的重要条件。

硬件是指体育场、馆、游泳池等各种体育设施的建设，这是衡量一个国家或地区社会体育发展水平的标志。随着我国经济发展和体育改革的深化，开展社会体育所需要的体育场地设施在逐年增加。

软件建设是指建立、健全和完善社会体育的各种法规制度。在多年社会体育工作的基础上，我国已建立了一系列有关社会体育的法规制度。今后，还要有计划、有步骤、有针对性地建立和健全社会体育的法规制度，依法保障社会体育事业的发展，以法作为检验社会体育工作的依据。

（二）我国社会体育事业发展的目标

发展我国社会体育事业的根本目标，就是要提高国民健康素质，丰富人民文化生活，促进社会主义物质文明和精神文明建设，促进人的全面发展。实现这一目标的基本途径就是人们参与社会体育活动。没有人们对于社会体育活动的参与，实现社会体育事业的根本目标就是一句空话。因此，发展社会体育的本质就是让更多的人更加舒适和谐、科学健康地参与社会体育活动。所谓更多的人参与社会体育活动，一是要使正在参与的人坚持参与下去，二是要使中断参与的人重新参与进来，三是要使尚未参与的人尽快参与进来。

社会是一个整体，社会体育作为这个整体的一部分，必然与这个整体及其他部分相互联系、相互影响。发展社会体育事业目标的社会性，为国民经济和社会发展总体目标服务，而不是单纯讲体育观点、把社会体育事业发展置于与国家总体目标无关的位置。社会体育作为社会主义精神文明建设的组成部分，应该为实现社会主义精神文明建设目标服务。事实上，社会体育在显著提高公民素质方面，以及在提高公民文化生活质量和城乡文明程度方面，都是大有作为的。党的十六届代表大会确定了到2020年全面建设小康社会的奋斗目标，其中包括："全民族的思想道德素质、科学文化素质和健康素质明显提高，形成比较完善的现代国民教育体系、科技和文化创新体系、全民健身和医疗卫生体系。"显著提高全民族健康素质，形成比较完善的全民健身体系，不仅是社会体育事业的根本奋斗目标，而且成为国家整体奋斗目标的重要组成部分。社会体育事业在全面建设小康社会奋斗目标中有着重要的地位和作用。

（三）我国社会体育事业的任务

1. 广泛开展各种各样、健康文明的社会体育活动

开展"群众性的体育活动"是宪法对体育工作的基本规定。《体育法》规定："体育工作要坚持以开展全民健身活动为基础。"因此，广泛开展各种各样、健康文明的社会体育活动是社会体育工作的基本任务。完成这项任务不仅是政府的责任，也是各级各类机关、企业、事业单位的责任；不仅是各级工会、共青团、妇联等社会团体的责任，也是各级各类体育社会团体的责任。

2. 创造和改善社会体育活动的环境和物质条件

发展社会体育事业，就是要在全社会形成崇尚体育健身、参与体育健身、生命在于运动、运动要讲科学和参与社会体育是一种生活方式的环境氛围；就是要为人们参与社会体育活动，不断创造和完善体育设施、体育组织、指导者队伍等物质条件，从而支持、吸引、动员更多的人参与社会体育活动。

3. 引导人们为增强体质与健康投资

在由计划经济体制向社会主义市场经济体制转轨过程中，社会体育工作应该承担起引导人们为增强体质与健康而投资，促进人们体育消费的任务。体质与健康是人们生存、享受与发展的基础和资本，向增强体质与健康投资，进行体能与健康储备，这与进行知识和能力的储备同样重要。为增强体质与健康，消费应与教育消费一样，成为人们家庭消费的一部分。社会体育工作应当在开展群众性体育活动的同时，加强对人们体质投资和体育消费的引导，发展体育产业。

4. 继承和创新社会体育文化

我国社会体育在其历史发展进程中创造了灿烂的社会体育文化。现实的社会体育，一方面继承了我国优秀的民族、民间传统体育，另一方面又学习和借鉴了外国的社会体育知识和技能，同时也在创造着具有我国特色的社会体育，丰富和延续中华民族社会体育文明。丰富、创新和发展具有中华民族特色的社会体育知识与技能是我国社会体育的重要任务。社会体育工作要不断地为人民群众创造和提供科学文明、丰富多彩的社会体育知识和技能，不断完善和发展社会体育文化，为中华文明和人类文明做出贡献。

（四）实现我国社会体育目的与任务的基本途径

为了实现我国社会体育的目的与任务，必须做好不同类型的社会体育工作。这些社会体育工作均是实现社会体育目的与任务的途径。

1. 实现社会体育目的与任务的管理途径

（1）社会体育的管理对象

我国目前社会体育的主要管理对象是职业人群体育、老年人体育、妇女体育、残疾人体育等。

（2）社会体育的管理形态

我国目前社会体育管理形态是职工体育、城市社区体育、农村体育、俱乐部体育、家庭体育等。

2. 实现社会体育目的与任务的体育途径

（1）强身健体的体育途径

强身健体的途径，统称身体锻炼，包括现代体育的方法和中国传统的健身养生方法。对于正常人的，包括有氧运动、竞技运动、形体训练、健美运动，以及武术、太极运动和各种功法。对于病患者的，包括医疗体育、矫治体育和康复体育等。

（2）休闲娱乐的体育途径

休闲娱乐的体育途径，包括休闲体育、身体娱乐、社交体育、自然体育、极限运动等。

第四节　国内外社会体育的发展概况

一、国外大众体育的发展概况

（一）国外大众体育的发展背景

20世纪60年代以来，发达资本主义国家政治、经济、文化等全方位发展，引起了体育领域的一场深刻变化。一方面以"奥林匹克运动"为主体的竞技体育沿着"更高、更快、更强"的轨道高速发展，另一方面掀起了以全体国民为主体的大众体育浪潮。体育真正进入万户千家，成为人们日常生活不可或缺的组成部分，形成了与奥林匹克运动交相辉映的"第二奥林匹克运动"，有人称之为"我们时代最主要的社会现象之一""是一项国家重要的社会政治任务"。国外大众体育的蓬勃发展，有其广阔、深刻的经济和社会背景。

1. 营养过剩造成"文明病"的蔓延

20世纪60年代，世界经济进入高速增长期。工业发达国家的机械化电气化和自动化程度的提高，使现代化交通工具得到普及，信息技术飞速发展，同时也普遍形成了高工资、高物价、高消费的分配现象，使得人们的生活方式、生活水平随之发生了重大改变，人们对高热量食物（高糖、高脂、高蛋白）摄入量激增。此外，工业社会固有的激烈竞争，使人们承受着强烈的心理紧张感和压抑感。现代医学证明，营养过剩、运动不足以及精神紧张是引发人们心脏病、高血压、糖尿病、肥胖症、恶性肿瘤等一系列"文明病"的罪魁祸首。这些"文明病"在西方社会迅速蔓延，范围之广，危害之烈，令人触目惊心。进入20世纪90年代以来，"现代文明综合征"在西方社会更加肆虐。1995年，在美国导致人口死亡的病因排名前6位的分别是：心血管疾病（32%）、癌症（23%）、脑血管疾病（7%）、慢性肺病（4.5%）、意外事故（3.8%）、肺炎或流行性感冒（3.6%）。其他工业发达国家也呈现了大体相同的状况，究其根本原因，可归结为以下三个方面。

①由于工业化，人们贪婪地向大自然疯狂索取，造成环境的极度恶化。许多导致死亡的病因与环境污染密切相关。

②由于现代的工作方式，人们身体运动的机会大大减少，这在无形当中对脆弱的人体又造成了巨大的伤害。在美国，每年由于缺乏运动而被疾病夺去生命的人数至少有30万。这些"文明病"多由人们在社会生活中的不良生活方式所造成。因此，体育运动作为预防医学的一种形式已普遍受到重视，大众体育顺理成章地成为人们改善生活方式的一种工具。

③由于城市化的加快、竞争的加剧，人们承受了强烈的心理紧张感与压抑感。吸烟、吸毒、酗酒、枪杀和其他不良行为无时无刻不在蹂躏着人类。在美国，单是吸烟和吸毒每年就至少夺走46万人的生命。

2. 余暇增多为大众体育创造了良好的条件

在工业发达国家，一般实行的是8小时工作制，周六、周日双休制度，弹性工作制，定期轮休制等劳动工作制度，因此职工的余暇时间得到了普遍延长。在日本，带薪节假日每年可达到148天；而德国职工每天的平均业余活动时间也从1969年的5.6小时上升到1982年的8.7小时，其中可自由支配的时间由4.3小时上升到5.5小时。随着时代的不断发展，人们越来越重视人性化管理，余暇时间的增长则充分体现了这一点。到了20世纪80年代，美国每人每年的工作时间比20世纪初减少了20%～25%。大量的余暇为大众体育的发展提供了必要的时间保证，同时由于余暇的大量增加，人们也需要通过参与体育活动来充实自己。例如，德国1981年用于体育运动（包括观赏）的社会总时间达106亿小时，人均为300小时，占业余时间的10%。

3. 都市化是大众体育发展的物质基础

工业化的同时必然会促进城市化的出现，大量的人集中到城市，使得城市人口高度密集。据1980年的统计，美国城市人口占总人口的82.7%，英国为88.3%，法国为78.3%，日本为63.3%。城市人口的高度密集，为大规模社会体育活动的出现提供了必需的人员保证。例如，几百人的横渡海峡、几千人的自行车越野、上万人的马拉松比赛等。与此同时，大型体育设施和社会体育场所的建设也成了一种必然的要求。

4. 产业结构的变化对大众体育的期望

科学技术的迅猛发展，不仅使社会生产力水平大幅度提高，而且带来了生产方式的根本性改变，社会生产由"劳动密集型"向"知识密集型"转变。从事非物质生产的人员持续增加，在社会各行业中，脑力劳动人数在全部就业人口中接近甚至超过半数。长时间伏案工作所造成的"运动不足""肌肉饥饿"严重影响人体健康，已成为普遍的社会问题。现今，大众体育已成为脑力劳动投资的一种必不可少的补充形式。

5. 老龄社会对大众体育的迫切需求

20世纪中叶起，西方工业发达国家先后进入老龄化社会，医疗保健费用飞涨。1996年，日本65岁以上的老龄人口已超过总人口的12.8%，日本正式进入老龄化社会。据日本厚生劳动省统计，2000年日本国民的医疗保健费用达38兆亿日元。在美国，1980年、1990年和1996年的三次统计显示，65岁以上人口占总人口的比例分别为11.2%、12.2%和12.8%，而美国政府要付出的医疗保健费用占国民生产总值的比例分别为9.3%、12.6%和14.8%。据资料记载，1996年，美国政府用于国民医疗保健上的费用就达1 000多亿美元。人口结构的重大变化，不仅给社会的政治、经济、福利等方面带来了巨大的冲击，而且在生产、环境、住房、家庭、消费、医疗保健等方面也引发了系列的问题，加剧了社会负担。

在此社会老龄化严重的背景下，一方面，通过开展大众体育，提高老年人的健康水平已经成为普遍性的社会需要；另一方面，由于老年人对生命有着强烈的眷恋感，因此他们也对具有保持健康和延年益寿功能的体育运动格外重视。在现代大众体育活动中，老年人不仅是最积极的参与者，而且是一股非常重要的中坚力量。

6. 大众体育是一种人力资本投资的形式

随着科学技术的发展和运用，西方工业发达国家开始把投资的重点由物资向人力进行转变，对于人力资本的投资主要包括了教育、技术培训、体育和保健等。美国著名经济学家舒尔茨在论证人力资本投资时，把"延长公民的寿命和增进他们的体质"的保健措施列在人力资本投资的第一位，他认为这些保健措施"不仅提高了劳动力的数量，也能提高人力资源的质量"。据统计，在美国，由于职工患病或过早死亡给生产造成的损失年均为250亿美元，约占国民生产总值的3%，相当于1.3亿个工作日的经济效益。在一些国家中，除国家投资体育外，各企业也采取各种措施鼓励职工进行体育锻炼。因为越来越多的企业家认识到"付钱给职工锻炼身体比他们因缺席、迟到、肢体障碍所造成的损失要少得多"。措施包括体育馆和健身房的投资与兴建、体育器材购置、租赁海滨浴场和高山滑雪场等，为职工参加体育活动提供完善的条件。此外，很多企业还把体育训练作为培训青年新职工的人力投资形式。

（二）国外大众体育的发展现状

20世纪中叶以后，国际政治、经济的发展为体育的大众化提供了可能性和必要性。伴随着体育大众化趋势，大众体育已逐渐社会化，体育的兴办已不像过去只局限于国家和教育机构，而是扩展到全社会的各个组成单位。经过几十年的发展，当代国外大众体育达到了较高的水平，主要表现在以下几方面。

1. 政府重视、以法治本

为推动大众体育的发展，西方国家纷纷以政府行为参与体育。如美国专门成立了健康和体育总统委员会。加拿大政府于1976年建立了"业余体育和身体锻炼部"。在第二次世界大战后，法国各区、省政府大量投资兴建了公共体育场地设施，向社会开放。

为了保证人们参加体育锻炼的权利和义务的实现，西方各国在普及和发展大众体育的过程中制定了一系列的法规制度，为大众体育的开展创造了良好的社会环境。许多体育发达国家均制定和颁布了体育法规，以指导和推动本国大众体育的深入开展。

2. 组织机构群众化、基层化

在大众体育当中，组织工作是非常关键的。相对稳定的社会组织形式可以有效地把大众组织起来，并对其进行有指导的体育锻炼和比赛，这可以促使大众体育更加深入、广泛且持久地开展下去，对不断提高其质量也有重要的作用。国外的具体做法有：不断壮大以俱乐部为基础的社会体育组织，加强各社会群众组织间的密切合作，发展社区、庭院体育，建立企业基层体育组织等。

进入20世纪90年代后，各国政府为了加强对大众体育的领导，积极进行相关的改革。在美国，为了强化实施"健康公民2000年"，政府以健康和社会福利部为最高领导机构，下设包括体育与健康总统委员会在内的9个联邦政府机构、52个州的政府健康管理机构，以及336个全国性的社会团体。在英国，体育事业的政府主管机构是体育休闲局。在日本，1995年5月通过的《地方分权推进法》，将政府对大众体育的行政管理转向基层社区管理，由严格的上下级行政隶属关系向充分发挥居民主观能动性的方向转变。

3. 以丰富的内容与形式普及大众体育

世界各国为了积极提倡和广泛推动各种各样全民体育活动的开展，以通过拓展家庭体育、体育探险和旅游等途径鼓励人们参加体育锻炼，并采用"体育节""体育日"等形式检阅大众体育所取得的成就。在美国，每年的10月9日被定为"跑步与健康日"；澳大利亚在20世纪80年代初推行"找30分钟"活动，号召每人每天抽30分钟时间进行积极休息；法国从1972年起，每年都会举办全国性的"跑步日""自行车日""徒步旅行日""游泳日"和"长距离滑雪日"活动；比利时推行"每家1公里"运动，即每个家庭成员都参加跑步，总长度不少于1公里；瑞典则在疗养地和夏令营中推进"休息日增强你的体质"运动；加拿大在1971年启动了一个全国性的健身计划，即《体育活动参与计划》，1976年在政府设立"业余体育和身体锻炼部"，1990年颁布《"积极人生"计划》，全国有40%以上的人经常参加健身锻炼。此外，许多东方国家也在传统节日里开展形式多样的体育活动，如日本将10月10日定为"体育节"。

4. 千方百计增加大众体育场地设施的容量

体育场地、设施是开展大众体育重要的物质条件。国外解决这个问题主要有两个基本方法：一是充分挖掘现有场地的潜力；二是统一规划、集资兴建和综合利用新场地。不少国家以法律形式明确规定所有体育场地要向公众开放。例如，日本政府于1976年颁布了推进学校体育场地、设施开放的法令，现在有97.5%的学校体育场地、设施已对外开放，这一法令很好地解决了大众体育对体育场地、设施的需求与供给不足的矛盾。

许多国家为推动大众体育发展，将体育设施的建设列入了城市建设规划。1960年，德国开始启动为期15年的"黄金计划"，使德国的大众体育得到了大力发展。在过往的20年里，越来越多的人参加休闲、游戏和体育活动。自从"黄金计划"公布以来，体育俱乐部的会员人数从1960年的520万人增加到了1984年的1 900万人。俱乐部的数量也从3万人增加到6万个，翻了一番。目前大约30%的德国公民参加了体育俱乐部。

5. 重视残疾人体育的开展

作为大众体育一部分的残疾人体育在国外受到普遍重视，一些国家定期举办残疾人体育节，不少体育俱乐部还设有残疾人锻炼小组。由于体育活动可以改善残疾人健康状况，同时提高残疾人生活的勇气和乐趣，克服自卑心理，加强与社会的接触和联系,许多国家号召健康人参与残疾人的体育运动,并以法律形式保障残疾人体育的开展。如《加拿大权利和自由宪章》中就规定禁止歧视残疾人参加体育,为残疾人提供适宜的体育活动条件,使他们同正常人一样参加体育锻炼。1978年,美国奥委会还设置了伤残人运动委员会。现在,美国被公认是世界上开展残障人教育包括残障人体育最先进的国家。

6. 注重体质与健康监测,推动和指导全民健身活动的开展

在西方的工业发达国家,关于全民健身领域的科学研究是十分受到重视的,以科学技术为依托,推动全民健身活动,指导全民健身活动的开展,其中特别注重将体质监测作为科研工作的一个重点。例如,1980年法国政府制定了类似我国体育锻炼标准的体能普查制度,对全国8～10岁儿童的身体素质进行了多方面的测定。澳大利亚在20世纪80年代开展了"有规律进行身体锻炼与经济效益"的调查研究。美国从1978年开始进行了为期10年的少儿体质跟踪调研。在日本,为了能够及时地掌握国民的体质和体能状况,各种形式的体育运动普查和测试不断被实施,通过这些测试的推广,可以大大提高国民参与大众体育的意识,同时达到推动大众体育开展的目的。

7. 充分利用宣传媒介,大力开展大众体育活动

近年来,充分利用各种宣传媒介已经成为各国开展大众体育活动的重要手段,为了得到更好的效果,为大众体育提出了一系列响亮的口号,这些口号的内容可以充分调动大众参与的积极性,同时也可以使大众产生强烈的诱惑力和鼓动效应,在指导大众体育开展的过程中起到了不容忽视的助推作用。例如,德国开展的"有氧锻炼—130"活动;法国1975年在120个城市开展的名为"心脏健康之路"的跑步和走步活动,口号是"体育活动为健康所必需";加拿大开展的"人人参加"等活动。这些活动的目的都是利用舆论来创造声势,从而动员更多的人参加到体育锻炼活动中来。除此之外,各国还会充分利用不同的媒介手段来进行大众体育的宣传,使其更加广泛、持久和深入,从而增强人们的体育意识,普及体育知识。

二、中国社会体育的发展概况

(一)中国社会体育的发展历程

中国是世界古代文明的发源地之一,历史上曾经创造了灿烂的古代体育,其中就包括具有较高保健医疗价值的导引养生术以及各种民间体育游戏活动。

19世纪后期，欧洲体育传入中国，首先在军队和学校中得以体现，进而面向社会传播开来。因为社会体育的参与主体是普通国民，所以其受到当时社会环境的制约，未能得到正常的发展。同时，加之当时连年战乱，国力虚弱，民不聊生，社会体育更是无法形成自己独立的社会形态。这一情形直到1949年新中国成立后才得以根本改变。在此后60多年中，我国的社会体育大约经历了以下4个阶段，即创业阶段（1949—1957年），马鞍形发展阶段（1958—1976年），恢复、发展与初步改革阶段（1977—1991年），改革深化与发展阶段（1992年至今）。下面进行具体阐述。

1. 创业阶段（1949—1957年）

新中国成立之初，为了使国民适应社会主义建设和国防的需要，发展社会体育，改造衰弱的民族体质成为当时一项重要的任务。在这一阶段，社会体育的主要工作包括四个方面：①在中国体育发展的指导方针中确定了它的地位。②初步建立社会体育的组织体系。③初步改善社会体育的基本条件。④建立社会体育的规章制度，如劳动与卫国体育制度、广播操和工间操制度、职工体育制度、基层体协制度、产业体协制度等。

这一时期，也可以说是新中国社会体育发展的第一个"黄金时代"。这一阶段，社会体育在中华民族体质的改善、发展国民经济和保卫国防等方面有了显著的成效，同时也为社会体育今后的发展奠定了基本框架。而为政治与军事服务，也成了这一阶段的社会体育在功能上最鲜明的特点，即强调体育为生产服务、为国防服务，赋予了社会体育极强的政治功能，使之成为一项严肃的政治任务。

2. 马鞍形发展阶段（1958—1976年）

1958年—1962年，体育活动陷入了一个低潮期，大多数群众停止了锻炼，不少体协悄然消失，社会体育几乎陷入了停顿状态。

1963年起，国民经济形势开始好转，"体育战线"又恢复了生机，截至1965年就已经有将近250万人投身其中。两年中，在劳动与卫国体育制度的基础上修订了青少年体育锻炼标准，试行过程中有52万多人达到标准。社会体育在短短几年内大起大落，使得人们对社会体育工作的规律有了深刻的认识：社会体育应遵循"业余、自愿、小型、多样，因时、因地、因人制宜"的原则。社会体育的发展不能超越国家经济水平，不能违背身体锻炼的客观规律。这一认识是对我国社会体育实践经验的科学总结，也是社会体育发展规律理论上的一次巨大飞跃，这标志着我国社会体育向实事求是、注重实效的方向转化。

3. 恢复、发展与初步改革阶段（1977—1991 年）

1978 年，党的十一届三中全会的召开标志着我国社会进入改革开放时期。我国各级各类社会体育组织得以迅速恢复并完善，有效地推动了社会体育的发展。在这个新的社会环境中，社会体育进入了一个新的发展阶段并取得了巨大的成绩。

1990 年我国城市中全国性的行业体协总数达到 27 个，职工体育组织共有 10.2 万个，而各种运动队也达到了 55.3 万个，经常参加体育活动的人数增至 5 000 余万人。活动内容也随之发生了转变，开始由过去以生产操、广播操、球类、武术为主的项目，扩展到健美操、体育舞蹈、气功、保龄球、网球门球等多样化项目，与此同时一些新兴运动项目也随之出现，如高尔夫球、赛车、登山、攀岩、热气球等。

自 20 世纪 80 年代中期以来，社区体育开始在我国城市地区迅猛发展作为一种新的社会体育形态，其群众性和参与性更加突出。在农村各地的农村文化中心""青年之家""和""文化站""等地都把体育活动作为重要内容。现在我国拥有社会体育组织 3 854 个，占全国街道办事处总数的 69%。平均每个街道有晨晚练活动站（点）5.3 个。

自 20 世纪 80 年代后期开始，我国体育改革拉开序幕。社会体育的改革也随之开始，例如：扩大社会体育组织结构中非体委系统的成分，加强群体工作中的协调与合作；开发行政拨款以外的经费来源；社会体育与校园文化、企业文化和乡村文化相结合；扶植群众自发的组织形式；等等。但是这些改革就总体而言，还没有脱离原有的计划经济体制下的基本框架。

随着改革开放社会大背景的持续发展，随着我国经济改革的深化，人们越来越清楚地认识到，现有的以计划经济体制为依托的社会体育体制，需要动大手术，否则既不能完成新时期中国体育所承担的任务，就是它本身的生存也会出现危机。

自 1985 年全国开始开展"争创体育先进县"活动，至 1996 年已有 5 批共 468 个县被列入"全国体育先进县"行列，占全国县级单位的 21%，这项活动的开展对农村体育工作起到了极大的推动作用。同时，随着我国社会经济体制改革的逐步深入和企业经营机制转换力度的加大，在多年计划经济体制下形成的社会体育发展模式也遭遇到了越来越多的困难。主要表现在两个方面：①高度集中而封闭的体育体制无法适应向市场经济转变的社会条件；②行政命令式的运行机制难以适应市场经济的价值规律、供求规律和竞争规律。

此外，由于行政手段对社会体育控制力的削弱及对体育人口约束力的衰减，使一些被动参与体育活动的群众流失，再加上其他业余文化生活不断出现，在余暇中产生竞争，这就导致了社会体育活动开展的难度大大增加。自20世纪80年代后期开始，我国体育改革拉开了序幕，社会体育的改革也随之开始。例如：社会体育与校园文化、企业文化和乡村文化相结合；扩大社会体育组织结构中非体委系统的成分，加强群体工作中的协调与合作，开发行政拨款外的经费来源；扶植群众自发的体育组织形式等。但总体看来，这些改革仍然没有脱离原有计划经济体制下的基本框架。

4. 改革深化与发展阶段（1992年至今）

随着改革开放的持续发展和经济改革的深化，在此社会大背景下，人们越来越清楚地认识到，现有的以计划经济体制为依托的社会体育体制需要"动大手术"。否则，现有社会体育体制不仅不能完成新时期中国体育所承担的任务，而且自身的生存也会出现危机。20世纪90年代初期以后，我国的社会体育便正式开始进入了改革深化与发展的新阶段

（二）中国社会体育发展的现状

1995年6月20日，国务院正式颁布了我国新时期的社会体育工作纲领性文件，即《全民健身计划纲要》。该文件从面向21世纪、提高民族素质的战略高度出发，对20世纪末到2010年我国社会体育的目标、任务、措施提出了新的明确要求。同年8月29日，由全国人大常委会审定通过，于当年10月1日开始施行的《体育法》，为维护广大人民群众参与体育的权利，落实全民健身计划提供了法律保障。随着《全民健身计划纲要》的出台与实施，我国的社会体育科学化程度得到了大幅提高。此外，一些其他举措也相继开展实行，例如：在对全国成年人体质研究的基础上制定了《中国成年人体质测定标准》；向全国征集健身方法，并出版了《中华体育健身方法》（一至四卷）；在全国推行《社会体育指导员技术等级制度》；1996年度体育彩票公益金（国家体委提存部分）的60%用于建设全民健身活动场所，加之各省、市、区体育行政主管部门也按比例投入了一定的公益金，分阶段、分批在全国城市社区配套建设社会体育活动场地、设施，实行全民健身工程。

随着我国经济和社会改革的迅速发展、人民生活水平的明显提高和"双休日"制度的实施，广大群众的生活质量需求得以增长，余暇时间得以增加，这使得人们参与体育的热情也随之不断升高，这也为社会体育的广泛开展提供了

良好的社会环境。在这种社会背景下，上述发展社会体育的重大措施的出台，确实使我国社会体育出现了前所未有的发展势头。并且这些改革措施正在极大地促进我国社会体育事业的发展，在诸如群体活动内容的完善与创新、体育事业基本要素的结构优化和功能改善，以及体育知识的普及、体育意识的培养、体育理论的发展等方面产生着积极的影响。同时，这些改革措施不仅对企业的发展起到了画龙点睛的作用，促使企业的经济效益和社会效益越来越高；还在社会生产要素的改善、社会生产效率的提高、医疗费用的降低和社会稳定程度的提高等方面发挥着重大的作用。在新中国成立初期的计划经济条件下，我国社会体育的基本格局得以确立，虽曾改革多次，但由于传统惰性和利益的冲突，从本质上还未彻底打破根深蒂固的封闭格局。那么如何才能将市场经济机制与公益性极强的社会体育事业正确地结合起来，则成为需要在理论和实践中不断深入探讨的问题。原有的管理体制与组织形式面临转型中不可避免的巨大困难，有的甚至已经出现了生存危机。继续深化社会体育改革，将成为新世纪发展社会体育以及为全面建设小康社会做出积极贡献的关键。随着我国经济与社会改革的不断发展，人民群众对体育项目的要求也不断增加，特别是对新兴社会体育项目的要求，更是日益迫切。开展社会体育的愿望也随之高涨起来，同时对健康和体育的需求也日益强烈。但一种能够更好适应社会主义市场经济的社会体育管理体制和良性循环的运行机制的建立仍需时日。因此新世纪社会体育的改革过程将是长期的、艰巨的，同时也是与社会体育的发展过程并进的。

（三）中国社会体育的发展趋势

1. 由政府走向社会

在新世纪，政府和民间组织之间会形成牢固的组织体系，进而突出民间体育团体的作用。居民体育联合会等基层民间组织会发挥健身、增强社会情感、深化体育意识扩大体育人口等多种功能，以完善社会体育的服务体系，在推进社会体育进程中发挥积极作用。随着社会保障体系的健全和完善，今后社会体育组织要以社区为中心不断发展。在城市，会更多地出现以社区为单位，组织居民进行体育活动的形式。这种以地域为中心的形式，使得基层组织间的横向联系得到加强，增大了人们的体育活动空间。

2. 由人治走向法治

随着我国改革开放的不断深入，对于社会体育的监督和调节将逐步通过法律形式来控制。自党的十一届三中全会召开之后，国家就制定和颁布了一系列体育行政法规，到 1992 年就有 442 件，随后，又制定并出台了《体育法》《社会体育指导员管理办法》《国民体质监测管理条例》《全民健身计划纲要》《社会体育指导员技术等级制度》《监督法》等一系列法律法规性文件，这些文件的出台形成了体育法规体系的初步框架，确保了以人治体向依法治体的转变，并加强了体育监督机制的建立，推进了社会体育法制现代化的进程。

3. 由行政走向市场

在社会主义市场经济体制下，社会体育必须面向市场、走向市场。社会体育的发展是我国体育产业发展的重要驱力动。体育人口的增加将会带动更多的体育消费，从而带动体育健身娱乐业及其相关经营性企业的发展，进一步扩大体育服务人口及体育服务体系建设。因此，成立体育市场的俱乐部和确立其运行机制对体育改革会有一定的深化意义。

4. 由经验走向科学

社会体育学是一个多学科、多层次结构的知识体系，它主要研究社会体育现象和揭示社会体育规律。目前，我国的社会体育学已经与世界大众体育接轨，并随着世界体育科学的发展呈现出体系化趋势。

（1）国民体质监测科学化是社会体育科学化的重点

国民体质监测的科学化，大体体现在监测网络、监测标准、监测设施和监测效益四个方面。要尽快完成监测点的科学布局，完善我国国民体质的监测标准体系，提高监测的社会效益和经济效益，扩大体质调查的规模，并将国民体质的发展变化情况纳入"社会发展与进步综合评价指标体系"。通过对国民体质的监测，了解国民体质状况，评价健身活动效果，指导社会体育活动开展，保证国民健康生活。

（2）社会体育方法手段科学化是保证社会体育质量的前提

社会体育最终总是要落实到人们采用一定的体育手段来实现体育的参与。因此体育方法手段的科学性直接关系到社会体育的质量。中国传统的健身方法对体育手段的科学性缺乏足够的探讨，其科学依据不足影响了社会体育方法手段的发展。20 世纪 60 年代以后出现的"运动处方"代表了体育科学发展的方向，大力发展"运动处方"可以大大提高社会体育的实效性和针对性。

当今世界科学技术飞速发展，新的科学技术和理论不断产生，广播、电视、电影、录像、通信卫星、计算机以及多媒体技术等都在社会体育中得到运用。社会体育手段和设备的现代化，改变了过去大众参与体育活动的单向沟通模式，加强了双向交流，强化了社会体育指导员的指导咨询顾问的职能，促使大多数人更加积极、主动、创造性地参加体育活动。现代化手段与设备的采用，为社会体育的实用化，以及保证社会体育高度机动灵活、富有选择性提供了可能。人们可以根据自己的需要和兴趣，选择项目内容与方法，注重项目内容、管理理论的掌握和实际应用，增强体育锻炼的能力。

5. 由服务生产走向服务生活

鉴于人们对社会体育内容选择的多样化，社会体育的内容结构将适应人们的需要而不断改善。根据参与者不同的生活环境、爱好和需要进行更为多样化的设计，更加贴近生活，更被群众所接受，使不同性别、年龄、爱好和身体状况的社会成员都能找到适合自己的活动内容。

第二章 社会体育的参与研究

社会体育参与是指人们为了更好地实现身心健康、活跃文化生活、加强社会交往等目的，采用体育锻炼、娱乐休闲体育、健身体育或健美体育等方法进行的有意识、有计划的体育行为。一个国家或地区社会体育的发展程度主要是衡量人们的参与程度，其中最有代表性的衡量指标就是体育人口的数量。几十年来我国城乡居民对体育锻炼的认识有了明显的提高，体育锻炼的积极性也随之增强。近些年，政府加大了对群众身边体育健身场地的建设投入等，收到了显著成效，并使居民参加体育锻炼项目呈现出多样化的特点。另外，城乡居民体育消费水平的继续提高，加快了体育"社会化"和"生活化"的进程，为体育产业化的发展，奠定了坚实的基础。本章主要是对社会体育参与的相关内容进行了较为详细的调查和研究。

第一节 社会体育参与概述

一、社会体育参与的概念

社会体育参与是指人们为了实现身心健康、活跃文化生活、加强社会交往等目的，采用体育锻炼、娱乐休闲体育、健身体育或健美体育等方法进行的有意识、有计划的体育行为。

社会体育参与可以是个体的形式，如个人长跑、练习气功等；也可以是群体的形式，如广播体操、晨晚练站（点）活动以及俱乐部活动等。其中个体活动的形成往往受到来自教育、大众传播媒介和国家的某种大众体育计划或活动等的影响。在现代社会，社会体育参与已经不再是一种纯粹的个人行为，而是具有鲜明的群体色彩的行为。国家与社会通过某些基层的组织（如社区、单位、社团）对社会体育参与进行组织和管理，并提供必要的活动条件。

社会体育参与既然是一种公民权利，就要通过法律给予保护。同时，社会体育参与也可以作为一种消费需求，如一些能够为社会体育参与提供更高质量社会服务的相应体育健身产业等。社会的现代化进程为人们的社会体育参与提供了良好的物质和时间条件，改变了人们的健康观和体育观，使社会体育参与成为一种普遍的社会现象。

二、社会体育参与的特点

（一）参与人群的广泛性

社会体育的参与对象与学校体育或竞技体育相比具有明显的广泛性特点。参与对象可以是不同年龄、性别、职业和学历的人士，涵盖社会全体公民。无论在城市还是乡村，无论是社区还是单位，都可以开展社会体育。学校体育和竞技体育在活动空间上相比社会体育会有一定的要求和局限性，而社会体育则具有更加开阔的空间。

（二）参与过程的自愿性

社会体育以业余、自愿为原则。国家鼓励公民参加社会体育活动，公民参与社会体育活动是现代社会的一项基本权利，是人权的重要组成部分。自20世纪中叶以来，许多国家都在相关的体育法中制定了一些载有保护公民体育权利的专门条款。2016年修订的《中华人民共和国体育法》明确提出"国家提倡公民参加社会体育活动，增进身心健康。社会体育活动应当坚持业余、自愿、小型多样，遵循因地制宜和科学文明的原则"。

体育法通过对公民体育权利的确认，为其参与各种体育活动提供了明确的法律依据和有力的法律保障，从而有效地调动了公民参与社会体育的积极性。在大多数国家，社会体育具有权利的性质，而没有义务的要求，在这一点上它是不同于学校体育、竞技体育和军队体育的。后三者不仅在体育过程、内容、方法上都有各自较严格的规定，而且组织和管理方式也与社会体育有所不同。所以说，社会体育有其独立的形态功能。

（三）参与形式的多样性

1.社会体育的组织形式多样

社会体育参与的组织形式是比较灵活的，既有行政部门组织的大型体育活动，也有社团组织的小型体育竞赛活动，还有群众自发开展的独立进行的活动。

2. 社会体育的方式方法不同

社会体育的活动因人、因地、因时制宜地采用各种体育运动方式方法，甚至可以不断地创造各种新的运动方式方法来满足人们多方面的体育娱乐需求。

3. 社会体育参与者的需求多样

公民参与社会体育的目的、内容具有多样性。按参与目的进行划分，有健身体育、健美体育、娱乐休闲体育、保健康复体育等。从内容上看既有民族、民间的传统体育项目和健身方法，也有大量现代健身手段和运动项目。

4. 社会体育的参与人群不同

社会体育的多种形式不但适合于健康的正常人，而且也适合于社会的弱势群体，如婴幼儿、老年人、残疾人等。

（四）参与的非稳定性

社会体育的主体是社会大众，由于不同社会阶层、不同社会群体间的关系较为松散，以及外部因素、个人因素等都会制约社会体育参与，因此使得社会体育的参与效果不能十分稳定。比如，在一个良性运行的社会里，人们的社会体育参与就会相对稳定，社会体育运行良好。在一个动荡的社会里社会体育就往往无法正常运行。

三、社会体育参与的形式

《全民健身计划纲要》指出："体育发展水平是社会进步与人类文明程度的一个重要标志。"体育的发展水平可以通过学校体育、社会体育的发展水平、高水平竞技体育的成就，以及体育的环境条件进行综合的评价。

当一个国家处在经济落后的时期，将主要的体育投入投向高水平竞技体育，试图用金牌的数量来鼓舞民心，增加社会凝聚力，弘扬民族精神。当一个国家经济实力日益丰厚，人们的目光就逐渐从金牌的数量转向学校体育与社会体育的发展。在观察一个国家或地区社会体育的发展程度时，主要的衡量指标就是人们的参与程度，其中最有代表性的指标就是体育人口的数量。

社会体育的参与方式按照不同的标准，可进行下列分类。

（一）按照社会体育参与的亲历性进行划分

按照社会体育参与的亲历性进行划分，可分为直接参与和间接参与两种。

直接参与是指社会体育参与者亲自实践,采用一定的体育运动方式进行活动。这部分人群往往有较好的体育态度和锻炼身体的良好习惯。间接参与也称非实质性参与,指那些对社会体育有兴趣,但没有直接参与其间只做观众的人群。目前我国间接参与社会体育的人数较多,将这部分人转化为直接参与,是发展我国社会体育工作的重要任务。

(二)按照社会体育参与的时间关系划分

按照社会体育参与的时间关系划分,可分为终身体育参与和间断体育参与两种。终身体育参与是指那些自接受学校体育教育之后能将体育参与持续到老龄的人。社会成员如何才能在离开学校后仍保持终身参加体育活动、社会体育如何与学校体育衔接配合,是社会体育学关注的一个重要课题。

间断体育参与是指社会成员自学校进入社会后,因某种原因不再接触体育活动,之后又重新加入体育活动中。在社会中,影响体育活动的因素多种多样,青年人与中年人参加体育活动的比例明显偏低;而进入老年后,随着生活条件的改善,余暇时间也随之增多,再加上老年病症缠身,这时候人们又会重新参与到体育活动中,且人数不断增多,因而呈现出两头大中间小的特征。

在间断体育参与的人群中,妇女占的比例较大。妇女由于生育子女、家务劳动负担较重,年轻时代退出体育人口的较多,到老年后又有较多返回。这一现象在世界各国普遍存在。据调查,有 50.3% 终止体育活动的北京市女职工是在离开学校走向工作单位的时候,女职工生育后,家庭负担明显加重,这是一部分女职工退出体育活动的主要原因。

(三)按照社会体育参与的积极程度划分

按照社会体育参与的积极程度划分,可分为主动体育参与和被动体育参与两种。所谓主动体育参与,即人们参加体育活动的主动性,在接受了正确的体育价值观念后,开始对体育运动和身体娱乐产生浓厚的兴趣,进而自觉自主地坚持体育活动。

因此,主动体育人口在整个体育人口中是最积极、最活跃的部分。被动体育参与是指人们在迫于某种社会压力的情况下,不得不参加或在某个特定的环境下被卷入体育活动中来。被动体育人口具有强迫性,因此,其很可能在社会压力或特定环境消失的时候不再参与体育活动。

四、社会体育参与的意义

（一）体现了社会的人文精神

社会体育的本质是以人为本，满足人们身心享受和发展的一种社会活动。扩大社会体育的宗旨是提高国民的体质与健康水平，从而提高人们的生活质量，促进人的全面、协调、完善发展。而扩大社会体育参与是提高每个国民的体质与健康水平的最直接途径。调查显示，一个社会人们的体育参与程度越高，人们的社会地位就越高。人的社会地位的改变，也会影响其体育参与，两者相互影响，相互促进。

在中国，社会体育的发展所遇到的问题和矛盾主要是现存的社会体育资源无法满足社会成员的日益增长的体育需求。这也体现了我国人民物质文化的增长与落后生产力的矛盾。人民群众对身心健康越来越重视，这就促使社会不断地改善社会体育的环境条件。体育环境条件的完善又进一步刺激了新的体育需求。在不断的"失衡—适应—再失衡—再适应"循环中，社会体育得以向前发展。

（二）体现了公民的基本权利

我国政策已经把参与社会体育作为公民在社会中的一项基本权利，是人权的重要组成部分。这为公民参与各种体育活动提供了明确的法律支持，有效地调动了公民参与社会体育的积极性，使公民的体育权利得到保障和实现。在国际人权立法的进程之中，对于社会体育的权利也有明确的规定。

如1948年，《世界人权宣言》系统地提出人权的具体内容和奋斗目标，并开始涉及经济、社会和文化权利方面的内容，逐渐显现出人权内容的拓宽。1978年，联合国教科文组织第二十次会议诞生了专门阐明体育权利的国际体育法文件——《体育运动国际宪章》，反复申明"参加体育运动是所有人的一项基本权利"，强调"要使参加体育运动的权利对所有人来说成为现实"。

在20世纪中叶以来许多国家制定的体育法中，都有保护公民体育权利的专门条款或鲜明地体现了这一宗旨。从社会体育参与权利的发展进程中可以看出，这些权利得到了不断丰富和完善。

（三）体现了国家的综合实力

社会体育的发展水平、高水平竞技的成就、体育环境条件的综合评价是国家体育发展水平的重要衡量依据。无论国家处于经济落后还是经济昌盛时期，提高体育投入和参与程度都会对鼓舞民心、增加社会凝聚力、弘扬民族精神、提高学校体育与社会体育的发展有着举足轻重的作用。在观察一个国家或地区社会体育的发展程度时，主要的衡量指标就是人们的参与程度，其中最有代表性的指标就是体育人口的数量。

从上述意义上讲，中国社会体育发展，就集中表现为群众性体育健身活动的广度和深度，集中表现为参加社会体育者的数量和质量。

（四）对人们的生活方式有积极影响

社会体育参与对生活方式的积极作用与影响突出表现在以下几点。

①社会体育能够使人体机能和体能保持最佳状态，有利于人们身心疲劳的消除，也是人类健康生活的重要保障。

②增加和发展社会体育消费，有助于优化家庭和个人的消费结构，使消费向合理化方向发展，有利于人们生活质量的提高。

③社会体育有利于人的劳动素质的提高，有利于全面发展的人格的培养。

④社会体育有助于帮助人们消除恶习，使不良社会生活得到有力的改善。实践表明，经常参加体验运动锻炼，有利于增进人体的健康，对慢性及非传染性疾病的发生具有一定的预防作用。

⑤社会体育使人们的闲暇时间变得充实，不同类型的社会体育活动能够帮助人们发散剩余精力，对各种社会危险起到一定的避免效果。

⑥社会体育能够使人们的审美观念发生改变，可以使人们的情感需求、精神需求以及文化需求得到满足。

⑦社会体育能够使人们的社会交往变得丰富，使人的精神经常处于一种饱满的状态。

⑧社会体育活动能够鼓励人们进行基本生活技能的学习，从而使人们的生活能力与生活质量得到提高。

⑨快节奏的生活方式使人们的情绪处于紧张状态，参加社会体育活动可以使紧张情绪得到缓解，也有利于使人际关系变得融洽，对现代社会中由于竞争而产生的冷酷与孤独具有克服效果，还能够帮助人陶冶情操，体验人生真谛。社会体育活动能够使人较快地适应生活节奏的改变。

⑩社会体育作为交际手段，可以使人与人之间的社会距离逐渐缩短，使家庭成员之间的感情与交流不断增进，对促进家庭和睦具有重要作用。参加社会体育活动能使人们之间的理解、交流与合作不断加强，也可以使人的社会责任和道德价值观得到有效的提高。

第二节 体育人口与非体育人口

一、体育人口的概念

早在日本池田胜的《日本、欧美国家体育人口的动向》中，"体育人口"一词就已被提及。它是随大众体育热潮而起的一个新兴概念，也是可以用来研究人口质量和社会生活质量的手段之一。不同国家在体育人口理论的认识程度与实施方案上存在着不同的特点。

在我国，体育人口一般指的是经常从事身体锻炼、进行身体娱乐，且乐意接受体育教育、参加运动训练和竞赛，具有统计意义的一种社会群体。它同时具备了人口规模、人口结构和人口空间分布三个要素，是以体育为重要特征的一种特定类型的人口。

亲身参加到体育实践活动中去，是体育人口的基本特征。体育人口通过某种特定的身体练习方法，来达到强身健体、愉悦身心的目的。同时，多参加体育运动还可以提高运动技能、改善生活方式，从而促进人的全面协调发展等。因此，这部分人口可以说是实质性体育人口。

世界大多数国家在确定体育人口时，一般都会在社会体育领域内进行。这主要是因为学校体育、武装力量体育和高水平竞技体育带有一定的强制性和稳定性，参与这种体育的人口群体与相应的总群体区别不大，一般视为当然体育人口。

通常，我们强调体育人口对体育的直接参与性，但事实证明，不直接参加体育活动却十分热衷高水平竞技体育比赛表演的观赏和体育传媒视听的人口大量存在着，这些人口则被称为非实质性体育人口。他们是体育市场的主要消费群体之一，与体育有着十分密切的关系，可以说是体育社会实践的重要支配群体之一。这一庞大的群体与体育的亲和程度较高，具有从非实质性体育人口向实质性体育人口转化的基本条件。将这一人群向实质性体育人口转化的工作做好，是社会体育的一项重要任务，在研究体育人口时不能忽略和排斥他们的存在。

二、体育人口的判定标准

作为一个操作性的概念，体育人口必须制定出量化的、可操作的判定标准，以便体育人口的测度、研究、统计与国际相比较。由于决定体育人口的参数比较多，如参与者自身的初始健康状况、年龄性别、选择活动的方式、活动频度（即每周锻炼的次数）、每次活动时间、活动时的负荷强度、活动后的实际健身效果等，因此制定一个客观、科学又便于操作、统计的统一判定标准非常困难。

在制定我国体育人口的判定标准时，应该考虑以下几个因素。

①国际上多数国家通行的标准。

②我国制定体育人口判定标准的目的。

③我国群众体育的实际状况，这里包括我国民众的营养状况、健康状况、参加体育活动的条件，以及体育活动所采取的方法手段等。

（一）体育人口判定的国际经验

国际上判定体育人口的标准差异较大，分别采取了以下方法。

1. 单一粗放式判定标准

将每周参与一次身体活动的人群都划归为体育人，在判定上仅有很宽松的身体活动频度要求，没有时间和强度的标准。如瑞典中央统计局1994年统计欧洲国家成年体育人口采用的就是这一标准。也有一些国家将参加各种体育协会或俱乐部活动的固定成员计为体育人口数量。

2. 三元定性判定标准

制定每周进行身体活动的具体量化标准，将达到判定标准者划归为体育人口。具体量化标准有：频度、时间、强度。使用这一判定标准的国家有加拿大、英国、美国、澳大利亚等，其中加拿大、美国等国判定标准是每周参与身体活动频度3次以上，每次活动时间30分钟以上，每次活动主观运动强度中等以上。英国、澳大利亚判定标准是每周参与身体活动3次以上，每次活动时间20分钟以上，每次活动主观运动强度中等以上。可以看出，这种判定标准是一种具有频度、时间、强度等量化指标的判定标准。

3. 三元等级判定标准

从身体活动的频度、时间、强度三方面将体育人口分为四个等级，达到相应的等级判定为相应的体育人口，使用这一判定标准的国家是日本。日本将年参与身体活动1次以上，每周参与身体活动不满2次的人群划为一级体育人口，将每周参与身体活动2次以上的人群划为二级体育人口，把每周参与身体活动2次以上、每次活动时间30分钟以上的人群划为三级体育人口，将每周参与身体活动2次以上、每次活动时间30分钟以上、活动的主观运动强度中等偏上的人群划为四级体育人口。其中又将二级以上的体育人口称为积极型体育人口。它的一级体育人口判定标准大体相当于瑞典体育人口判定标准，二至四级体育人口判定标准相当于英、美等国家体育人口判定标准。

这三种判定方法其效度和区分度逐次加强，但操作的困难程度逐次增加，对体育人口的要求逐次提高，要求锻炼达到的实际效果逐次增强。

体育人口的三元等级判定标准，避免了给体育人口做一个是与非的定性划分，提出了一个多重标准，具有较好的研究价值，但在测度和统计上，多重标准容易造成不必要的麻烦和混乱，尤其在我国整体人口数量很大，体育教育水平和社会统计水平很低的情况下，采用这一方法不很实际。所以，我国适宜采取三元定性的判定方法，而关键在于锻炼时间、频度和强度这三个指标如何确定。

（二）确定符合我国国情的体育人口的判定标准

在确定我国体育人口的判定标准时，我国可以考虑一个略低于体育发达国家的标准。仇军先生在完成《对中国体育人口概念、分类及其结构的研究》时，曾采用了多种方法对这一问题提出判断。现根据"1997年中国群众体育现状调查与研究"课题的实际调查加以修正，提出了以下的体育人口判定标准，即必须同时满足以下三个条件就可以算作一个体育人口。

①每周身体活动频度3次以上。
②每次身体活动时间30分钟以上。
③每次身体活动强度中等程度以上。

由于我国地域辽阔，各地地理气候差异较大，各民族的风俗习惯迥异，经济和体育发展程度也不同，因此以上体育人口的判定标准只是一个基础的数据。这个数据不适合于就学阶段的青少年儿童，他们应该继续执行每天参加1小时体育活动的要求。

在执行双休日劳动制度后，人们的生活节奏加快，余暇时间趋于集中，一部分城市职工开始采取周末集中时间锻炼、娱乐、野营、旅游、比赛、表演等方法，他们之中的体育人口如何统计，还要深入研究。此外农民参加体育活动受季节和农村习俗影响较大，他们的体育人口计量方法，也要进一步研究。除了这一基本判定标准之外，再设立一些符合多种人群实际体育参与状况的标准，是十分重要的。

三、非体育人口

非体育人口，即没有达到体育人口判定标准的人群。其可分为两类：一类是参加过体育活动，但是由于在锻炼的时间频度或强度方面不能达到体育人口的标准，为了研究论述的方便我们称他们是"偶尔参加体育活动的人"，即准体育人口。他们在 16 岁以上的成年人总人口中占 18.89%，这个占人口近 1/5 的人群具有分化为体育人口和非体育人口的可能，因此研究这些偶尔参加体育活动者的各种特征，对发展中国体育人口具有重要意义。

非体育人口的另一类是"不参加体育活动的人"，他们在一年中一次体育活动也未参加过，他们在 16 岁以上成年人总人口中占的比例较高，为 65.65%。对这部分人的年龄、性别、职业、居住地、文化程度等要素的构成，中断体育经历年龄，中断体育活动原因，以及他们今后体育参与倾向的研究，有助于对中国社会体育发展现状的认识，有助于社会体育管理重点的确认，有助于更具有目的性和针对性地推行《全民健身计划纲要》。

第三节　我国参与体育锻炼的人口情况

一、体育锻炼参与度

关于我国体育人口的状况，国家体育总局分别于 1996 年、2001 年、2007 年和 2014 年四次对我国城乡居民参加体育锻炼的状况进行相关调查。在 2014 年的调查中，调查对象是 6 周岁及以上的城乡居民。采用"多阶段分层随机抽样"的方法，在全国 31 个省（区、市）的 1 269 个街道和乡镇中抽取了 8 万余户居民，采用入户方式进行调查，共获取有效样本 135 229 例，其中 6～19 岁儿童、青少年 53 401 例，20 周岁及以上人群 81 828 例。

（一）6～19 岁儿童、青少年

调查数据显示，全国 6～19 岁儿童、青少年在 2014 年都能够参加体育健身活动，有 94.6% 每周参加 1 次及以上体育锻炼（包含体育课、课外体育活动以及校外体育锻炼）。

在校的 6～19 岁儿童、青少年每周参加 1 次及以上体育锻炼的人数百分比为 99.3%，不在学校上学的这一人数百分比为 39.9%。

随着年龄的增长，6～19 岁儿童青少年每周参加体育锻炼的次数不断减少。

在每周参加10次以上体育锻炼的人群中，6～9岁人群占30.5%，而16～19岁人群仅占17.0%。

（二）20岁及以上人群

调查结果显示，2014年全国共有4.1亿20岁及以上城乡居民参加过体育锻炼，比2007年增加0.7亿人。从年龄分布看，呈现出随年龄增大参加体育锻炼的人数百分比降低的特点。其中，20～29岁人群参加体育锻炼的人数百分比最高，为48.2%，70岁及以上人群参加体育锻炼的人数百分比最低，为26.0%。

（三）经常参加体育锻炼的人数

体育锻炼是指被调查者在2014年中参加过1次及以上运用各种身体练习方法（包括徒手或器械），以强身健体、调节心理为主要目的，并达到一定强度的身体活动。主要内容包括健身、健美运动，娱乐休闲体育，民族传统体育等。但饭后百步走、上下班的行走、骑自行车等不被视为体育锻炼。

每周参加体育锻炼频度3次及以上，每次体育锻炼持续时间30分钟及以上，每次体育锻炼的运动强度达到中等及以上的人，往往被称为经常参加体育锻炼的人。

2007年全国"经常锻炼"的人数比例为28.2%（含在校学生）。其中，可以达到"经常锻炼"的人中城镇居民占13.1%，乡村居民占4.1%；在全国16周岁及以上的城乡居民总人口当中，"经常锻炼"的人数占8.3%；女性比例为7.5%，男性是9.0%。

以上数据说明，"经常锻炼"的人群中，存在城乡差异大、16周岁以上人口比重低、男女比例不均衡等问题。此外，由于社会各因素的影响，青壮年达到"经常锻炼"人数的比例相对较低，其中年轻人所占的比例最低，年龄在30～39岁的人数比例仅为6.1%，而中老年人"经常锻炼"的人数比例则相对较高，60～69岁年龄组达到11.7%。在20～69岁的年龄阶段，随着年龄的增大，"经常锻炼"人数的比例也会呈逐步上升趋势。

2014年全国经常参加体育锻炼的人数百分比为33.9%（含儿童和青少年），比2007年增加了5.7%；20岁及以上的人群为14.7%，其中，城镇居民为19.5%，乡村居民为10.4%。与2007年相比，城镇增加了48.0%，乡村增加了154.0%，乡村居民经常参加体育锻炼的人数百分比的增长幅度高于城镇。

20～39岁年龄人群中经常参加体育锻炼的人数百分比较低，30～39岁年龄组仅为 12.4%，而 40 岁及以上人群经常参加体育锻炼的人数百分比较高，60～69 岁年龄组达到 18.2%。

20～69 岁人群呈现出随年龄增大经常参加体育锻炼的人数百分比逐步上升的趋势。

20 岁及以上人群中，受教育程度越高，参加体育锻炼的人数百分比越高。研究生人群中 25.6% 能够经常参加体育锻炼，其他依次是大学（含大专）22.0%，高中（中专）18.1%，初中 12.8%，小学及以下 8.5%。

从事非体力劳动的人群中，经常参加体育锻炼的人数百分比较高，行政、企事业单位负责人中有 24.1% 的人经常参加体育锻炼，其他依次为专业技术人员 21.1%，办事人员 20.0%，商业服务人员 15.2%，农林牧渔水利人员 8.8%，生产运输操作人员 11.9%，无职业人员 16.2%，其他人员 14.3%。

二、参加体育锻炼的基本特征

（一）体育锻炼强度

2007 年的调查显示，全国城乡居民参加体育锻炼的强度有大、中、小三种程度。其中，以中等强度参加锻炼的人数比例最高，为 56.4%；其余人群则分别以 27.0% 和 16.6% 的比例，进行小强度的锻炼与大强度的锻炼。

从年龄分布上看，采用大强度进行体育锻炼的人数比例会随着年龄的增大而逐步下降，从 16～19 岁年龄组的 24.0%，下降到 70 岁以上的 6.7%；同时，采用小强度的人数比例则会逐步增加，从 16～19 岁年龄组的 21.4%，增加到 70 岁以上的 41.6%。中等强度的人数比例各年龄组基本相同。

在 2014 年调查的 6～19 岁儿童青少年中，90.0% 的人在体育锻炼中能达到中等及以上强度。在体育课、课外体育活动和校外体育锻炼中能达到中等强度及以上的百分比分别为 80.8%、81.2% 和 84.0%。

20 岁及以上各年龄组每次参加体育锻炼达到中等强度的人数百分比最高，为 62.9%；其次为小强度，为 20.3%；有 16.7% 的人进行大强度的体育锻炼。随年龄增大，采用小强度的人数百分比逐步增加，20～29 岁年龄组为 14.5%，70 岁及以上组为 42.2%；而采用大强度的人数百分比逐步下降，20～29 岁年龄组为 27.0%，70 岁及以上组为 4.0%。

（二）锻炼时间

从调查结果来看，2007 年的数据显示，从年龄的分布情况可以看出，中青年参加体育锻炼的频度明显低于老年人群。例如，20～29 岁年龄段的青年人，仅每周参加体育锻炼低于 2 次（含 2 次）的人数比例就达到了 75.5%；而 60 岁以上的人群，每周参加 5 次及以上频度体育锻炼的人数比例则达到了 50% 以上。

全国城乡居民每次参加体育锻炼的持续时间为 30～60 分钟的人数比例最高，达到了 52.4%；不足 30 分钟的和在 60 分钟以上的人数比例，分别为 24.7% 和 22.9%。

从年龄的分布情况来看，任何年龄组参加体育锻炼的时间都是 30～60 分钟的人数比例最高，年龄在 50 岁以上的人群每次锻炼的时间持续延长，每次锻炼时间在 60 分钟以上的人数比例明显增加。

2014 年的数据显示，在校上学的 6～19 岁儿童青少年有 98.1% 的人能够每周上体育课，每周上 2～3 次体育课的人数百分比最高，为 81.3%；有 74.2% 的人能够每周参加课外体育活动，其中每周参加 2 次的人数百分比最高，为 28.8%，每次体育锻炼的持续时间在 30～59 分钟的人数百分比最高，为 67.5%。

在校外体育锻炼中，6～19 岁儿童青少年每次参加体育锻炼的持续时间也是 30～59 分钟的人数百分比最高，为 60.4%，其次为持续时间在 60 分钟以上的，为 21.2%，持续时间 30 分钟以内的人数百分比占到 18.3%。

20 岁及以上人群，在晚上参加体育锻炼的人数百分比最高，为 68.9%；其次是早晨，为 44.5%；在下午有 22.9% 的人也参加体育锻炼。每次参加体育锻炼的持续时间为 30～59 分钟的人数百分比最高，为 49.6%，其次是 60 分钟以上的，为 31.9%；不足 30 分钟的为 18.5%。从各年龄组来看，每次参加体育锻炼的持续时间为"30～59 分钟"的人数百分比最高；50 岁及以上人群每次锻炼时间在"60 分钟以上"的人数百分比明显增加。

（三）锻炼项目

2007 年调查显示，在参加体育锻炼的人群中，占人数最多的锻炼项目主要是"健身走"和"跑步"，其比例占 62.0%，其他项目也占据了一部分比例，如乒乓球、羽毛球、网球、篮球、排球、足球、游泳、登山等。同时，年龄的大小也影响着参加体育锻炼项目的比例，如参加健身走项目年龄在 16～19 岁间的人数比例仅为 19.1%，而球类和跑步项目的参加人数则相对较多，分别占总人数的 34.9% 和 31.5%。健身走锻炼项目的主要参加人群为年龄在 50 岁以上的人群。

2014 年调查显示，6～19 岁儿童青少年在校外经常参加的体育锻炼项目是体育游戏、长跑和篮球。体育游戏是以身体练习为基本手段，以增强体质、娱乐身心、陶冶性情为目的的一种现代游戏方法。少年儿童处于长身体的关键时期，养成正确走、跑、跳、投等基本活动能力，有利于生长发育。

20岁及以上人群经常参加的体育锻炼项目是"健身走"和"跑步"，百分比分别为54.6%和12.4%；其他依次为小球类（乒乓球、羽毛球、网球）、广场舞和大球类（足球、篮球、排球）。与2007年相比，采用健身走和广场舞进行锻炼的人数百分比增加最多，分别提高了12.8%和3.9%。

6～19岁人群选择的锻炼项目排在前三位的是体育游戏、跑步和篮球，20～29岁人群选择的锻炼项目排在前三位的是健身走、球类和跑步；而50岁以上各年龄组人群主要采用健身走进行锻炼，百分比为63.4%～78.7%。

（四）参与形式

2007年调查显示，全国城乡居民参加体育锻炼的主要形式为结伴或独自一人进行。在结伴形式中，多数人则选择与同学、朋友或同事一起进行体育锻炼，其人数比例达到了49.2%。而相对比例较低的独自锻炼或与家人一起进行锻炼的形式，一般常被年龄较大的人群所用，并随着年龄的不断增大，运用这一形式进行锻炼的人数比例将会逐渐提高。

2014年调查显示，6～19岁儿童青少年在校外参加体育锻炼的主要组织形式是"由同学（朋友）、同事自发组织"，其他依次为"自己练习""参加校内项目俱乐部""与家人（家长）一起""参加校外体育兴趣班"和"参加业余体校"。

调查表明，参与调查的6～19岁儿童青少年中有54.2%的人参加过学校运动会，但参加其他体育竞赛活动的人数百分比较低。在参加过体育竞赛的儿童青少年中，有37.9%的人获取过名次。

20岁及以上人群参加体育锻炼主要是"自己练"和"与朋友、同事一起练习"，百分比分别为38.3%和33.7%。

（五）体育锻炼的场所

2007年的调查显示，参加体育锻炼时，对于锻炼场所没有严格的限定，一般多为空旷安全的地方。人们对场所的选择也比较多样化，其中以"单位或住宅小区体育场所"为主要锻炼场所的人数达到了总人数的22.2%，也是最高的人数比例。其他依次为"自家庭院或室内""公共体育场馆""公路旁""广场""住宅小区空地""公园""健身会所""自然区域"及"其他"。

年龄的大小直接决定了人们对体育锻炼场所的选择，40岁以下年龄组的人群多在单位、住宅小区以及公共体育场馆进行体育锻炼。随着年龄的增大在公路旁、住宅小区空地、广场和公园锻炼的人数比例不断攀升，而在自家庭院和室内进行锻炼的各年龄人数比例则基本保持不变。相较而言到公共体育场馆进行体育锻炼的人数比例则明显呈降低趋势。

2014年调查显示，有24.1%的6～19岁儿童青少年每天利用"校园或单位"的体育场地设施进行锻炼，每周至少使用一次的人数百分比达61.1%。

每天使用"住宅小区（村庄）"的体育场地设施的人数百分比为7.4%，每周至少使用一次的百分比为46.7%。进一步分析显示，在"住宅小区（村庄）"的体育场地设施中，使用频率最高的是"室外体育健身广场"，其次为"健身路径"和"篮球、足球场"。

在20岁及以上参加体育锻炼的人群中，有18.4%的人在公共体育场馆进行体育锻炼，人数百分比最高，比2007年提高了3.6%。其次是以"健身路径"为锻炼场所的，人数百分比为15.5%。其他依次为"广场、场院的空地""自家庭院""单位或社区的体育场所"等。

20～39岁人群在公共体育场馆进行体育锻炼的人数较多，20～29岁人群的百分比为31.0%，30～39岁的人群达到了20.1%。40岁及以上人群在"广场、场院的空地"居多，50～59岁人群中的人数百分比为19.4%。在"自家庭院和室内"进行锻炼的各年龄人数百分比比较均衡，为11.2%～14.0%。50岁及以上人群到"健身会所"进行锻炼的人数百分比最低，不足1%。

选择就近进行体育锻炼的人数百分比最多，各年龄段参加体育锻炼的人群中有近60%的人选择距离在1 000米以内的场所进行锻炼；1 000米～2 000米以内的占近24%；2 000米以上的约为10%。就近选择体育锻炼场所的趋势依然明显，与2007年的调查结果一致。

在20岁及以上人群中，有41.6%对当前体育场地设施基本满意，但还有22.5%的人认为离期望值"相差较远"。

对体育场馆建设需求的调查发现，希望建设社区（乡镇）健身活动中心的人数百分比最高，为65.2%，其他依次为建设综合健身场所（33%）、体育健身广场（29.6%）、健身路径（21.7%）、体育主题公园（16.4%）、大型体育场馆（中心）（13.6%）、室内游泳场馆（6.6%）、室外游泳场所（4.4%）、笼式运动场（1.7%）。

绝大多数人希望将健身场所建在社区附近，百分比为87.5%，其他依次为建在公园绿地附近（26.4%）、建在学校附近（18.4%）、建在自然山体附近

（10.9%），建在大型公共建筑附近（7.0%），建在城市中心（5.6%），建在商业区（4.0%），建在文化餐饮娱乐聚集区（4.0%），建在滨水场所（1.6%）。

三、参加体育锻炼的意识

（一）参加体育锻炼的目的

2007年调查结果显示，全国城乡居民参加体育锻炼的目的主要有强身健体、增加体力活动，预防或治疗疾病，减压、放松，娱乐，减肥、健美，提高运动技巧和社交等。其中以增加体力活动为主要目的的人数居多，占总人数的34.8%；而以消遣娱乐为主要目的的人数居第二位，人数比例占26.8%；以防病治病为主要目的的人数则居第三位，占18.9%。

2014年调查结果显示，6～19岁儿童青少年参加体育锻炼的主要原因是"强身健体""喜欢、好玩"和"为了升学考试"。

在接受调查的6～19岁儿童青少年中，有16.9%的人愿意成为专业运动员，成为专业运动员的原因主要是"为国争光"和"展现体育才能"。

20岁及以上城乡居民参加体育锻炼的主要目的是提高身体素质（35.6%），消遣娱乐（17.4%）和增加体力活动（16.0%）。其他目的依次是防病治病、减轻压力放松、减肥、健美、提高运动技巧、社交等。

以"消遣娱乐"作为体育锻炼目的的人群中，20～29岁人群的人数百分比最高，为21.2%。随着年龄增大，以"防病治病"为体育锻炼目的的人数百分比逐渐提高，70岁及以上年龄组达到25.1%。在以"提高身体素质"为锻炼目的的人群中，在20～49岁人群中随年龄增大，人数百分比增长趋势明显，50岁以上人群则相对稳定，百分比为40%～43%。但城乡居民以体育锻炼作为"社交方式"的相对较少，各年龄组的百分比为0.6%～1.5%。

20岁及以上人群中，大部分人都认为体育锻炼重要，百分比为93.8%。其中，36.1%认为"非常重要"，而认为"非常不重要"的只有0.5%。城镇与农村居民在体育锻炼重要性的认识上有差异，45%的城镇居民认为体育锻炼"非常重要"，农村居民认为体育锻炼"非常重要"的百分比为28.1%。

（二）接受体育锻炼的指导

2007年的调查显示，在参加体育锻炼的人群中，接受过体育锻炼方面指导的人数占据了总人数的33.3%。其中有15.3%的人接受过体育教师或教练员的指导，所占的人数比例也是最多的；而曾接受过其他相关专业人员、其他人员和社会体育指导员等指导的人数比例占 5% 左右；此外，依照参考资料进行体育锻炼的人员也占据了总人数的 2.7%。在接受过体育锻炼指导的人群中，青年人较多，中老年人较少。

2014 年的调查显示，6～19 岁儿童青少年在校外参加体育锻炼中接受指导的百分比较高，有 84.6% 的人接受各种指导，自学的百分比仅为 15.4%。

在 20 岁及以上人群中，参加体育锻炼的人群中有 48.0% 的人接受过体育锻炼方面的指导，比 2007 年提高了 14.7%。接受"同事、朋友相互指导"的人数百分比最多，为 32.3%，其次为"专业教练、社会体育指导员"和"其他受过相关专业训练"的人的指导，所占百分比均在 5% 左右。还有 5% 的人参照书刊、视频等资料进行体育锻炼。

20～29 岁年龄组人群有 60.5% 的人接受过指导，60 岁以后各年龄组人群接受指导的人数百分比在 44.1% 以下。

在 20 岁及以上人群中，参加体育锻炼的人中有 56.5% 的人是通过"自学"掌握体育锻炼技能的。在学校学习获取体育锻炼技能的有 19.9%，参加"社会短训班"和"从事过专业训练"的分别为 4.4% 和 2.2%。此外，17.0% 的人是从其他途径获取的。

四、参加体育锻炼的消费

2007 年调查结果显示，参加体育锻炼的主要消费项目有支付体育锻炼场馆费用、购买运动服装、购买体育器材、观看体育比赛费用和订阅体育报刊和购买体育图书等。从消费金额来看，支付体育锻炼场馆费用的人均消费最高，为 613 元。以此来看，在参加体育锻炼的人群中，有过体育消费的人占 72.7%，全年人均消费为 593 元。其中 12.8% 的人全年消费总额在 99 元以下；而消费总额为 100～499 元的占 53.4%；500～999 元的占 17.2%；1 000～2 999 元的占 13.3%；3 000 元以上的占 3.3%。其中人均消费水平最高的为年轻人，仅用于购买运动服装这一项的人数比例就达到了 91.0%。

2014 年调查结果显示，有 15.7% 的 6～19 岁儿童青少年花钱进行体育锻炼，但是只有 5.5% 的人花钱观看体育比赛。

在 20 岁及以上人群中，有 39.9% 的人有过体育消费，全年人均消费 926 元。全年消费总额在 499 元以下的人数百分比为 47.6%，500～999 元的为 24.4%，1 000～1 499 元的为 11.2%，1 500～1 999 元的为 4.6%，3 000 元以上为 6.5%。从年龄来看，20～29 岁年龄组的人消费水平最高，人均消费为

1 162 元。随年龄增大消费水平下降，70 岁及以上年龄组，人均消费仅为 422 元。

在体育消费人群中，购买运动服装的人数百分比最高，为 93.9%，其他依次为购买体育器材、订阅体育书刊、支付锻炼的场租和聘请教练以及观看体育比赛费用等。

从人均消费金额来看，"场租和聘请教练"的消费额度最高，人均 876 元，其他依次是购买运动服装鞋帽 623 元，购买体育器材 496 元，观看体育比赛 366 元，其他体育相关消费 334 元以及订阅体育报刊和购买体育图书 142 元等。此结果与 2007 年的消费结构顺序一致，但消费水平明显提高。

调查结果显示，我国 20 岁及以上城乡居民认为目前体育消费价格合理的人数百分比为 53.8%，有 39.0% 的人认为目前体育锻炼消费价格水平偏高。

此次调查结果表明，我国城乡居民体育锻炼的意识增强，参加体育锻炼的积极性增高，与 2007 年相比，经常参加体育锻炼的人数百分比明显增加，人均体育消费水平大幅度提高，就近就便锻炼和"花钱买健康"已经得到越来越多人的认可。调查结果还显示，越来越多的城乡居民到公共体育场所进行体育锻炼，显现了近年来我国公共体育场地设施建设的成效，为全民参加体育锻炼提供了保障。

但数据也显示出，在全民健身活动中还存在以下问题。"时间少和场地不足"依然是城乡居民不参加体育锻炼的主要原因；参加体育锻炼人群的年龄结构发展不平衡，50 岁及以上的年龄人群经常参加体育锻炼的人多，其他年龄人数相对较低；城乡居民参加体育锻炼的积极性有所增加，但科学健身意识薄弱；体育消费水平提高，但"实物型消费"依然是主要方式。

第四节　社会体育参与的影响因素

一、影响社会体育参与的个体因素

社会体育参与，是一种复杂的社会现象，受到各种因素的影响。这些因素对体育参与的影响作用是多层次的、多方面的，影响的方式和影响的深度也大不相同。这些因素的综合作用，形成人们体育参与的态度与行为。

人们在参与社会体育的过程中，表现出程度上的差异，有的坚持经常参与，有的偶尔参与、被动参与，这些差异的形成是基于以下几种个人因素：个人体育态度、观念和需求、个人身体状况、个人生活方式、个人经济条件、个人社会特征。由于社会体育参与的亲历性，人们的社会体育参与最终总要形成体育行为,而影响体育行为的基本因素包括以下几类。

(一) 体育观念和需求因素

体育观念,是指人们对体育的基本认识,以及在这一认识基础上对体育在人生中的地位的看法和在价值观中的排序,它是影响社会体育参与的决定性因素。人的体育行为是受观念意识支配的,体育观念强的人,体育参与的行为就会持久、稳定,即使在时间少、条件差的情况下,也会创造条件去参加体育活动。而体育观念差的人,即使有充足的条件,也不会主动积极地去参加体育活动。人们的体育观念一般在学校期间形成,并影响其一生。

个人对体育的需求也决定人们的体育参与。人们的健康需求、生命需求是参与体育的最重要、最基本的动因。一般来讲,老年人、病患者都对体育有较迫切的需求。青少年对社会体育的需求主要来自文化娱乐、休闲、健美和社会交往,这些需求往往不够稳定,容易受外部条件的影响而转变。

人们的体育观念与体育行为是相辅相成的,人们的体育观念可以形成体育行为,同样人们在体育行为中也可以加深体育观念。人们在体育活动过程中,得到了切身的益处,会改变他们对体育的看法。

(二) 个人的身体状况

个人的身体状况是参加体育活动的前提,主要包括以下两方面。

①自身的健康状况:第一,完全健康状态的人们可以无忧无虑地享受体育和娱乐;第二,亚健康状态的人们需要用体育的方式解决健康问题;第三,非常不健康状态的则可能更多地求助于医疗卫生手段,在疾病急性发作期间则完全不适合参加体育活动。

②自身的体育经历:第一,体育兴趣爱好;第二,体育习惯;第三,经常采用的体育方法等。

(三) 个人生活方式

个人的生活方式对体育参与影响很大,生活方式中的生活习惯、自由时间、生活消费、经济条件、生活空间、生活节奏等都会不同程度地作用于人们的体育参与。余暇的多少和支配方式是人们参与体育活动的时间前提。目前,我国城市居民的余暇大多用于观看电视,这是影响社会体育参与、不利于居民健康的一种生活方式。因此,人们余暇时间的多少以及对余暇时间的支配方式是人们参与体育活动的主要时间条件。

1. 生活习惯

人们生活方式的重要组成部分之一，以及人们生活方式的外部表现形式就是生活习惯。人们的生活习惯可以分为以下两点。

①良好的生活习惯：良好的生活习惯有助于人们积极参与体育锻炼，有利于人们的身体健康。

②不良的生活习惯：不良的生活习惯会抑制人们参与体育的积极性，使人们的健康水平下降。据调查，美国每年死于不健康生活方式的人高达200万。抽烟、吸毒、酗酒、无规律生活、营养不良、体育锻炼不足等不良的生活习惯是导致死亡的不健康生活方式的主要表现。

2. 自由时间

一般情况下，人们度量生存活动的过程是以时间为度量手段的。以昼夜的生存活动周期为划分依据，人们一天的全部时间支出可以被分为学习或工作时间和业余时间。

①学习或工作时间是消耗在生产和扩大再生产社会生活的物质条件和精神条件上的那部分必需的时间。

②组成业余时间的成分是比较复杂的，业余时间不可与自由时间完全等同。业余时间主要包括四部分。

第一，与工作有关联的时间，如上下班路途往返。

第二，满足生理需要的时间，如睡眠、吃饭。

第三，家务劳动时间，如扫地、擦桌子。

第四，自由时间。自由时间也可以被称为余暇时间，指在昼夜的全部时间结构里划出一切必要时间后所剩余的那部分由个人可以自由支配的时间，这种时间不能直接被生产劳动所吸收，而是用于娱乐和休息的，然而这部分时间在人类创造精神文明方面起着重要的作用。

自由时间对人们生活方式的影响主要表现在自由时间的多少以及自由时间的支配质量。自由时间也是人们参加社会体育锻炼的重要条件之一。

3. 生活消费

生活消费是指人们使用物质资料来满足自己物质生活和精神生活的需要。消费的重要性主要表现在以下几点。

①消费是人的本性之一。

②良好的生活消费习惯是人类生存、享受和发展的重要条件。

③消费是社会再生产过程中的一个环节。

④消费是人们生存和恢复劳动力的必不可少的条件。

消费爱好、消费结构、消费水平、消费倾向以及消费方式等共同构成消费。人们的消费爱好、消费结构和消费水平与社会体育的关系最为密切。

（1）消费爱好

人们的文化程度高低、收入多少、参加体育活动的积极性大小以及认识体育运动的深浅等都是影响体育用品消费的有关因素。家庭体育用品消费的程度比例因家庭收入水平与文化程度不同而有所差异。这种区别表现为以下两点。

第一，家庭的收入水平越高，体育用品消费所占的比重也就越大。

第二，家庭的文化程度越高，体育用品消费支出也就越高。

（2）消费结构

消费结构指的是在消费这一行为中，人们所消费的类型不同的消费资料之间的比例。消费结构对社会体育的影响较为深远。消费结构中体育的地位主要由三个因素决定。首先是人们的消费水平，其次是人们的体育态度，最后是人们的体育价值观念。

（3）消费水平

家庭对社会产品和劳务的占有量就是消费水平。家庭的人均收入、家庭总收入、物价水平是影响消费水平的主要因素。人们对体育的投入受到消费水平的直接影响，家庭、地区和国家社会体育的规模和程度也在很大程度上受消费水平的影响。

4. 经济条件

马斯洛的需要层次论表明人们若想追求发展及享受需要，首先必须要满足自身的生存需要。如果一个人的经济收入连最起码的生存需要都无法满足，就更加不可能去参加体育消费。所以，经济收入也是直接影响着体育参与的主要因素之一。

个人经济条件不仅影响体育参与的数量，也影响参与的质量。经济条件较好的人群，体育参与优于较差的人群。社会体育活动虽然有许多是可以不花钱或少花钱的，但必要的服装、鞋帽、运动器材、体育指导的费用还是不可少的。至于到消费性体育场馆去参与活动，更因个人的经济能力有巨大的差别。

个人的经济条件，同时还制约了人们的生活方式。什么样的经济条件，就会有什么样的生活时间、空间以及消费，这些都会间接影响人们的体育参与。人们的体育健身消费，对保证体育参与、提高体育参与的质量也同样具有较为重要的作用。鼓励居民进行体育健身消费是全面建设小康社会、提高体育参与水平的重要工作。

5. 生活空间

每个人和每个家庭在现实生活中都有一个属于自己的生活空间。生活空间是生活方式中非常重要的要素之一，也是提高人们生活质量的一个前提条件。如果人们有非常狭窄的生活空间，就会有拥挤不堪的感觉。人们难以忍受空间狭小，生活在一个窄小的空间里的人，时常会有封闭与惩罚的感觉。但是，人们如果拥有过大的生活空间，也同样会感到不适，会有一种孤独、空旷、被人忽视的感觉。所以人们要适度选择生活空间。

6. 生活节奏

现代社会的自身结构开始变得复杂多样，社会运动的时间节奏越来越充分地展现出由慢到快的变化趋势，这主要是由以下两个原因造成的。

①人类对自然界的开发向着广度和深度发展。

②人类社会外部环境的日益"人化"。

人们要想获得越来越多的自由时间，就要付出相应的代价，生活节奏加快就是其中一个重要的代价。快速的生活节奏有利于生命效率的提高，大量的社会成员在快节奏的生活中经过快速的协调与配合，创造出更多的物质财富和精神财富，为社会做出巨大贡献。在快节奏环境中生活的人会有生活充实、精神舒畅、生机勃勃的感觉，这种感觉使人们享受快节奏生活。

但是，快速的生活节奏也会引起一部分人的不适应，给他们的健康带来不良的影响，这一点需要引起人们的普遍重视。经常参加社会体育活动与锻炼能够帮助人们适应不断变化的生活节奏，帮助人们有效调节因快节奏生活而导致的各种身心不适。

（四）个人社会特征

每个人的受教育程度、职业以及在家庭和社会中的地位都会影响体育参与。一般来讲，体育参与程度与受教育程度呈正相关，学历越高参与程度越高。在一个正常发展的社会中，人们的职业选择又与学历关系很大，学历高的人能获得较高社会地位的职业，经济收入也较高，因此体育参与情况也较好。

二、影响社会体育参与的外部因素

社会体育参与，是一种复杂的社会现象，受到各种因素的影响，而且这些因素是多层次的，影响的方式和影响的深度也大不相同。

（一）社会环境层面

1. 经济发展水平是社会体育的基本制约因素

社会体育的发展规模、水平和速度，取决于经济发展水平。经济发展能够为社会体育发展提供物质条件，经济发展能带来个人经济状况以及由此引发的人的价值观念、思维方式、生活方式和行为方式的变化。经济对社会体育的发展直接反映在对体育事业经费投入、体育场所设施建设和人们的体育消费水平等方面。

反映国家经济发展水平的恩格尔系数往往用来预测社会体育参与可能达到的程度。恩格尔系数越低，人们参与体育活动的可能性越高。

2. 政治是社会体育发展的基本保障

政治是国家最高层次的管理。国家性质决定了社会体育的领导权掌握在谁的手里，国家制度决定了人民享有社会体育的权利有多大，国家可以通过法律、行政和经济等多种手段开展社会体育，国家对社会体育的积极倡导和积极支持，可以营造社会体育发展的大环境，有力地推动社会体育事业的进步。我国的社会主义制度决定了社会体育具有坚定的社会主义性质，以及为人民服务和动员广泛参与的人民性。

政治制度是社会体育参与的基本保障。政治是国家最高层次的管理。国家对社会体育可以采取包含法律、行政和经济在内的多种政治手段进行组织开展。国家对社会体育的积极倡导和支持，可以营造社会体育发展的大环境，有力地推动社会体育事业的进步。

3. 文化构筑了社会体育的社会文化氛围

体育与科学技术、教育、卫生、文学艺术、新闻出版、广播影视等都属于广义的文化范畴。社会体育的发展，必然受到文化多方面的影响。具体表现在以下几个方面。

①教育为社会体育做好终身体育的准备，为社会体育培养专业人才。

②科学技术为社会体育提供科学信息，提高管理水平和健身效果。

③社会体育只有与卫生、环境保护、营养等协调配合，综合治理，才能真正达到增强体质、促进健康的目的。

④社会体育更离不开大众传播媒介的积极宣传和鼓动，人们的体育价值观

念靠传媒引导，科学的健身方法靠传媒推介，国家的方针政策和法律法规通过传媒深入人心。

（二）社会体育的管理层面

现代化管理是提高社会体育参与水平的决定性因素之一，随着科技的进步和管理水平的提高，在根本上提高了社会体育参与的基本状况。推动社会体育参与的积极措施包括宣传教育、法制建设、队伍建设、场地及设施建设、科学研究、技术推广、人才培养等，但这些积极的措施都需要加以管理、提高管理。社会体育管理的根本任务就是使社会体育的参与扩大，而社会体育的发展必然要受到国家体育管理的影响，这种影响主要表现在社会体育定位、资源配置以及管理水平三方面上。

1. 社会体育定位

社会体育的定位直接影响着人们的体育观念。所谓社会体育的社会定位，就是国家体育的各个组成部分占据的位置和顺序，就是高水平竞技体育、社会体育的关系问题。我国在很长一段时间里，将高水平竞技体育放在居高不下的位置上，社会体育"说起来重要，干起来次要，忙起来不要"，社会体育在体育管理中处于一个不恰当的实际位置。

20世纪90年代以后提出了体育工作要坚持群众体育和竞技体育协调发展的方针，把发展群众体育，推行全民健身计划，普遍增强人民体质作为重点。以此为标志，我国体育事业进入了一个工作重点由竞技体育转向群众体育的新阶段。近5年来，我国社会体育的迅猛发展，是体育工作重点转移的具体体现。

2. 社会体育资源配置

社会体育资源包括人力、资金、物力、时间、信息等多方面，其中心是资金投入。对社会体育的投入可分为政府投入和社会投入两部分，即一部分是社会公共产品，具有福利的性质，另一部分是社会体育的产业经营的结果。

在我国目前经济水平上，对社会体育的投入仍然主要靠政府，社会投入所占比例很小。我国省、地、县三级政府机构经费来源中，组织群众体育活动的收入占总经费的比例不足1%，可见政府对社会体育的投入是至关重要的。但是在政府的投入中社会体育投入过少仍然是一个突出问题，它严重影响了社会体育的发展。

近年来，由于发行体育彩票，社会体育的经费有了较大幅度的提高，很多居民住宅区用体育彩票的公益金建设了健身路径、健身长廊、健身中心，开展了许多全民健身的活动，培养了一批社会体育指导员。

3. 社会体育管理水平

现代化管理是提高社会体育发展效益的决定性因素之一，科技进步和管理水平的提高在根本上决定了我国社会体育发展的进程。"全民健身工程"等提出社会筹集、造福人民、配合投入等一系列政策，筹集了数以亿计资金，短时间内在全国建设了有史以来最大的一批群众性体育活动场地。政策所产生的巨大力量推动着社会体育各项工作的发展。宣传教育、法制建设、队伍建设、场地设施建设、科学研究、技术推广、人才培养等都是社会体育工作的重要方面，都需要加强管理。

第三章 社会体育资源

社会体育资源是体育发展的重要基础和条件。随着现代体育运动的发展，合理地开发、利用以及共享体育资源，已经引起许多国家的高度重视。具备必要的人力、物力和财力资源是社会体育存在和发展的前提条件。本章主要阐述社会体育指导员、社会体育经费、社会体育场馆设施、社会体育产业。

第一节 社会体育指导员

一、社会体育指导员的内涵

社会体育指导员是指在社会体育中从事技能传授、锻炼指导和组织管理的工作人员。他们是发展我国体育事业，增进公民身心健康，提高生活质量，建设社会主义精神文明的一支重要力量。社会体育指导员作为社会体育的组织者、指导者、传播者，其作用的发挥对于社会体育的进步社会化、科学化、产业化和法制化都具有重要的影响。而作为社会体育指导员来说，他们不但得具有社会体育指导员的一般特征，还需要具备在社会这个特殊环境下工作的具体的和特殊的工作素质与能力。可以说在一定程度上社会体育指导员的质量直接影响到社会体育工作的开展。

二、社会体育指导员的基本素质

（一）高尚的道德品质

这是作为一名社会体育指导员的基本要求，也是最为重要的。高尚的人格，优秀的思想品德，加之积极的精神状态和良好的健康形象是胜任这份工作的第一步。

（二）良好的公关能力

一名社会体育指导员必须与群众保持广泛的联系。因此，他应有良好的公关能力、甘于奉献的精神、乐于助人的工作态度和广泛的兴趣爱好，以博得人们的喜爱，与人们建立良好的人际关系。

（三）系统的知识结构

社会体育指导员应具备基本的组织管理知识、锻炼指导知识和指导锻炼的技能。组织管理知识包括：社会体育的政策、法规以及同社会体育相关的经济、文化方面的政策法规；社会体育管理的原则与方法，社会体育活动的组织形式和工作计划以及各种体育活动与竞赛组织管理方面的理论知识。锻炼指导知识主要包括体育锻炼的基本原理、运动生理、医学、卫生、运动保健学方面的知识。指导锻炼的技能包括讲解的技能、示范的技能、保护帮助的技能、制订锻炼计划和评价锻炼效果的技能等。

（四）创造与科研能力

社会与科技不断发展，社会体育指导员面对的是不同的群体与个体，因此，他必须具备创造能力，去完成具有挑战性的工作。社会体育指导员还应该具有一定的科学研究能力，在社会体育工作中，认真观察、认真研究、尊重科学、勇于创新、不断总结，使自己成为一名复合型的体育人才。

三、社会体育指导员的工作职责

①进行体育活动指导及各种身体练习的基础指导，使人们掌握体育锻炼方法，学会科学锻炼。

②提高运动技术水平的专项技术指导，通过指导，使人们掌握正确的运动技术，并不断提高运动技术水平，甚至可以指导较高水平的运动技术。

③负责体育保健指导医学监督，并以科学的理论方法指导人们锻炼。

④负责制订体育锻炼计划。

⑤负责健康测定评价、体质测定评价。

⑥群众体育的组织管理，除了对已经组织起来的集团俱乐部进行组织管理，还要通过举办讲座教学活动将没有参加体育活动和没有组织的体育人口动员起来，组织起来。

⑦群众体育研究。

⑧宣传发动不参加体育活动的人参加到体育活动中来。

⑨商业体育设施指导和管理。
⑩健康管理和安全管理。

四、社会体育指导员的培养途径

随着社会主义市场经济体制的建立与发展，体育的社会化、大众化、产业化进程已大大加快，体育活动的主体也都发生了很大的变化。随之而来的健身市场需求也越来越高。这使社会体育指导成为一种职业成为一种可能。

（一）高校培养高素质社会体育指导员

任何一项大规模的社会活动，都需要大量的专门人才来维系。社会体育的发展也不例外。高校体育院系在体育专门人才培养方面占有绝对优势。高校的根本任务是为国家培养社会急需的各类人才。高校的体育教学应该并且能够承担起为社会培养社会体育指导员的任务。因为高校的体育师资力量比较雄厚，体育教学方法、手段比较完善，体育设施、器材比较完备，能够严格地按照国家规定来评定社会体育指导员的资格。高校遍布全国各地，各高校都有一批爱好体育运动并且具有专业特长的学生，如加以重点（或定向）培养，那么每年都可为社会输送一批较高质量的社会体育指导员。

（二）加大社会培养社会体育指导员的力度

通过社会的培养渠道，能有效地解决社会体育指导员不足的问题。但必须调动各方面的积极因素，加速人才培养。我国的社会体育指导员，有相当一部分在体育行政部门内，主要从事行政管理工作，很难直接参与社会体育的指导。因此，在专业技能和组织管理两类社会体育指导员中，应当大力培养和发展前者。他们更直接地面向社会，以传授和推广科学的健身方法的形式为广大群众服务。根据我国社会体育指导员的特点和锻炼群体的需要，可以将社会体育指导员分为健身健美类、医疗保健类、竞技运动类、休闲娱乐类等四类。这四类指导员可以涵盖社会体育的各个方面，可以根据锻炼者的不同健身需要进行指导工作。社会体育指导员的资格认证是社会体育指导管理工作的重要环节。通过考核被评定的社会体育指导员可以从事具体工作并按劳取酬。这可吸引更多的体育爱好者和体育工作者积极从事社会体育指导员的工作，对建立和完善我国社会体育的管理体制，将起到较大的促进作用，能有效地推进全民健身运动的广泛、深入、持久开展。当前，我国社会体育指导员的四个等级的认证是由不同的行政级别来确定的。

五、社会体育指导员的活动

（一）社会体育指导员的组织活动

1. 组织管理

管理社会体育指导员的行政组织为体育局群体部门，主要负责社会体育指导员的资格审批发展规划监督管理等工作。社会体育指导员的业务管理一般由行政部门委托社会体育管理（指导）中心进行，主要负责社会体育指导员培训进修和指导行为规范等。社会体育管理（指导）中心又会委托社会体育指导员协会对社会体育指导员进行行业自律和权益维护工作。体育总会及各单项运动协会也会从运动项目发展角度加强对各项目指导员的培训和管理工作。从而形成一个较为完整的社会体育指导员管理体系。

2. 组织保障

社会体育指导员协会是社会体育指导员之家。它通过注册登记、学习交流、支援帮助、规划实施、表彰监督等保障社会体育指导员的指导活动得以正常进行，正当权益得到维护。

通过培训获得社会体育指导员技术等级证书者应及时到所在社区（体育指导站）进行注册登记并参加体育指导站组织的各项业务进修、体育指导活动。社会体育指导站应为登记者安排适当的指导岗位，并提供学习交流的机会和场所；支援社会体育指导员开展体育指导活动帮助其解决工作中的困难和问题；表彰积极参加活动者，向区县体育行政部门推荐优秀社会体育指导员参加先进评比活动；监督、规范社会体育指导员的指导行为；制定社会体育发展规划，鼓励社会体育指导员积极实施社会体育发展计划。省市及区县体育行政部门和社会体育指导员协会应为社会体育指导站提供经费、技术、信息及其他相关帮助，促进社会体育指导员素质的提高和队伍的壮大。

（二）社会体育指导员的指导活动

1. 技能指导

技能指导一般包括动作技术的讲解与示范、练习方法的指导、纠正错误和辅助练习指导保护帮助等。

动作技术的讲解要求指导者能正确描述动作过程解释动作要领讲解练习方

法和注意事项等。技术的示范要求运用多种方式进行示范并能正确选择示范位置和时机。

练习方法的指导要求指导者能根据练习者的年龄性别体育基础，有针对性地组织练习活动。在练习过程中能正确地指导练习者进行准备活动，合理安排练习内容和时间，指导练习者进行最后的整理活动等。

指导者在指导过程中要注意观察练习情况，及时发现和纠正错误，并能通过有效的辅助练习，帮助练习者克服困难和纠正错误。在练习过程中，指导者要正确运用保护帮助方法，使练习者克服恐惧心理，尽快掌握动作技术。指导者应注意场地器材的安全问题，正确使用保护与帮助的辅助器材，确保练习过程的安全性。

2. 健身咨询

健身咨询一般包括体育保健健身知识宣传、健身方法介绍、常见病的体育康复指导等。

体育保健知识宣传要求指导者正确解释体育活动的生理、心理及社会健康功能，宣传体育在健康促进中的作用。

健身方法介绍要求指导者掌握多种健身方法，能够根据不同对象选择适宜的健身方案，并根据对象的要求调整健身方案。

常见病的体育康复指导要求指导者熟悉各种常见病的产生原因及防治方法。了解各种体育手段对控制疾病的作用，能根据病人的实际情况，制订有效的体育康复计划，并指导其实施体育康复计划。

3. 运动计划指导

运动计划指导一般包括疲劳诊断体力测定、运动项目推荐和运动计划指导等。

疲劳诊断要求指导员对疲劳产生的原因、发生的部位和消除疲劳的方法有一定的了解，以便为被诊断者提供适宜的运动计划。

体力测定要求指导者熟悉体能和身体素质的测试方法，能正确解释测试结果，并根据测试结果正确安排运动负荷。

运动项目推荐要求指导者根据对象情况正确确定锻炼目标和实施方案，帮助其掌握评价锻炼效果和调整计划的方法。

运动计划指导要求指导者根据对象实施运动计划的情况，对运动计划执行效果进行综合评价，并对今后实施运动计划提出修改意见和进一步发展要求，帮助其不断提高健身效果。

4. 体育组织管理

体育组织管理包括场地器材的布置和使用、练习活动的组织安排、事故的预防和处理等。

场地器材的布置与使用要求指导者能保证场地器材的整洁安全与和谐，以及使用上的方便。

练习活动的组织安排要求指导者注意练习的科学性和健身效果，注意练习过程中的人际沟通和良性刺激作用。

事故的预防与处理要求指导者周密考虑事故发生的各种可能性，预先采取措施防止事故的发生，制定万一发生事故时的处理预案以便将危害降到最低程度。

5. 社会体育研究

社会体育指导员要关注社会体育活动中产生的各种问题，研究解决问题的办法。要开发新的体育项目，研究新的练习方法，促进社会体育的健康发展。社会体育研究一般包括锻炼方法研究、指导方法研究、不同人群健身方法研究、体育组织管理研究等。

锻炼方法研究要求指导者研究各种动作及各种运动负荷对锻炼者身心发展的影响，选择适宜锻炼的方法指导其进行健身活动。

指导方法研究要求指导者研究运动特性找出关键技术降低学习难度，普及体育运动。

不同人群健身方法研究要求指导者掌握不同人群的身心特点和生活规律，选择适宜运动项目，制订合理运动计划。

体育组织管理研究要求指导员熟悉各种规章制度以及组织管理知识，针对组织成员具体情况，研究有效的组织管理措施。

第二节 社会体育经费

一、社会体育经费的筹集

（一）筹集社会体育经费的要求

1. 广辟财源

社会体育是体育事业不可缺少的组成部分，是一项社会性、地域性很强的事业，具有多元辐射功能。社会体育组织应解放思想更新观念，充分利用市场经济的规律和政策，深入调动社会各方面的积极性，开辟多种经费来源渠道。同时，社会体育部门还必须积极主动地争取党政领导的重视与支持，将社会体育工作的近期和长期发展规划纳入国家与地方国民经济发展计划，提高各级财政部门投资的积极性、计划性、稳定性和投资的力度。

2. 依法筹资

对于不同的筹资方式和不同性质体育单位所允许使用的筹资手段，国家均有相应的法律、法令、条例规定，体育单位必须严格遵守执行这些规定。遵守国家法令，符合党的政策，依法筹资是社会体育经费筹集的基本前提。

3. 满足需要

应本着"满足需要，减少占有"的精神，合理确定筹资数量，科学选择不同的筹资方式和筹资方式结构，尽量降低成本，提高筹资效益。

4. 合理举债

筹资风险的大小与借入资金的比例成正比。筹资风险增大即存在获取高额风险报酬的可能，也潜伏着更大的风险。社会体育单位不可盲目提高负债比重，应根据社会资金的流动速度和自身情况，明确举债用途，科学确定举债数额限度，确定合理的自有资金与借入资金的比例，充分考虑举债承受能力和偿还能力，把握风险，使损失小而收益大。

（二）筹集社会体育经费的途径

1. 财政拨款

我国政府财政拨款有两种形式：一种是财政直接对体育拨款，中央财政拨款用于中央体育事业，地方财政拨款用于地方体育事业。另一种是财政间接对体育事业拨款。这是国家各部门间接用于体育的拨款，主要用于本部门的体育活动。学校的体育经费是含在教育经费之中拨给教育部门，军队的体育经费是含在国防经费中拨给国防部，残疾人体育事业的经费是含在民政经费中拨给民政部等。

除了国家的财政拨款外，各部门和单位也要为本系统的体育活动开展拨出一定的经费，用于建设体育设施、购置体育器材和组织各种体育活动等。各级工会、共青团、妇联等社会团体也要拨出一定的经费举办福利性体育，目的是增进本团体成员的身体健康，加强他们团体的凝聚力，丰富他们的业余文化生活。在市场经济条件下，体育企业组织自己经营、自负盈亏，体育企业拨款的数量应该由企业的需要和经济的可能性来决定，政府无权进行行政干预。

2. 社会集资

社会体育作为一项社会公益事业，政府有发展它的责任，社会各界也有发展它的义务。社会体育事业的全民性、社会性、公益性决定了体育经费只靠财政不仅是不现实的，也是不合理的，必须广开财源，通过社会集资渠道来筹集体育事业经费。在我国，社会集资的主要途径是发行体育彩票、接受捐助、集资、社会赞助等收入。

3. 社会体育产业与基金会

社会体育的管理组织与部门，应充分利用国家长期以来所投资的社会体育场馆设施，挖掘潜力，利用自身的物质条件，提供优质的体育服务，积极自筹资金，多方组织收入。要通过体育产业开发，建立以公益性为主体的群众体育俱乐部，充分利用各种运动场地、设备和器材，开展有偿经营、有偿服务和租赁业务；组织社会体育基金会，有效利用社会集资、发行体育彩票、协会会费、各种形式的社会赞助、个人捐款、居民收费、广告费等形式，努力为社会体育事业的发展筹集资金。

4. 结转资金

上一财政年度的结转资金，也是社会体育筹资的一个途径。由于社会体育财力资源管理一般都实行自负盈亏、结存留用的形式。因此，要求各级社会体育管理组织与部门，应加强社会体育财力资源的有效管理，合理分配与使用经费，节约开支，扩大结转资金，以满足较大投资的需求。

5. 争取专项补贴

各级社会体育管理组织部门在社会体育财力资源的使用安排上，一般都留有一定数额的机动资金。下级社会体育组织应经常向上级有关部门联系。主动及时地汇报工作计划和进展情况，实事求是地反映具体困难，争取上级部门的理解，使之在机动财力上给予力所能及的关心和支持。

二、社会体育经费的分配与使用

（一）社会体育经费的分配

1. 社会体育经费分配的原则

①效益原则。效益原则要求以经费使用的预期收益作为经费分配的首要尺度，按照"评估——投入——再评估——再投入"操作方式去动态地配置体育经费。效益既包括社会效益，也包括经济效益，不能单纯地以经济效益或社会效益的好坏来决定经费拨付的额度。

②目标定位原则。目标定位原则就是要合理划分各类体育投资的领域和范围。例如，财政投入的体育经费只能投入基础性建设、基础性研究，以及一些尚无条件走向市场的奥运项目；社会筹集的体育经费，尤其是各类专项基金，在分配上要尽可能体现捐资人的意志，主要用于全民健身计划的实施，以体现"取之于民，用之于民"的宗旨；来自产业创收的体育经费则应作为体育产业的投资，重点用于发展体育本体产业，以促进我国体育产业步入良性循环。

2. 社会体育经费分配的形式

体育事业经费的分配一般有两种形式：一种是按工作类别进行指令性分配；另一种是按各单位需要实行经费包干。

体育事业经费指令性分配的依据：各单位近几年经费开支情况，特别是上一年度情况；现有的财力情况，即可分配的经费数额；各单位实际业务需要和发展计划；上级有关经费分配的方针、政策、批示和决定；各单位实际工作成果和经营能力。

按各单位需要实行经费包干、结余留用、超支不补。实行经费包干的具体做法很多，一般步骤是：拟定经费分配计划；召集有关单位领导讨论预分方案；确定和下达资金分配计划；颁布资金使用管理的奖惩条例和政策。

（二）社会体育经费的使用

1. 社会体育经费的使用要求

①单位根据上级批准的预算，对内部各部门实行经费指标控制，按经费使用的管理权限报有关领导批准后，由单位财务部审核报销。

②各项支出的报销，必须要有合法的凭证。

③人员经费支出必须严格按照国家规定的人员编制、预算定额、开支标准

和工资计划执行，不得自行提高各种补贴。

④在预算的额度内的各项经费开支或承包经费范围内开支实行实报实销。

⑤新添固定资产必须验收后才能报销。

⑥对实行差额预算管理的单位，按拨款数列支。

2. 提高经费使用效益的途径

①强化经费使用的"成本观"。体育经费使用是有代价的，也就是说是有成本的。只有经费使用者明确意识到经费使用是有代价的，不合理使用经费会造成经费使用成本增大，效益下降，才可能主动提高体育经费的使用效益。

②强化预算约束。严格经费使用的财会制度，做好各项经费使用的预算，并严格按照预算支出使用经费，使经费预算约束硬化，是杜绝经费使用中的浪费现象、提高经费使用效益的一项重要制度保证。

③加强对经费使用情况的动态监测。经费的实际使用过程中由于主客观条件的变化，经费使用可能有高效益产出，也可能只有低效益产出，甚至根本就没有效益产出。加强对经费使用情况的动态监测，就要改变经费一次性投放的惯例，实行先拨付项目启动经费，然后对项目启动后的实际状况进行评估，评估达到要求后再逐步追加投入，直至项目完成。这样才有可能避免经费的低效和无效使用，进而达到提高经费使用效益的目的。

④优化经费与其他资源投入要素的配置。任何活动的开展和活动目标的达成，都是人、财、物等资源投入的结果。经费作为投入要素之一，必须与一定的人和一定的物按一定的比例合理配置才能获得最大的产出，因此，要提高经费使用的效益还必须研究经费与其他投入要素的合理配置问题。根据各单位人、财、物的现状，投入要素的配置要有多种组合方式，研究经费与其他要素的合理替代与配置也是提高经费使用效益的一个途径。

⑤使经费使用与经费筹集形成良性循环。大部分体育事业单位经费使用后所产生的效益是社会效益，诸如奖牌数、输送率、成才率、组织活动的场次和人数等。体育事业单位的管理者和经费使用者应该尽可能地把社会效益的产出与经费筹集挂起钩来，也就是说，要把经费使用的效益作为经费筹集的资本，使经费的使用有助于经费筹集。

三、社会体育经费的核算

社会体育经费的核算监督包括经济核算、财务分析和财务监督三方面，它在社会体育财务管理中占有重要地位，是社会体育生财、聚财、用财的保证手段。

（一）社会体育经费的经济核算

1. 经济核算的内容

①资金核算，即核算资金的分配、占用情况和周转速度。
②成本核算，即核算综合费用额和单项费用额。
③纯收入核算，即对社会体育事业部门要进行经营的收入核算。
④效益核算，即对社会体育经费所产生的经济效益的核算。

2. 经济核算的组织

首先，应加强核算的计划性，对核算的目标、步骤、时间进度做出计划安排，保证核算按计划、有步骤地进行。其次，按业务核算、会计核算、统计核算，进行必要的分工，力求原始记录真实，定额指标完整，会计财务及时准确，统计报表系统可靠，综合核算和分级核算相结合。最后，建立有领导的专门核算队伍，并和群众核算相结合。

（二）社会体育经费的财务分析

1. 财务分析的内容

①资金分析。分析资金来源投向和分配使用周转速度与变动原因。
②费用支出分析。分析费用支出的合理性、合法性、成本计划的完整程度、费用变动的原因。
③收入和利润分析。分析收入和利润构成、完成计划的程度、增减变动的程度与原因。
④效益分析。分析经济效益、社会效益提高的程度及其变动的原因。

2. 财务分析的方法

财务分析的方法取决于社会体育财务活动的内容与特点，主要有综合分析方法和具体技术分析方法。综合分析方法的基本程序为：确定分析课题——收集整理资料——对比分析评价。具体技术方法中最常用的是对比方法，它把核算所提供的财务指标，就其相关部分进行量的对比。常见的对比有：同一时期的实际数与计划数对比；与同行先进水平或本单位历史上最高水平相比；部分与总体对比等。

财务分析的结果，要写出分析的具有说明性和结论性的报告。财务分析报告应做到内容完整、数字准确情况真实、语言简练、结论明确。

（三）社会体育经费的财务监督

财务监督是根据国家的财经制度、政策法令、财务计划和财务标准对财务活动进行检查和督促。

1. 财务监督的内容

财务监督包括对财务资料、财务活动和财务收支的合法性、合理性、真实性、完整性与及时性的审查和监督。其具体内容有：财经制度、法令法律和政策的执行情况；财务标准执行情况；资金使用和费用的支出与收入的来源情况；财产保护和使用情况；规章制度建设情况；收入和利润的分配情况。

2. 财务监督的方法

财务监督的方法，按监督检查的范围可以分为全面检查和专门检查；按检查方式可分为单位自查、联审互查和上级检查；按检查的内容分为财务检查，包括报表检查、账簿检查和凭证检查，实地（或实物）检查，主要是进行财产检查等。

社会体育财务监督应注重在坚持事后监督基础上，加强事中控制和事前监督，以及预算外资金监督和审计工作，加大经济违纪犯法行为的查处力度。

第三节　社会体育场馆设施

一、社会体育场馆的管理任务

体育场馆是开展社会体育活动所必备的物质条件。一方面，目前我国方面用于社会体育活动的体育场馆紧缺，另一方面，现有的体育场馆向社会开放不够，场馆利用率偏低，相当一部分场馆尚未向社会公众开放。社会体育场馆管理的根本任务，就是要提高用于开展社会体育活动场馆的数量、质量，并提高现有体育场馆的利用率，为社会安定、大众体育活动创造条件。

建立完整的社会体育场馆体系，是指由一系列互相联系的因素所组成的社会体育场馆整体，它包括体育场馆的数量、种类规模装备和布局等。在规划社会体育场馆的建设时，我们应正确认识和处理好这些因素之间的相互关系。

（一）确定社会体育场馆的数量

社会体育场馆的数量要能够满足社会体育发展的需要。决定社会体育场馆需要量的因素主要是人口数量、参与体育活动的人数及体育活动项目开展情况。一般来说，人口多，参与体育活动的人多，人们所选择的运动项目多，社会体育场馆需要量也就多。

（二）配置社会体育场馆的种类

社会体育场馆的种类在一个地区应尽量完整配置，社会体育种类配置依据以下因素。

①依据各地开展较为普及的体育项目配置。受经济、文化、地域条件诸方面影响，在体育活动开展及体育运动项目的选择方面，各地区都有自身特色和偏爱的运动项目，因此，社会体育场馆的种类配置就应有所区别，要体现地方特色，满足大众需要。

②依据不同年龄人群对体育活动的不同需要。年龄不同的人对体育有不同的要求，因此，社会体育场馆的种类配置也应有所不同。例如，在青少年与老年人相对集中的两个地方，社会体育场馆的种类配置就应有所区别。总之，各地区在社会体育场馆的种类进行配置时必须考虑到不同年龄人群对体育的不同需要，做到统筹兼顾，以满足不同年龄人群需要。

③依据不同职业人群对体育活动的不同需要。不同职业人群对体育活动有不同的需要，脑力劳动者与体力劳动者的体育活动也应有所区别，因此社会体育场馆的种类配置是依据不同职业人群对体育的不同需要来配置的。

（三）控制社会体育场馆设施的规模

社会体育场馆的建设规模要适当。社会体育场馆设施的规模，是指带看台的各种体育场馆。这种体育场馆规模的大小，对其利用率有很大的影响。影响社会体育场馆规模的因素主要有以下方面。

①人口数量和参与体育活动的人数。人口数量多的城市或地区，参与体育活动的人数也相对多一些，因而社会体育场馆的规模就应适当大一些。

②大众对体育活动的传统爱好。大众对某些体育活动有传统的爱好，参加这些体育活动的人数就会多些，因而社会体育场馆的规模就应适当大一些。

社会体育场馆设施的设置应遵循以下原则。

第一，科学合理原则。体育场馆各种设施在空间面积、设备配备、室内温度和湿度等各项相关指标方面都具有明确的规格标准和严格、科学的要求。只有达到这些标准，才能使设施发挥出最佳的使用功能，使其主体经营项目达到理想经营效果，使客人在娱乐休闲消费过程中实现各种心理需求和生理享受。各种设施的科学合理设置将使体育场馆在客源市场中更具有吸引力和竞争力。

第二，先进适用原则。各种设施的设置和建造不同程度地采用了当代先进科学的技术和工艺，从而提高了体育场馆的形象档次和使用功能上的品质。体育场馆在设置各种设施时，应根据本部门设置的规模、目标市场、服务宗旨和经营方针等因素确定各种设施及设备的档次与水平，使各种设施与其主体经营相适应，从而提高整个体育场馆在客源市场上的吸引力和市场竞争力。

第三，服务齐全原则。为使客人充分享受体育场馆所带来的全方位高质量的服务，体育场馆设置必须建造各种设施，包括豪华包厢、酒吧、餐厅、更衣室、存鞋处、淋浴间、卫生间、观众区、休息区、食品超市、体育商品部、停车场、服务台、收款处、办公室、会议室、员工休息室、空气调节机房、机电房、洗衣房、储物室等设施。

与此同时，各种设施与其相应的设备在品种、规格、型号和档次上都有多种类型，因此在具体建造、采购时，要进行可行性研究，选择独具特色的设施设备。只有先进、新颖、能使客人感到刺激并有强烈吸引力的项目才能突出自己的个性，从而在客源市场上占有一席之地。

第四，和谐匹配原则。各种设施的数量配备和质量应与体育场馆和谐匹配，充分发挥出最佳作用。如游泳中心应设置更衣室、淋浴间、卫生间、休息区、休闲酒吧等配套服务设施；健身房应配备具备各种功能的健身器械、酒吧、淋浴间、卫生间、休息区等配套服务设施等。在配套服务设施和设备配备上，一定要突出和谐性与匹配性，质量与档次一致。各种配套服务设施的形象和应用效果应使客人心情感到愉快和舒畅，心里感到安全卫生和舒适，切实从中体验出娱乐、健身和休闲的享受效果。

（四）确定社会体育场馆的装备水平

社会体育场馆的装备水平程度要根据不同的用途来确定。一般来说用于大型比赛场馆或综合性的场馆其装备水平应高些；一般性的大众体育活动场馆或小型体育场馆的装备则应简单些。

（五）确定社会体育场馆的布局

社会体育场馆的建设布局要合理。社会体育场馆如何布局是规划社会体育场馆建设和建立完整的社会体育场馆体系的先决条件，是带有战略性意义的问题。社会体育场馆的布局应遵循下列原则。

①要接近服务对象。提供体育服务，以满足大众进行体育活动的需要，是社会体育场馆的基本职能。为此接近服务对象应是社会体育场馆建设布局必须遵循的首要原则。根据这一原则，应当在居民居住区建设体育场馆，抓身边体育场馆建设，更好地方便城乡居民体育锻炼。

②交通要方便。社会体育场馆的使用率与交通有着密切关系，社会体育场馆坐落在交通便利的地段就能够吸引更多的人去体育场馆参与运动，不仅为城乡居民体育锻炼提供了方便，而且有效地提高了场馆的使用率，避免了体育资源的浪费。

③要相对集中。社会体育场馆的建设要相对集中，可以减少占地面积和节省配置服务设施，从而能节省基本建设投资和管理费用，也便于统一经营。

二、社会体育场馆的配套设施

（一）看台

看台设计应使观众有良好的视觉条件和安全方便的疏散条件。看台平面布置应根据比赛场地和运动项目，使多数席位处于视距短、方位好的位置。在正式比赛时，根据各项比赛的特殊需要应考虑划分专用座席区。看台应预留残疾人轮椅席位，其位置应便于残疾观众入席及观看，应有良好的通行和疏散的无障碍环境，并应在地面或墙面设置明显的国际通用标志。比赛场地与观众看台之间应有分隔和防护，保证运动员和观众的安全，避免观众对比赛场地的干扰。观众席是指体育场馆中供观众观看比赛的席位。

（二）照明

照度首先要求能为运动员充分发挥技术水平创造良好的条件，并使观众能看清体育器械、球体运动、运动员动作，以及为电视转播服务。照度还要根据运动项目、体育场的不同使用要求以及观众人数与最大视距等因素来确定。如需要电视转播，不仅对场地的水平照度有要求，而且对距场地地面上 1 米处的垂直照度也有要求。我国体育场地照明照度标准可查阅《体育建筑设计手册》。

（三）计时记分牌

体育场馆大型比赛时，应有固定电子计时记分牌一块，其屏幕显示比分和竞赛信息，如显示比赛队名及成绩，田径比赛公布前 8 名成绩，还有标语、图案、讲话字幕等。重大比赛时还可增设一块视频显示屏，显示活动图像，也可将两块牌的功能合一。

计时记分显示装置应满足不同运动项目的技术要求，同时应满足各单项体育组织的规定。显示方式应根据室内外光环境、比赛场地规模、视距和视野等因素选择。经常进行国际比赛的场（馆）应采用固定式电子计时记分显示装置。计时记分显示装置负荷等级应为该工程最高级，计时记分控制室与总裁判席、计时记分牌（机房）、计算机房和分散场地的计时记分装置之间，应有相互连通的信号传输管道。

计时记分用房应包括计时控制、计时与终点摄影转换、屏幕控制室、数据处理室等。控制室应能直视场地、裁判席和显示牌面，控制室内应设置升降旗的控制台。计时记分显示牌位置应能使全场绝大部分观众看清，其尺寸及显示方式可根据不同项目特点和使用标准确定。室外计时记分装置显示面宜朝北背阳，体育馆侧墙上计时记分装置底部距地应大于2.5米，当置于赛场上空时，其位置和安放高度应不影响比赛。一般来说，体育场的计时记分牌应设置在体育场的南端看台上，因为南端比较背光，显示效果较好，也有在南、北两端同时都设置计时记分设备的实例。

（四）休闲区

为提高客人享受的品位，体育场馆应该建立一个面积较大的休息大厅，其空间要求较高，空气流通、灯光柔和，以给客人提供一个安静、高雅、清新、舒适的享受空间。休息大厅内应配备坐躺两用沙发、茶几和脚凳，沙发。客人在休息大厅还可预约各种服务。

休息区应设置食品饮料销售服务或自动售物机，为客人提供健康饮料、营养补品和食品。还应提供与服务项目相关的书报杂志，如健美书刊、体育健身娱乐杂志、体育报、娱乐休闲杂志和音像制品，等等。还应提供符合饮用标准的饮水机和一次性水杯。

（五）更衣室

更衣室由男更衣室和女更衣室组成，是为客人进入游泳池、健身房等场所前进行更衣所设置的。较高档次的更衣室往往被分割建造成若干独立的自成一体的小更衣间，更衣室和更衣间内都以带锁更衣柜为主要设备，更衣柜内设挂衣钩、鞋架及坐凳。更衣间和更衣柜设置的数量应与经营项目的接待能力相适应。

（六）淋浴间

淋浴间往往与盥洗台结合成一体为客人提供自身清洁服务，为客人进入游泳池、健身房等场所做好准备工作。淋浴间各间隔开，挂浴帘，配冷热双温水，提供浴液、洗发液等。盥洗台设洗手池、洗脸池，提供洗手液。设置横镜、固定式吹风机、干手器、插花棒、梳子、刮胡刀等。淋浴间水力要足够，国外淋浴间多设单手控制的调温龙头或加设时间掣。可采用脚踏开关以节省用水。淋浴龙头的装置不可太低，一般离地 2 米，并可考虑设置挡门。设置淋浴间还要注意排水系统的畅通，地面必须有防滑措施。淋浴间的数量设置应以预计客流量为参考基数，如每个淋浴间每天使用的人数为 50～100 人，淋浴喷头的总数为客人总数的 1%～2%。

（七）卫生间

卫生间大小规格有很大差别。客源流量较大的场馆卫生间设置要相应大一些；人员流动性相对较小的场馆，卫生间设置也相对小一些。卫生间装修应与体育场馆相适应，地面、墙面满铺瓷砖，提供洗手液、电动烘干器、马桶和垃圾桶。

（八）食品与体育用品店

食品超市与体育用品店主要为方便客人采购饮料、小食品或体育用品，体育用品店要提供客人能在现场运动时使用的服装、用具和用品等。

三、社会体育场馆的建设管理

社会体育场地设施的建设管理是对于社会体育活动的场地设施的建设、利用、改造维修，以及经营的管理，目的是提高社会体育场地的使用效益。

社会体育场馆设施的建设包括场馆设施的新建、扩建、改造以及重建和迁建，通常以新建与改扩建为主。体育场馆设施建设的管理按照管理的层次划分，可分为国家宏观管理与建设单位微观管理两个不同层次的管理。

国家对社会体育场馆设施建设的宏观管理，主要包括制定全国社会体育场馆建设发展规划，提出各地区不同发展阶段体育场馆设施发展目标和指导性计划；落实各地区、部门、单位以及个人投资建设社会场馆设施；通过制定法律制度、政策和各种管理标准和规章，为社会体育场馆设施的建设利用和管理创造良好的外部环境，并进行必要的监督。

建设单位对社会体育场馆设施的微观管理，根据建设的阶段，可分为计划管理、设计管理和施工管理。

计划管理：社会体育场馆设施建设的管理首先是计划管理，即有计划地建设社会体育场馆设施。各地区、各单位必须制订社会体育场馆设施的建设计划，指导体育场馆设施的建设，保证社会体育场地设施建设的顺利进行，提高社会体育场馆设施建设的投资效益。社会体育场馆建设计划的任务是合理确定社会体育场馆设施建设的项目、数量规模和建设水准以及投资总额，保证社会体育顺利开展。

体育设施建设计划的内容包括两个方面：建设的项目计划，即确定计划期内建设的项目、用途、规模和装备水平，以及建设的地址；建设的投资计划，即确定投资额，包括年度投资额和总投资额。

设计管理：社会体育场地设施的设计工作是一项复杂的技术经济工作，除了必须遵循一般生产设计的"坚固适用，经济合理，技术先进"的共同原则外，还要注意体育设施的特殊性。为了充分利用体育设施，设计时应考虑适合开展多种社会体育活动并具有多种功能，如举办展览和文艺演出等。有的地区和单位受财力的限制，计划时可以考虑为今后改建创造一定条件。

施工管理：施工也是社会体育场馆设施建设的基本环节，但是建设单位对这项工作也要进行必要的管理。选择水平比较高，比较负责任的建筑队伍；要签订建筑合同书；要坚持先设计，后施工，保证施工的质量；对施工过程要进行现场监督，以保证施工质量；最后要进行严格的验收。

社会体育场地设施建设涉及因素多，协调难度大，施工过程复杂，在管理过程中应做到严格执行国家有关规定。每次拟建工程事前必须进行科学的可行性论证和方案比较，从需要与可能两方面合理控制社会体育场地设施建设的规模，确保建设投资决策正确；注意科学布局，使体育场馆设施在种类、数量、功能和空间上合理配置，形成科学、优化的综合体系；要从实际出发，量力而行，提高投资效益。

四、社会体育场馆的使用管理

（一）社会体育场馆的场地管理

1. 塑胶场地的维护

为提高塑胶场地的使用年限，保持其性能的稳定，应保持场地的清洁，禁止携带易爆、易燃和腐蚀性物品入内，禁止机动车辆在场地上行驶，避免滴油污染胶面，要避免剧烈的机械性摩擦和冲击，避免长时间的重压，以免场地变形或弹性减弱。

应穿运动鞋进入塑胶场地，跳鞋鞋钉应小于12 mm，跑鞋鞋钉应小于9 mm。铅球、标枪、杠铃、铁饼等器材应在特设场地使用。随着时间的延长，塑胶场地内的各种标志会褪色，塑胶表面会老化。为保持场地内的标志清晰醒目，应重新描画标志线，喷涂塑胶液。塑胶场地内的内侧跑道使用较多，平时应限制使用，必要时可设置障碍物。

为保持塑料场地的色彩和整洁，塑胶场地应经常清扫。除日常有污秽及时清扫外，还应每季度洗刷一次，污秽重的地方可加入适量洗衣粉刷洗。在竞赛前后，应用水冲刷以保持场地的卫生。夏季应喷洒凉水，降低场地的表面温度，冬季应及时清雪。下水道要经常清理，保持场内排水畅通。

2. 木质场地的维护

应穿软底鞋进入木质场地，禁止穿高跟鞋、钉鞋和皮鞋进入场地。不得随意移动场地内的固定器材，禁止在场地内拖拉器材，禁止在场地内投掷重器材，禁止踢足球。禁止吸烟、泼水和吐痰。比赛前后应及时拖擦，没有比赛时，每天应拖擦1遍。用地毯或橡胶覆盖的场地，应定期或不定期翻晾，以防水汽侵蚀木质场地。木质场地的维护可采取以下措施。

涂地板蜡：涂地板蜡是维护木质场地的重要措施。涂地板蜡的优点是保持木质场地不会干裂和变质。涂地板蜡的缺点是，场地表面过于光滑，影响运动员的水平发挥。因此，应根据场地的实际情况进行涂蜡。涂地板蜡前应用洗衣粉溶液或碱水擦洗，然后用清水冲刷，并晾干。将地板蜡放入豆包布袋，均匀地把地板蜡涂在场地上，3～4小时后用打蜡机抛光。

涂地板油：地板油由机油、10号柴油、松香等材料配置而成，能起到防滑、防腐，保持地板不会干裂和变质的作用。涂地板油的方法是将地板油洒在线墩布上，用线墩布拖擦地板。一般情况下，每周拖擦1～2次。天气干燥时可适当增加次数。

涂防滑油：涂防滑油的作用是避免运动员在场上打滑、摔跤。涂防滑油之前首先应用煤油墩布将地板拖擦干净。防滑油的涂抹情况应根据实际需要使用。一般来说，跑跳多的区域多涂一些，跑跳少的区域少涂一些。

3. 土质场地的维护

进入场地的人一律要穿运动鞋。禁止穿皮鞋、高跟鞋、带钉鞋进入场地。雨后，场地过湿或过于松软均不得使用。场地线要随时保持清晰，不清晰线段应及时画好。禁止在场地内吸烟、吐痰、乱扔果皮、纸屑等。布置、收拾训练和比赛器械时要轻拿轻放，不得在场地上拖拉。

土质场地应及时进行翻修，这是土质场地维护和保养的重要措施。翻修保养一般应每年春季进行一次。坚持每天喷水，以保持场地湿润。刮风天要给场地洒水，以防表面土层被风吹掉。雨后要撒沙碾压，以免场地过于松软。下雪后，及时将雪扫出场外，确保场地能及时使用。球场四周必须有良好的排水通道。在雨季到来前应认真检查和修缮排水通道。场地上的杂草应随时铲除。雨季更应加强除草工作。要在杂草种子尚未成熟以前除草。新建的场地或长期使用后的场地，地面难免有低洼处，雨后应及时查看修补。应备齐日常维修所用的标准沙、标准土和工具，以便随时使用。坚持每天的清扫工作，训练和比赛前后要进行清扫，保持场地整洁卫生。有条件的场地周围应种上树木，以调节小气候，净化空气，防尘防风，保护地面。

4. 水泥混凝土场地的维护

在维护情况良好的条件下，水泥混凝土场地的使用年限较长，但一经破坏，破损就会很快发展。因此，应做好水泥混凝土场地的日常维护，一旦发展破损，及时采取措施修补，以保持场地的正常使用。应保持场地整洁，及时清扫场地上的污物。夏季及时清除积水，冬季及时清扫积雪。应保持场地表面平顺，接缝完好，及时填充或清除填缝材料。一般来说，气温较高时，填缝材料会挤出缝口，此时应清除多余填缝材料，避免沙、石挤进缝内；气温较低时，接缝会扩大，有空隙，此时应填充填缝材料。

5. 天然草坪场地的维护

草坪场地主要供足球、棒球、垒球、板球、高尔夫球以及部分田赛等项目使用。我国南方草坪场地可全年使用，北方使用时间要根据季节和草的生长情况来安排。草坪场地的日常维护工作包括以下几方面。

喷水：草坪要1个星期喷水1次。6月下旬～8月份，除雨天外，需每隔1～2天喷水1次。喷水的时间最好在下午18点至晚间，或早晨9点以前。

除杂草：在场地内所发现的杂草，单子叶杂草比双子叶杂草多。单子叶杂草中白草危害最大，要及时除掉。

修剪：修剪次数应根据场地使用率决定，使用率越高，践踏的次数越多，修剪的次数反而减少；使用率越低，践踏的次数越少，修剪的次数增多。修剪应尽量在1天内剪完1遍，修剪掉的草应立即清除。

追肥：施肥的方法分为两种：一种是将化肥均匀地撒在草坪上，然后浇水；

另一种是将化肥溶于水中，喷洒在草坪上。第二种方法的施肥效果更好。一般每年施肥 2~4 次，肥料采用硫酸铵或尿素及过磷酸钙。

滚压：通常在每次修剪后会出现剪草机运行中把根状茎及草根部拔起的现象。这是由于剪草机刀口不利造成的，此时应使用滚轮进行滚压，以保持草坪平整。

越冬措施：越冬前的草坪维护措施非常重要。越冬前应进行一次修剪，有利于草坪的返青。草坪盖马粪或盖锯末返青早，叶片色泽较绿，但很娇嫩。每年冬季降雪后，把雪覆盖在草坪上，这对草坪的返青非常有利。

返青前后的养护工作：在草坪的嫩叶未出土之前，应进行一次滚压，有利于填补受到冬季寒风侵袭造成的土地表面的裂缝。返青后应及时浇水，以促进草坪的生长。

（二）社会体育场馆的器材管理

1. 体育器材的购置

体育器材的购置主要包括制订器材购置计划、申报、审批、收集资料、选定型号、联系商家、订购设备、设备到货、安装调试、办理设备的移交、入账和建档手续、进行使用方法的培训。

在购置器材时，要对所要购买的器材进行多家比对，在众多品牌的器材中选择适合体育教学的器材设备，并在与供应厂商签订购货协议时应包括质量的保证和售后服务的承诺，应严把质量关。在进行大中型国内或国际比赛时，还应按照比赛规则严格检查器材设备上的制造商的名称、标记或商标是否符合比赛规则中的有关规定。

在购置器材后，要根据订单验收器材，并登记入库。一般使用登记表来登记体育设施和器材。登记表应写明设施和器材的名称、数量、规格、单价、总价、厂家、入库时间等。

2. 体育器材的报废

需要报废的体育器材通常是国家指定的淘汰产品，或已超过使用期限、损坏严重、修理费用昂贵的器材。体育器材的报废一般是使用部门提出报废申请，资产部门进行技术鉴定，价值较大的器材，需要报请上级领导部门审批，最后到固定资产管理部门办理销账手续。

3. 体育器材使用制度

体育器材的数量较多，为便于维护和管理，应完善使用制度，建立体育器材档案，对体育器材进行分类整理，便于检索和查对。体育器材的保管多采用分类保管，保管的方法必须保证器材的完好性。体育器材管理的重要内容是制定体育器材的使用制度。制定体育器材使用制度，有利于减少不必要的损坏，延长器材的使用寿命。体育器材的使用制度应包括使用方法、借用方法、归还方法、赔偿方法等。每一种体育器材都应根据器材的使用制度进行妥善使用。

此外，还应制定清查体育器材的制度。使用前的清查、使用后的清查以及年终清查都是必不可少的。管理人员应及时清点体育器材的归还情况，并检查出不能继续使用的器材，及时报修或报废。

4. 体育器材维护计划

体育器材的维护工作是体育器材日常管理的重要内容。要制订每周、每月、每年的维护计划，科学安排维护内容，以文字的形式提出体育器材的维护要求。日常维护工作由使用人员承担，大型设施的定期维护由专业维修人员承担。一些体育器材，如单杠、双杠、高低杠、铁饼和链球的护笼，这些器材会随着使用时间的延长，产生一定的损耗，降低安全系数。因此，对于这类体育器材，应建立检验制度。对于有安全隐患的器材，要及时更换。

五、社会体育场馆的经营管理

（一）日常经营管理

体育场馆的经营管理，就是对体育场馆的各项服务或劳务产品的生产和销售活动进行组织、指挥、监督和调节，使之达到体育经营效益的最大化和最优化。体育场馆的日常经营管理包括以下四项内容。

1. 业务管理

所谓业务管理就是对体育场馆日常业务活动的管理。一般来说，体育场馆要编制和执行经营活动的计划，这是体育场馆经营管理的核心，要通过计划来组织和调节体育场馆的经营活动。体育场馆常规的业务活动主要有：承办或组织各种类型、各种级别的体育比赛、全民健身活动、国家及其省市运动队来访等接待工作。体育场馆非常规的活动或临时性的活动，一般有业务部门会同场馆领导共同研究、决策，拟订临时性的组织方案，并按活动方案组织实施。

社会体育场馆设施要改善管理，提高使用率，成为开展大众体育活动和培训体育人才的基地。同时，要讲究经济效益，积极创造条件实行多种经营，逐步转变为企业性质的管理方式。在管理体制上要改变依靠国家财政拨款、单一行政管理、分配平均主义等弊端，转变观念，不断完善经营型管理。

2. 服务管理

要根据经营活动计划，对各项服务活动进行合理的组织和调节，使各项服务工作有节奏地进行，以保证服务过程的各个环节之间的协调配合。要努力提高服务质量，为体育消费者提供优良的体育劳务或服务产品。要认真做好体育服务产品的广告、宣传工作，利用各种促销手段来吸引体育消费者。要拓宽销售渠道，积极搞好售票工作。

培养一批具有开拓性、进取性、时代性的管理者，这是搞好经营管理的关键。提高体育场馆设施服务人员的业务能力和整体素质，使服务质量和整体管理水平上一个台阶，才能给体育场馆带来良好的社会效益与经济效益。

3. 物资管理

要根据体育经营的需要和国家财力的可能有计划建造、购置财产物资。购置财产物资要讲究实效，使之具有适用、耐用和经济等条件。既要努力用现代化的技术设备装备体育场馆，以改善体育场馆经营活动的物质条件，也要反对不顾实际需要和可能，盲目追求排场。要合理使用和维护场地设备，注意各种体育场馆设备的工作负荷，使之经常处于良好的技术状态，避免设备损坏引起的严重事故。

4. 财务管理

要根据经营管理的状况编制体育场馆的预算，制订组织收入的主要来源和各项支出的年度计划。收入的预算要从实际出发，确定合理的体育服务产品价格。支出预算要贯彻勤俭节约的方针，做到精打细算和定额管理。要严格执行财务规章制度，加强财务监督。各项支出必须按规定的开支范围和标准严格执行，不得擅自提高开支范围和开支标准，以及乱发奖金和补贴。反对各种违反财务制度的不正之风，以确保国有资产的保值增值。

（二）多种经营管理

体育场馆的功能定位，应该主要是为比赛、训练、全民健身及休闲娱乐服务。体育场馆的经营活动应该是以体育业务为主。体育场馆从自身拥有的资源和条件出发，可开展的主营业务主要包括以下内容。

①体育竞赛类业务，如正规比赛、商业性比赛、群体比赛等。
②运动休闲类业务，如健身房、棋牌室、乒乓球、羽毛球、溜冰、游泳等。
③体育培训类业务，如各种运动项目的培训，如武术、体育舞蹈等。
④体育集资类业务，如体育广告等。
⑤体育游乐类业务，如体育旅游、体育游乐、水上乐园等。
⑥业余体育俱乐部，如各种运动项目的业余体育俱乐部。

体育场馆在保证为体育运动服务的前提下，应当积极开展多种经营，除为社会提供竞赛、表演等体育劳务或服务产品之外，还应为社会提供体育以外的其他社会服务。做到以体为本，多种经营，这是体育场馆经营管理的基本方针和基本内容。

体育场馆实行多种经营，有利于发挥自身的多种功能，提高场馆使用率。体育场馆要根据体育市场的需要积极组织体育竞赛、表演等主营业务之外的其他经营活动，体育场馆可开展的多种经营主要有：旅馆业、饮食业、服务业、文化娱乐业及房地产业等。这既可以增加社会供给，丰富和活跃人民群众的物质文化生活，同时也能为体育场馆赢得可观的经营收入。

体育场馆的多种经营一般可分为以下内容：一是围绕主营业务的配套服务，如小卖部、商场（运动实物产品、球迷用品）、宾馆（招待所）、商务、餐饮、沐浴等；二是利用场地设施的衍生服务，如停车场、家具展销、超市等；三是开发创新的其他服务，如游泳池冬天钓鱼、演唱会等。

体育场馆开展多种经营时，必须以保证完成体育运动服务特别是运动竞赛、表演服务为前提。当多种经营在场地、设施、人员等方面与体育运动服务发生矛盾时，多种经营应当无条件服从和服务于体育运动服务的需要。必须遵守国家的政策和法规，贯彻执行体育工作的方针和任务，以社会效益为最高准则，反对片面追求经济收入。经营活动要高尚、文明、健康，有利于社会主义精神文明建设。

第四节　社会体育产业

一、社会体育产业的发展方向

（一）满足群众基本生活需要

顺应和满足群众的基本生活需要。培育群众体育市场主要必须考虑群众的基本生活需求。对群众的生活习惯和居民的消费结构等进行研究，才能明确产业结构，投资群众体育项目。社会体育产业要充分考虑从群众的基本生活需要出发来实施赞助，以便取得最大的效益。对于当今的中国人来说，随着居住面积的扩大，健身器材进入家庭成为可能，这是一块很大的体育市场。

（二）提升群众精神消费需要

引导和提升群众的精神消费需要。体育消费是持续消费，如一个人学会打网球，他可能会打一辈子。体育消费形成，那么有可能形成稳定而庞大的市场。体育除了具有增强体质的本质之外，还有创造顽强、坚韧、勇敢、团结、进取、宽厚等优秀精神品质的特征。对它的追求可以消解反社会主流文化的力量，树立积极向上的社会精神风貌。作为赞助体育和参与体育产业开发的企业，必须充分意识到这一点。

二、社会体育产业发展的影响因素

①我国的经济发展水平不高，群众的消费水平较低。

②传统的福利型和事业型管理思想及其政策导向。公有制为基础的经营管理方式，国家拨款从事大规模的运动场馆建造和组织体育比赛。

③重视竞技体育的政策和舆论导向。

④当前制约社会体育产业发展的一个新趋向是大量的组织化过强的群众体育竞技和娱乐活动仍然没有割断与传统计划经济时代体育的脐带，如包办体育服装和为所有参与运动会的人员发运动鞋等，这固然是提供给群众参与锻炼的物质基础，但过于简单的方式其实在根本上不利于社会体育产业的长期深入发展。只有唤起了个人参与体育消费的意识才能真正推动群众体育的产业化。

⑤对体育社会价值和经济价值的本质及其运作规律认识不够深入和全面，尤其对体育的创造精神价值本质和规律认识不足。体育是不直接创造物质产品的超物质功利性的活动。

⑥体育企业创新意识和竞争意识不强。"等、靠、要"的思想和埋怨悲观退缩的情绪较严重。尤其对于当今各运动项目市场的不平衡抱怨较多，对一些表面和暂时难以取得明显经济效益的运动项目缺乏耐心和兴趣。

三、社会体育产业的发展途径

①尽快明晰体育产权，尤其是体育无形资产，以利于社会体育产业的经营与管理。国有体育资产是国家发展体育事业的物质基础，是全体国民共同的物

质财富。国有体育资产包括由国家资金投入、资产收益接受馈赠而取得的用于发展体育事业的固定资产、流动资产及无形资产等。我国现阶段体育资产存量中国有份额所占比例很高，这是因为我国是国有资产投资占主导地位的国家，政府主要承担国有净投资的增长，以保证国有资产净产值的增长。而且政府投资于国有资产一般限定在公益性事业和基础性产业。

②在宣传和管理上强调市场经济时代社会体育产业的历史使命，是竞技体育的营养源和群众体育的主体。产业化和两个计划是我国体育的三大任务，产业化是杠杆和枢纽。

③在政策和操作层面上明确体育与相关文化、体育产业与相关产业的关系，加强对体育经营管理领域的分析。与轻工业、影视业、传媒业、娱乐业的分野值得引起重视。

④加强社会体育产业法制化的研究，妥善处理与国家产业政策及相关产业法规的关系。

⑤处理好政府行为与私营体育企业的关系，尤其是项目管理中心应该在市场中支持体育企业的发展。

⑥鼓励开发适合一般群众的体育产业，适当控制保龄球等锻炼价值一般、体育效益和产业效益均有限的产业发展。个人体育的兴起应该是一个好趋向，对它的组织和管理应该适度。

⑦大力开发群众体育文化产业，包括直接服务群众的体育信息、体育培训录像带和由竞技体育衍生出的体育歌曲、体育雕塑、体育邮票、体育吉祥物等。

⑧高度重视体育信息产业。高科技对综合国力有重大影响。高科技的信息产业必将成为龙头产业。信息产业使得发达国家和不发达国家同处一条起跑线上，为后进国家的赶超提供了不可多得的契机。

第四章　社会体育与现代社会

现代社会的不断进步，为社会体育的发展提供了有力的保障。社会体育与现代生活的联系密切，本章就探究社会体育与现代社会之间的关系，分别从社会体育与生产生活的转变、社会体育与社会文化以及社会体育的发展趋势三方面进行论述。

第一节　社会体育与生产生活的转变

一、社会体育与生产方式的转变

（一）生产方式满足人们的基本需求

生产方式即人们需要的满足方式，它主要包括生产力和生产关系两个要素。作为生产方式主要标志的社会经济形态，主要经历了农业经济时代和工业经济时代，进入 20 世纪 90 年代后，人类社会又在向知识经济时代迈进。作为社会实践活动组成部分的社会体育受到社会生产方式的影响和制约，同时社会体育对社会生产方式的发展又具有良好的促进作用。

人们在从事劳动事业的过程中，为了满足自身的需要也就形成了生产力和生产关系。它们是劳动的产物，同时也是需要的产物，因而生产方式就是人们需要的满足方式。即便是这些生产方式之间有着千丝万缕的差别也都必须按照需要来进行生产，在这一点上它们是一样的。因为，任何生产方式在本质上都是人们为满足自身的生活需要而进行的一定的社会活动。

生产力和生产关系是在人们为满足自身需要而从事的劳动中形成的，它们是劳动的产物，也就是需要的产物。因而生产方式就是人们需要的满足方式。

保证自己生活的方式也即满足自身生活需要的方式。生产方式也可以理解为人们获得他们所必需的生活资料的方式。不论何种生产方式，不管它们之间多么千差万别，在必须按照需要来进行生产这一点上都是一样的，因为任何生产方式本质上都不过是人们满足自身生活需要的一定社会活动形式而已。

1. 生产力是满足人们自身需求的能力

生产力是在人们生活需要的驱使下以及征服自然界的劳动实践中，逐步形成的。人类的生活之所以离不开生产力，归根结底就是为了使人在不断发展的过程中，能够无时无刻满足自身的各种需要。换句话说，如果没有人的需要，没有征服、改造自然的能力，没有劳动创造实践，就谈不上生产力；同样的，在人类的劳动创造实践中，人的需要是其重要的内在动因和外在动力，一旦失去了这一决定性的因素，就无法完成人的需要向劳动创造实践转化的社会过程，更谈不上生产力的发展。由此可见，生产力作为一种力，一种属于人的力，说到底就是满足人的需要的能力。

我们必须把生产力看作人们满足自身需要的能力。因为只有在人们生活需要的驱使下，在同自然界做斗争的劳动实战中，才形成了我们称之为生产力的东西。没有人的需要，没有它与自然的矛盾，没有劳动创造实践，就谈不上生产力。同样，没有人的需要向劳动创造实践转化的社会过程，就是说，劳动创造实践就失去了人的需要作为内在的动因和外在的动力，也就谈不上生产力的发展。由此可见生产力作为一种力，一种属于人的力，说到底是满足人的需要的能力。另一方面，人们发展生产力，也正是在发展满足自身需要、改善自己生活的能力。生产力的水平标志着人们控制自然为自身需要服务的程度，即人们在多大程度上已经不再是自然界的奴隶。因此，生产力的水平又标志着人们怎样才能从自然界中获得满足需要的对象，他们要付出什么样的代价和多大的代价，比如主要消耗体力还是脑力，牺牲需要的丰富性还是满足和发展这种丰富性，甚至，损害一部分人类还是整个人类的协调的发展，等等。所有这些都说明，生产力作为一种力，它必然有主体（施力体），它的根据在于主体，在于主体身上的发生源，这就是人的需要。生产力的形成和发展，它所起的任何作用，离开人的需要都无法得到根本的说明。

2. 生产关系是满足自身需求的能力结构

生产力作为一种社会现象，不仅是人与自然的关系，而且是人与自然的过程。其中人与自然的关系是指，处在一定社会结构中的人与自然的关系；而人与自然的过程则是以人的运动为唯一内容的人与自然的过程。因此，生产力必然同时表现出人与人之间的社会运动，也就是说，生产力要满足人们的需要，是要在一定社会结构的生产关系中才能实现的。总之，生产力与生产关系两者的有机统一，可以完整地表现出人们在自然界和社会生活中如何满足自己的需要，以及能够满足到何种程度。因此，所谓生产方式，也就完整地构成了人们需要的满足方式。

通常我们把生产力与生产关系比作内容与形式，这里比作能力与结构也是同样的，任何力都处在一定的结构中，有施力体、受力体和传递媒介。任何力又都是一个物质运动的过程，这个过程就表现为它的结构的作用。生产力作为一种社会现象不仅是人与自然的关系，而且是处在一定的社会结构中的人与自然的关系；它不仅是人与自然的过程，而且是以人的运动为唯一内容的人与自然的过程，因而必然同时表现为人与人之间的社会运动。于是，当我们认识到生产力是人们满足自身需要的能力时，立即就可以发现它的结构性，即生产力满足人们的需要总是在一定的社会结构即生产关系中实现的。这里有双方面的含义：一方面是说，人们在运用生产力向自然获取资料、创造需要对象（生产）时，他们是在一定的社会组织中进行的，如人群、家庭、作坊、工厂等。他们的组织方式显然受生产力水平的制约，但他们的组织方式也正是他们满足自身需要的社会方式，即生产力的存在形式。另一方面，人们从自然界所获得的需要对象在满足自身需要之前，也有一个社会运动（分配、流通、消费）阶段，这个运动的方式是受一定的社会结构制约的，这个社会结构与他们生产时的社会组织是同一的，分配方式与占有方式从来是一致的。所以，它表明自己同样是人们满足自身需要的社会方式，不过这不是在需要对象的获得中，而是在获得后人们如何满足自己的方式。如果说前者是一个整体的概念，那么，后者则是需要的满足方式的具体化。

总之，生产力与生产关系两者有机的统一完整地表明了人们在自然界和在社会中如何满足自己的需要，人们的需要整体地说和具体地说能够满足到何种程度。因此，所谓生产方式，也就完整地构成了人们需要的满足方式。

（二）不同社会时期的生产方式

1. 工业社会

随着以蒸汽机和自动纺织机的发明为标志的英国工业革命的开展，工业时代的序幕被缓缓拉开。无论是道尔顿的原子论，还是麦克斯韦的电磁场理论，都为基本化学工业和电机的发明奠定了科学的基础。19世纪，当电炉炼钢、电机、电灯、电话、电报、内燃机汽车、飞机等工业设备被相继发明，也就标志着人类开始进入钢铁、化工和电气化的时代。到了20世纪初期，量子理论和相对论相继被创立，这也为原子能技术、合成化工与化工技术、半导体技术的发展提供了科学基础。20世纪下半叶以来，电子技术、半导体与集成电路技术，以及计算机、全球化通信和多媒体网络得到迅猛发展，人类社会开始步入信息时代。迄今为止，工业经济时代虽然只经历了200多年的历史，但其创造的物质文明却是农业经济时代所无法比拟的。工业经济的主要生产要素包括了资本、自然资源和机器，以及掌握工业生产知识或技能的工程师、经营经理和产业工人；主要的生产方式则是社会化大生产。它的主要产业支柱有纺织、钢铁、机电、汽车、化工、建筑等物质生产工业；而交通、能源、通信则是它相对主要的基础设施。

2. 知识经济社会

20世纪末期，在工业经济不断发展的基础上，人类社会进入了新的阶段，即知识经济时代。它不同于传统的工业经济，有其明显的特征，主要是依靠知识的创新、创造性应用以及广泛传播来发展的经济。在只是经济时代，社会的劳动结构将发生根本性的改变，不只是体力劳动，就连部分脑力劳动也将被机器和计算机替代。人们对体育的要求将更加强烈，也更加自觉，体育将成为生活的重要内容和主要需求之一。

（三）生产方式对社会体育的影响

生产方式是人们满足自身需要的方式。而任何方式或手段都是目的对象化的过程，具有实践的特性。同时，实践又是主体的实践，实践方式不过是主体能力的表现，因而手段实际上就是主体能力的物化形态，所以，主体使用怎样的手段去实现特定的目的，从根本上说，这不是一个形式的选择问题，而是由主体的素质规定的，是一个具有必然性的问题。人们以怎样的方式向自然获取需要的对象，这表明人本身的智力、创造力、存在方式和发展方式等。原始冶炼术可以表明原始人的最高智商，同冶炼术一道发展的分工、交换等社会现象，则表明原始人的社会生活才能。无疑，这些才智和道德是受着生产方式的严格制约、随着生产方式的发展而发展的。

生产方式对体育的发展变化起着决定性的作用，制约着人类社会各历史时期体育的内容、性质和特征。在生产力水平极其低下的历史阶段，人类为了解决温饱问题而消耗了全部精力，各种形式的身体活动都紧紧围绕着生存这一目标，人类对体育还处于一种无意识的状态。因此，在这一时期群众体育和生产劳动是互相结合且密不可分的，体育也成了生产需要的必要手段。随着生产力的不断发展，人类劳动的生产效率有了明显提高，产品在扣除消费后仍有剩余，于是就产生了人类社会最重要的物质生产和精神生产的社会大分工。社会分工是社会发展的必然趋势，一方面生产更加社会化，这就需要专门的管理人才以及能够掌握一定劳动技能的劳动者，同时要具备适应劳动所必需的良好身体素质；另一方面随着生产技术的日益高级和社会经济的不断丰富，需要专门的研究和传授来确保劳动者掌握劳动技能并具有健壮的体魄。这时人类虽已意识到体育的作用，但尚处于经验水平阶段，对体育的真正价值和作用还缺乏科学理性的认识。在这一历史阶段，社会体育主要表现为两种形式：一是政治教化型，即把体育作为政治斗争的工具，为统治阶级所垄断；另一种是自由型，即国家对体育采取自由发展的策略，社会各方面自主开展体育活动，培养各种体育人才。

不同生产方式影响下的群众体育对生产方式所要求的主体的素质都会产生不同程度的促进作用。例如，在工业化社会，人们在体育对生产方式的促进作用方面已经有了如下认识。

当人类发展进入以大工业生产为基础的时代，生产的机械化、自动化、科学化程度不断提高，劳动过程也随之逐渐变得智力化，综合性的体力劳动突然转变为片面性的体力工作，这就导致体力劳动的比重不断下降，脑力劳动虽然增加了，但体力劳动却在减少。文明程度不断增高，而人类的体质却随之下降，此时，积极追寻健康的体育就以崭新的面貌出现了。人类意识到了体育在劳动力再生产中的重要作用，体育是提高劳动力质量必不可少的条件。

在知识经济时代，人们追求生产方式、分配方式、生活方式和发展模式的可持续性，追求人与自然的协调发展。这时，体育已成为人类社会的一种自觉行为，人们能合理地把体育与人类发展、社会发展、文化发展有机地协调起来，从科学的角度把握体育的发展。由于体育意识的增强，人们开始寻求与日常身体活动不同且容易令人接受的体育形式，于是便出现了各种形式的竞技运动和体育游戏，并被普遍采用。这些竞技运动和游戏都具有很高的锻炼价值。因此，社会体育将竞技体育的许多方法通过简化和改造，使其成为社会体育活动项目。

社会体育可以说是包罗万象的，既可以强身健体又可以娱乐身心。由简单到复杂、单调到多样、分散到集中的多种体育手段，使社会体育的科学化程度大大提高，从而发生了从量变到质变的过程。生产方式除了对社会体育意识产生影响和制约以外，对社会体育的方法、场地、器材、时间、空间、传播、经费等各方面也都会产生不同程度的影响，有些因素可以推动社会体育的发展，而有些因素则制约了社会体育的发展。

（四）社会体育对生产方式的影响

人的素质是生产方式所要求的主体，社会体育会对其产生重要的促进作用，其主要表现在以下几方面。

1. 培养生产力

对于青年人来说，经常参加体育锻炼，是加强体质、促进身心健康的重要手段。只有增强身体的运动能力，塑造出强健的体魄，才能形成良好的身体形态，成为一个合格的劳动者。

2. 保护生产力

社会体育对劳动者可以起到很好的保护作用，主要体现在可以降低发病率、减少工伤事故、防止或减少职业病的发生这三个方面。尤其在工矿企业，这一点则显得尤为重要。经常参加体育锻炼，能增强劳动者对自然的适应能力和对疾病的抵抗能力，可以避免由于职业特点对身体产生的不良影响和对身体局部机能的损害，减少疾病，降低发病率。

3. 修复劳动力

社会体育可以修复劳动力。在工业化社会里，为了满足社会经济的发展，工业发展的同时，工业污染物造成的环境污染问题也不可避免地出现，增加了人群患病的可能性。另外，随着人们生活方式的变化，精神压力的增加，生活节奏的加快，生活水平的提高，运动减少，营养过剩，许多文明病如肥胖、高血压、冠心病、神经衰弱、消化不良、糖尿病等也给人类健康造成了危害。而通过适当的体育锻炼就可以治疗上述疾病，使身体得到不同程度的康复。

另外，随着人们生活方式的变化、生活节奏的加快、生活水平的提高、运动的减少、营养的过剩，许多"文明病"如肥胖、高血压、冠心病、神经衰弱、消化不良、糖尿病等，也给人类的健康造成了危害。适当的体育锻炼可以对这些疾病起到预防，甚至是治疗作用，对于一些轻度的身体病症也可以得到不同程度的康复。体育是一项有利于心理健康的娱乐活动，人们在参加体育活动或是观赏体育比赛时，都可以愉悦身心，得到精神上的放松。在工业化社会中，生产的机械化、电气化、自动化使劳动者的精神和注意力经常处于高度集中的状态，容易产生疲劳，而进行体育锻炼则是有助于消除精神疲劳的重要手段之一。

4. 提高劳动效率

体育锻炼不仅能够提高人体的免疫能力，还可以增强肌肉的爆发力量，有效改善人体各器官系统的功能，使劳动者体力强壮、精力旺盛，从而提高工作效率。

5. 促进新兴行业的发展

体育行业成为能够促进经济发展的一个产业部门。体育产业是工业化社会的产物，它是主要满足人们的精神文化、健身等需要的产业。社会的分工，经济的发展，使体育产业从非独立行业而逐渐成为独立行业，使该产业在国民经济中发挥特定的功能，同时促进国民经济其他部门的发展。

二、社会体育与生活方式的转变

（一）生活方式对社会体育的积极影响

近些年来，人们开始高度关注体育与生活方式的关系，一些新的概念正在形成，"体育进入生活""体育生活方式""生活体育"等已成为一些国际体育组织的行动纲领，许多大众体育国际会议也开始以此作为研讨主题。我国在开始推行《全民健身计划纲要》的时候，就明确地指出了全民健身活动对改善生活方式、提高生活质量的意义与价值。

在生活方式转变的过程中，城乡居民的健康观念也正在发生变化，越来越多的人把健康问题放在了价值观的首位，把通过体育手段获取健康看得越来越重要，越来越多的人开始接受了"花钱买健康"的概念。这也给社会体育的发展提供了良好的思想基础。但是，由于中国生活方式的转变发生得十分突然，我们在很多方面缺乏足够的思想准备，也给社会体育提出了新的问题。

1. 日常休闲

余暇，也被称为自由时间，是指一天内去除必要的工作或学习后所剩余的、可以供个人自由支配的时间。这部分时间是用于娱乐和休息的，不能直接被工作或学习所占用。余暇在人类创造精神文明方面起着重要的作用，余暇的长短和支配余暇的质量会直接影响人们的生活方式，同时余暇也是人们直接参加社会体育活动的首要条件。我国的城乡居民支配余暇时间的能力还是比较差的。一种不能教会孩子支配余暇时间的教育是一种不完整的教育。同样，一个不能引导人们善度余暇的社会也称不上是一个完善的社会。因此，积极引导人们用科学、文明、健康的方式度过余暇时间是一项重要的社会任务。我国城乡居民面对大量的余暇时间，如何善度余暇，用科学文明健康方式支配余暇时间已经成为越来越多家庭需要认真思考的问题，社会体育如何进入人们的生活，如何通过体育活动改善人们的生活方式，提高生活质量，把更多的余暇时间投入体育中来，已经成为一种新生活的理念和一个必须讨论的问题。

改革开放以后，城镇生活质量不断提高，文化设施建设也随之不断完善，特别是全国实行5天工作日制度以后，人们有了更多的可供自由支配的时间来参与各种各样的社会体育活动。

人们为了根治各种由于生活方式造成的社会疾病，不得不把体育运动纳入医学的内容构成。因为体育运动是贯穿整个生活方式之中起着调节作用的成分，它调节并改善着人们由于饮食、营养、体重、作息等方面长期不合理的积习所造成的生活方面的健康效应。解决人们身心健康问题的最好办法就是动员他们面向体育运动，参与其间。而健身运动、消遣娱乐恰恰对于治疗亚健康状态，不仅是一种最积极、最有效的手段，而且是一种最方便、最廉价的手段。在许多大学的健康体育系中，出现了"生活方式与身体健康"的自我评价系统，其受到人们的广泛重视。体育运动进入人们的生活方式造就了科学、健康、文明的生活方式。是否采纳体育生活方式与人的生命质量关系密切，与人们的生理、心理、社会健康休戚相关。通过愉快、自由地享受体育生活可以发展人类的身体智力和认识能力，可以轻松愉快地与人、社会和大自然产生沟通和交流，拥有健全的人格，体验人生的幸福完美。选择体育生活方式，就意味着享有了体育的基本权利。

社会体育对于生活方式的影响和作用突出表现在：体育可以提高人的劳动素质，培养和造就全面发展的人格。体育活动作为恢复人的本质与体现人的价值的生活活动及社会实践，意味着一种人性的解放。体育是保持人体机能、使体能处于最佳状态的有效手段，是人们消除身心疲劳、保障健康生活最积极的手段。体育是戒除恶习，改善不良社会生活的有力措施，越来越多的科学证据表明，进行体育活动可增进健康，并能防止慢性及非传染性疾病的发生。体育可以满足人们的多种文化需求、精神需求和情感需求，改变人们的审美观念。

2. 生活节奏

随着人类对自然界的开发不断向广度和深度发展，社会生活的时间节奏充分地展现出由慢到快的变化趋势。生活节奏加快的积极意义在于提高了生命的效率，使越来越多的社会成员经过高速的协调配合，能为社会创造出更多的物质财富和精神财富。但是，在生活节奏加快的同时，人们的健康问题更加不能忽视。

社会体育是人们顺应生活节奏变化、调节因生活节奏加快所造成的种种身心不适的重要手段。

各种健身娱乐体育可以缓解现代生活节奏给人带来的紧张情绪，融洽人际关系，克服现代社会中竞争所带来的冷酷孤独，陶冶人的情操，体验人生真谛。经常从事体育活动的人对生活节奏的改变有较强的适应性，可以表现出较强的自制、坚韧、敏锐、自信、合群和从容不迫的心理调节能力。

3. 生活空间

在我们的现实生活中，每个人、每个家庭都有一个属于自己的生活空间。生活空间在我们的生活方式中是一个不可忽视的要素，也是提高生活质量的重要前提。生活空间的范围应该适度，不宜过大也不宜过小。如果在一个狭小的空间里生活，人就会有封闭和压抑感；同样，如果生活空间过大，人则会觉得空旷、孤独。

4. 生活消费

生活消费是指人们用物质资料来满足自身的物质和文化生活需要，主要由消费水平、消费结构、消费爱好、消费方式、消费倾向几个大方面构成。其中与社会体育关系最大的是人们的消费水平、消费结构和消费爱好。

我国城镇居民的人均收入水平不断增长，居民在通信、教育、文化娱乐、医疗保健、居住等高层次消费的比重明显上升，与人们健康关系较大的食物消费也发生了重大的变化。社会体育充实了生活时间，各种休闲体育活动可以发散剩余精力，避免各种社会危险。

5. 行为习惯

人们的行为习惯是生活方式的重要组成部分，也是生活方式的外部体现。行为习惯的好坏直接影响身体的健康水平，良好的行为习惯会促进身体健康，有利于人们对体育的参与；不良的行为习惯则会降低健康水平，抑制人们对体育的参与。社会体育消费的增加和发展，促进了家庭和个人消费结构的优化和合理化，提高了生活质量。体育消费还是一种节假日消费，可以成为城乡居民周末、长假期的主要消费形式。体育娱乐丰富了人们的社会交往，体育娱乐可以调节人的精神状态，作为交际手段，可以缩短人和人之间的社会距离，增进家庭成员感情交流，促进家庭和睦。参加体育活动能增强人们之间的相互理解，促进人们相互交流与合作，也可以提高人对社会责任和道德价值观的认识。参加体育活动可以学习基本生活技能，提高人们的生活能力，从而提高生活质量。

（二）生活方式对社会体育的消极影响

对于社会体育来说，生活方式的转变对其发展提供了很好的机遇，在其物质条件上也得到了逐步改善。由于国家投入的增加，以及家庭个人消费的增长，社会体育的经费状况得到了迅速的改善，城市居民区的体育设施如健身路径、健身长廊等像雨后春笋一般大量出现。随着余暇的普遍延长，人们参加体育活动的时间大大增长，机会大大增多，这为开展社会体育、落实《全民健身计划纲要》、发展体育人口提供了良好的条件。但同时，由于人们生活方式的转变过于突然，在很多方面缺乏足够的思想准备，这也给社会体育提出了一些新的问题。

1. 日常休闲缺乏专业的社会指导

随着社会服务系统与第三产业的快速发展，人们的生活水平不断提高，人均收入逐年增长，家庭规模也在逐渐缩小，这也就说明了可供人类自行支配的余暇时间会越来越多。因此，积极引导人们用科学、文明、健康的方式度过余暇，也就成了一项重要的社会任务。社会体育如何进入人们的生活，改善生活方式，提高生活质量，让人们把更多的余暇投入体育中来，这已经成为当前必须研究的问题。

2. 网络媒体的出现影响生活质量

伴随着网络媒体的出现，城乡居民对业余时间的支配越来越丰富，不仅可以阅读书籍、杂志等，还可以使用网络媒体获取新的知识与资讯。不难发现，当今有很多人沉迷手机与电脑游戏，运动似乎与他们的生活相距甚远。长时间沉迷于电脑游戏与手机，很容易患上颈椎病。如何将网络媒体下的居民动员起来参与体育活动，也成为当今的热点问题之一。

3. 生活节奏的加快带来困扰

对于整个社会来说，生活节奏的加快具有不可逆转的趋势。人们在退出一定的生产方式和生活方式之前，必须强制性地接受社会生活的快节奏。快节奏的生活并不是每个人都能够适应的，它会造成人的抵触、恐惧、怨烦和焦虑等心理障碍，导致身心紧张与攻击性反应等，使社会成员的各种心理性疾病迅速增加,所以必须通过社会体育这个减压器来减轻人们的社会压力。

(三)提倡健康生活方式

健康的生活方式包括以下几方面的内容。

①每日保持 7 至 8 小时的睡眠。

②有规律的早餐。

③少吃多餐。

④不吸烟。

⑤不饮或饮少量低度酒。

⑥控制体重。不低于标准体重 10%,不高于 20%。

⑦有规律的锻炼(运动负荷应根据本人的身体情况而定)。

此外,每年至少进行一次身体检查。它适用于各种年龄的人,尤其是对身体功能处于下降阶段的人来说,效果更加明显。如果能够依照上述的 7 种习惯去生活,那么将会终身受益。

第二节　社会体育与社会文化

一、社会体育与大众文化建设

(一)充实社会休闲文化

目前,人们具有越来越强的社会参与意识,有越来越多的人进行娱乐休闲都会选择运用体育运动的方式。当越来越多的人群接受休闲的概念后,人们就会不断地引进、开发社会体育,并为了满足人们的娱乐休闲需要而积极创造新的社会体育运动方式。

(二)丰富大众情感生活

社会体育能够提供给人们复杂多样的情感体验,顺应人们对情感的多方面要求,具体表现在如下几方面。

①在健美体育运动中,人们能够体验音乐与运动的和谐,从而提高审美情趣。

②在家庭体育活动中,人们可以在和睦欢乐的气氛中享受天伦之乐、稳定感及归属感。

③在探险体育活动中，人们因征服自然而使自豪感和自信感得到增强。
④在大众体育活动中，人们可以得到对集体、社团的信赖感、依托感。
⑤在娱乐体育活动中，人们因愉悦感和舒适感而感到愉悦。

二、社会体育与企业文化建设

职工体育是企业文化建设的重要内容，也是企业文化中不可或缺的重要部分。企业文化建设和职工体育具有相同的特征，具体表现在以下两点：第一，企业文化建设和职工体育的核心都是人；第二，企业文化建设和职工体育的最终目的都是逐步提高企业的经济效益，主要实现方式是改善职工的物质与精神文化生活。

（一）提升企业形象

企业外部公共关系的核心是企业形象，企业文化建设的重要内容之一就是良好的企业形象。企业要想受到社会大众和各新闻媒体的关注，使自己的知名度与认知度有所提高，使企业形象不断提升，使企业的竞争力不断加强，最简单的方式与手段就是开展多种形式的职工体育，成立企业运动队。

（二）改善公共关系

职工体育的开展有助于企业领导之间、员工之间、领导与员工之间的关系变得更为和谐融洽，从而使企业内部的凝聚力得到提高，也使企业内部的气氛更加和谐与友善。主要是因为在体育活动或体育竞赛中，人们聚集在一起，比赛者与参观者之间可以更加直接、密切、平等、坦诚地交往。和谐的关系和融洽的气氛都有利于企业的文化建设。

（三）完善职工价值观

企业职工对本企业生存与发展的目的、意义，以及对企业生产经营活动中的精神境界、理想追求的认识和评价就是企业价值观。职工体育的有效开展有助于全面塑造和培养职工的人格，有利于培育和巩固企业精神与企业经营哲学，有利于统一企业全体员工的思想与行动。

（四）健全职工人格

开展职工体育有助于职工健康人格的培养，职工的健康人格主要表现在良好的心理素质和优良品质上，如顽强勇敢、果断进取、沉着冷静、协作意识、竞争意识与社会责任感等。在体育活动中帮助企业职工培养这些良好的心理素质和优良的品质，使他们在劳动生产中充分运用这些品质，从而促进生产力的提高和企业整体效益的增长。

体育锻炼和比赛有利于职工竞争意识和独立意识的培养。职工将这种竞争意识引进现代化生产中，在企业中形成积极进取的良好风气，从而促进生产和企业文化建设的发展。

（五）促进职工全面发展

企业提高职工素质，促进职工德、智、体全面发展的重要措施之一就是开展职工体育。职工体育有利于塑造与培养合格的职工，有利于提高职工的整体素质。职工体育对职工的全面促进作用表现在以下几点。

①职工体育运动能改善和提高职工的中枢神经系统的工作能力，使职工的头脑清醒，思维敏捷。

②职工体育能促进有机体的生长发育，提高职工的运动能力。

③职工体育能改善和提高职工的内脏器官功能和机能。

④职工体育能提高职工的环境适应能力。

⑤职工体育能调节职工的心理状态，使职工朝气蓬勃，充满活力。

⑥职工体育能防病治病，推迟衰老，延年益寿。

三、社会体育与社区文化建设

（一）丰富社区文化生活

社区体育提倡科学、文明、健康的生活方式，这一提倡是发展社区文化的有效方式之一，有助于居民生活质量的提高，也有利于社区稳定秩序的维护。体育活动属于一种休闲娱乐活动，休闲娱乐功能使得其具有较大的吸引力，许多居民受体育娱乐性的影响，积极参与其中。

居民参与体育活动促使居民业余文化生活的丰富，同时对不健康生活方式的侵蚀具有一定程度的抵御作用，对居民文化的生活质量具有积极的改善作用。

（二）增强社区凝聚力

现代社会中，人们闲暇时间大多在社区内进行活动。新的社会调控体系可能被具有整合功能的社区所取代。社区体育的作用主要体现在以下几点。

①社区体育具有社会规范作用。

②社区体育能够满足居民的体育需求。

③社区体育能够丰富居民的业余文化生活。

④社区体育能够提高居民身心健康水平。

⑤社区体育的这些积极影响使居民对社区产生强烈的依赖感和归属感，加强社区整合、增强社区凝聚力的主要途径之一便是社区体育。

第三节　社会体育的发展

一、社会体育产业的发展机遇

目前，我国社会体育产业处在努力发展的阶段，并且还将长期处在不断发展的阶段。尽管它作为新兴的朝阳产业仍旧存在不成熟的地方，但相信在社会经济发展、人们收入水平提高和大众消费结构变化的推动下，在产业结构调整、扩大内需与增加就业政策的作用下，社会体育产业的快速发展已成必然。从现在社会体育产业中的种种表现中，可以推测出其未来的发展趋势。

体育产业总体上讲属于第三产业，而大力发展第三产业是目前我国调整产业结构的基本方针。国家产业结构调整和升级的变化，大体上是从三个方面影响社会体育产业发展的。

（一）国家政策支持

能得到国家产业政策的扶持，包括投资融资的优惠政策、税收减免的优惠政策、用工用地的优惠政策等。特别是随着我国产业结构调整的力度不断加大和体育产业规模、效益的不断提高，国家和政府给予社会体育产业一定的优惠政策将是有可能的。

（二）加大社会投资

产业结构调整会给体育产业带来更多的社会投资。因为资本的流向是由资本利润决定的，体育产业是朝阳产业，随着产业结构调整步伐的加快，如果在社会体育产业中投资的回报率明显高于社会投资的平均利润率，这就会出现各种资本向社会体育产业流动的良好态势。

（三）引进优秀人才

产业结构调整会给社会体育产业带来更多高素质的经营管理人才。到了后工业化时代，高素质的经营管理人才将会出现由制造业向服务业转移的趋势，因为人才流向和资本流向同样是由利润率高低决定的。产业结构调整的力度越大，体育产业集聚高素质人才的优势也就越明显，而高素质专业化人才对于社会体育产业这样一个具有生机和活力的新兴行业来说是十分重要的。

二、社会体育产业促进经济增长

目前，我国正致力于社会主义经济建设。经济建设的方式多种多样，才能保证经济建设的多元性和灵活性。对内扩大内需就是其中较为重要的方式。我国的国内市场较为庞大，这不仅是我国看重的市场，同时也是全世界国家虎视的"蛋糕"。对内满足国内市场需求，不仅可以提高人民的生活水平，还可以拉动经济持续增长。不可否认的是，我国近些年来的实体经济发展遇到了一些阻碍，不过可喜的是，这并没有影响我国大众在体育消费方面的支出，在此期间，我国大众的体育消费始终保持不断增长，体育市场逐渐繁荣，体育产业的规模和效益不断提高。这些有利现象已得到了相关体育部门和市场关注。

社会体育产业要抓住机遇，在扩大内需、拉动国家和地区的经济增长上起到明显的绩效。为此，应注重以下几方面。

（一）出口创汇

近年来，随着我国民众的体育消费不断上涨，我国已经逐渐成为体育用品的消耗大国。众多世界知名体育用品公司都在我国设立了专卖店。我国体育用品企业也借此良机，打造优秀的民族品牌，其中李宁和安踏成为业界的领导者。尽管我国体育产品生产数量连年提高，但不能否认的是在产品的质量和附加值方面还较落后，特别是品牌价值大多还不能被广大消费者认可。

体育用品是大众参与体育健身活动的物质基础，这也就说明了世界上只要拥有体育运动参与者，就相应拥有对体育用品的巨大需求。这些年来我国体育用品在出口上做出一定贡献，为我国创造了不少外汇收入，但若想在未来获得更大的发展需要做到以下两点。

第一，提高我国体育用品业整体的规模效益，提高我国体育用品企业与国外同类企业的竞争力。

第二，体育用品企业要加大研究与开发的投入力度，不断提高我国体育用品的科技含量，增强所出口的体育用品在国际市场上的竞争力。

（二）民间投资

投资是带动经济发展的重要方式。投资就会增加热钱对某项产业的经济支持，这使得该产业即刻可以获得生机，展现出与以往不同的新面貌。

在未来，社会体育产业无疑将会有更加良好的发展前景，有望成为民间投资的新热点。之所以敢于大胆对社会体育产业的前景做出乐观的预测，其原因主要在于以下几方面：一是社会体育产业的主体部分是健身娱乐业，对这一领域的投资与其他产业相比投资更少、见效更快、效益更好、民众的认可度更高；二是以健身娱乐为主要内容的体育消费正在成为全社会新的消费热点，即大众的理念中开始越发注重对这方面的投资。从事实上看，先期在这些领域投资的企业经营绩效也越来越好。体育消费渐旺和巨大的增长潜力以及先行者获利的示范效应，都使得在这一领域启动民间投资成为可能。

（三）吸引大众消费

从表面上看，体育消费并没有什么大宗交易，但由于其参与人数众多，涉及内容较广，那么其总计的消费结果仍旧非常可观。大众的最终消费才是扩大消费需求的最主要评判标准。从我国现今的实际情况来分析，当前我国居民消费需求包括实物消费和非实物消费两种。目前，进一步增加居民的消费必须把工作重点由实物消费领域转到非实物消费领域，具体来说，非实物消费主要是在文化消费领域中，即使用金钱换取人的精神上的满足的方式。体育消费是广义文化消费的形式之一，从本质上讲属于满足人们享受的发展需求的消费。要把居民有支付能力的体育消费需求引导出来，是扩大内需的一种方式。

三、社会体育消费呈增长趋势

体育健身活动及必要的体育消费已经成为现代我国大众的主要日常生活休闲娱乐方式，同时这些体育消费也符合消费结构变化的趋势。根据我国社会经济发展的基本走向和社会体育市场的基本走向，总结出了社会体育消费发展可能在未来出现的新趋势。

（一）城乡居民体育消费总量持续增长

我国 GDP 的增长近些年来一直保持在较高水平，这一势头还将继续保持较长一段时间。在 GDP 持续保持稳定增长的过程中，城乡居民的收入水平也随之同步增长。再加上我国城市化进程的进一步加快，城镇消费人口总量将会有一个较快的增长，这些因素都会使得城乡居民消费结构不断优化，进而使得以城乡居民为主的体育消费群体的数量会进一步上升。然而，消费总量的增长作为一般趋势，在不同的体育消费领域会有不同的效应，即体育物质产品的消费在一定时期内仍会高速增长，而随着时间的推移，增幅会逐步回落；体育服务产品的消费会逐步活跃，并且随着时间的推移，其增幅将会不断提高。

（二）多元化的体育消费不断涌现

实物型体育消费将继续增长，但消费差别与档次将不断加大，个性化、多元化消费的趋势开始显现。实物型体育消费的持续增长，主要是指运动服装鞋帽、健身器械、体育图书、报刊、音像制品等实物型消费资料需求的持续增长。与此相伴的是消费结构上也会出现一些变化。首先，城乡居民收入水平差距的拉大将导致对体育用品消费档次的进一步加大；其次，人们对体育用品的需求会出现个性化和多元化的特征。这种特征不仅表现在体育用品会出现多样化的趋势，而且同类商品在款式、规格、用料、功能、价格以及售后服务等方面也会出现高中低档并存的现象，以适应体育消费者多元化和个性化的消费需要。

（三）观赏性体育消费群体日益壮大

随着我国居民收入水平的不断提高和消费结构的不断变化，体育欣赏消费近些年来在体育产业中的比重越发增大，除竞技赛事外，人们还对那些趣味性、娱乐性、刺激性等体育活动的观赏抱有极大兴趣。需要特别指出的是，广大群众对高水平运动竞赛和对趣味性、娱乐性、刺激性等体育活动的观赏并不是一种刚性需求，即在这方面的消费弹性很大。在这种情况下，如果赛事质量不高，不能达到满足体育消费者对比赛观赏的要求，那么这些体育赛事将被视作没有观赏价值，久而久之便失去了观众。因此，这种潜在的以观赏体育赛事为主要形式的体育消费增长趋势也就难以变为现实。

（四）参与性体育消费快速增长

参与性体育消费将会带动整个体育消费的快速增长。参与性体育消费，是指人们为追求健康和娱乐而花钱购买由体育服务企业提供的健身娱乐服务，健身技能培训、辅导、咨询，体质测试，健康评估，以及体育康复等服务产品。这一类型的消费将会成为带动整个体育消费快速增长的原因。

我国居民人均收入的不断增加以及生活方式的改变是带动参与性体育消费快速发展的动力。

医疗保健制度的改革激发了人们对"参与性"体育消费的需求，人们更愿意花钱参加各类体育健身消费以增进健康。

政府的重视与支持，为参与性体育消费群体的扩大和消费水平的提高造就了良好的外部环境。

我国国民经济的持续稳定发展，将会推动我国社会体育事业的进一步繁荣，而社会体育产业作为社会体育的一个重要组成部分，必将与社会经济和社会体育事业同步协调发展。

四、未来社会体育的发展趋势

未来社会既是更加讲究自由和民主的社会，也是更加讲究制度和规范的社会，是多元文化和旨趣共存共荣的社会。未来社会的人们对体育内容和形式的需求可能更加广泛，而对其功能的寄托和期望可能更加宽容。新兴体育形式不断涌现，大众运动项目欣欣向荣。体育的健身功能突出，文化功能增强，政治功能相对减弱，经济功能继续拓展。未来社会必将是全球化的社会。互联网完善、时空重组或消融、地球村和世界共同体真正形成，体育作为人类永恒的生命活动和文化载体形式，将在未来的世界共同体中大行其道。未来社会依然是充满风险的社会。而体育则可以作为人们感情和观念改变的寄托形式之一，同时体育自身的风险也可以通过技术形式和手段加以转移。

总之，在未来社会，体育理念已经内化到人们的思想和意识之中，体育已经成为人们生活中不可分割的一部分，成为人们实际生活的内容和方式之一；同时，体育也成为一种社会形态体，成为社会结构的必要组成部分。人和社会都不能忽视体育的存在。未来体育活动的发展趋势和特点将表现在以下几个方面。

第一，适应人们多元兴趣需要。体育项目更加分化，优势竞技运动项目继续强化，大众运动项目日益增多和规范，网络虚拟体育运动和体育游戏愈加兴旺。田径、游泳、球类、雪上运动等传统的奥运竞技项目将继续保持或发扬，高尔夫、游艇、滑翔等休闲项目稳步兴起，攀岩、冲浪跳伞、漂流、越野、野外生存等极限项目的开展将如火如荼，街头篮球、滑板、太极拳、瑜伽等社区或家庭体育项目红红火火，类似全国在线职业足球队冠军赛、省际在线高尔夫球运动队联赛、社区围棋在线交互队对抗赛等类型的因特网虚拟体育运动以及各种虚拟体育游戏逐步兴起。

第二，适应科学技术发展。体育材料、设施和活动组织的精致化、精确化、自动化含量进一步提高，各类运动设施更加完备，运动训练的理论和水平更加完善、有效。

第三，适应经济发展。体育运动更深入地参与到全球经济竞争之中，贡献和拓展自己的经济功能，体育产业和商业网络更加发达，国民经济贡献中的体育比重不可或缺。

第四，完善社会功能。体育人口量显著增加，社区体育自发活动丰富多彩，休闲体育活动日益红火,各类体育协会组织更加发达。形形色色的体育活动在促进社会和谐的同时,其中存在的诸多不确定因素也增加了社会的风险。

第五,完善文化功能。多元化体育观内化到全球各角落人们的日常生活方式之中,地方性的体育文化价值观在持续的相互交流中同时被认同和发扬,体育参与的自由化和体育活动的制度化进程将同步推进。更有甚者,以体育为象征的文化表现可能成为一个地方或城市的文化的主流。

第六,完善政治功能。在一个具有特殊意义的事务处理上,体育的政治功能可能一时表现突出。但从未来社会的形态、结构的发展上看,不同时期的不同国家、地区或民族,在不同的与体育相关的事务上,体育的政治功能将有所削弱,但政治仍然需要体育。

第七,体育与媒体的互动关系更加紧密。体育具备"卓越、刺激"和直观、张扬的特征,媒体具有强大的"扩大"功能和"吸引感官"的职业习惯,加上经济利益这一永恒主题的驱使,未来体育与媒体的相互依赖、相互促进的关系将更加紧密,途径更加多样,最有可能的是互联网体育活动在全球民众中使用率的升高。

第五章　社会体育与健康管理

通过前几章内容的介绍，我们已经对社会体育有了一定的了解，无论是在健康领域还是社会活动领域，社会体育在人的日常生活中都起着非常重要的作用。接下来，我们将从健康管理的角度的出发，解析它与社会体育之间有着何种关系，并且对健康的影响因素和不同人群的健康管理课题进行深刻的解读。

第一节　健康与健康管理

一、健康

要理解健康管理的性质，我们首先需要理解什么是健康。世界卫生组织给"健康"下的定义是："健康是一种躯体、精神与社会和谐融合的完美状态，而不仅仅是没有疾病或身体虚弱。"具体来说，健康包括4个层次。

第一，躯体健康。指躯体的结构完好、功能正常，躯体与环境之间保持相对的平衡。

第二，心理健康。又称精神健康，指人的心理处于完好状态，包括正确认识自我、正确认识环境、及时适应环境。

第三，社会适应能力良好。指个人的能力在社会系统内得到充分的发挥，个体能够有效地扮演与其身份相适应的角色，个人的行为与社会规范一致，和谐融合。

第四，道德健康。指不以损害他人利益来满足自己的需要，有辨别真伪、善恶、荣辱、美丑等是非观念，能按社会认为规范的准则约束、支配自己的行为，能为他人的幸福做贡献。

世界卫生组织的定义体现了积极的和多维的健康观，是健康的最高目标。

然而，根据这个定义，全世界都没有如此完美的健康人。故阿德尔提出"康宁"的概念，他认为康宁是有意识地、慎重地接近于身体上、心理上、社会适应能力上的先进状态。康宁是朝向健康的先进状态运动，是最佳的或最高水平的健康。

个人的决心和有规律的健身活动是健康和康宁的基石之一。健康是一个动态的过程，影响一个人健康的因素随时随地存在着。一个健康的人，从健康巅峰状态，到身心逐步受损，发展到严重的疾病状态，是一个连续的生命过程。健身活动和健康呈正相关的关系，健身活动加强时，危及健康的危险性下降，寿命逐步上升。但这并不意味健身活动继续加强，健康状况亦持续增进。相反，过量的运动会导致健康下降。运动中带来的危险性和它的好处一样存在，适量的健身运动可产生最佳的健康，过量的运动导致其产生运动伤病和对传染病的抵抗力下降。准确地说，有规律的中等强度的健身活动能增进健康。

二、健康管理

（一）理念背景

1. 国外

健康管理（Health Management）一词最先出现在美国，健康管理理念的兴起是由于市场的需要和人类经验知识的积累和提炼。当前社会老龄化、慢性病和急性传染病的医疗负担及环境恶化导致医疗卫生费用和需求不断增长。而持续上升的医疗费用无法从根本上遏制和改善与健康有关的生产效率不断下降的局面，构成了对美国等发达国家经济持续发展的持久威胁。以疾病为中心的传统诊治模式应对不了新形势下的挑战。因此，以个体和群体健康为中心的管理模式在市场的呼唤下，伴随着与健康管理有关的科学技术发展应运而生。

在美国，健康管理策略主要有以下六种。

（1）生活方式管理

生活方式管理，主要关注健康个体的生活方式、行为可能带来什么健康风险，这些行为和风险将影响他们对医疗保健的需求。生活方式管理要帮助个体做出最佳的健康行为选择来减少健康风险因素。生活方式管理使用对健康或预防有益的行为塑造方法，促进个体建立健康的生活方式和习惯，以减少健康风险因素。生活方式管理方案的结果在很大程度上依赖于参与者采取什么样的行动。因此，要调动个体对自己健康的责任心。生活方式管理通过采取行动降低健康风险和促进健康行为来预防疾病和伤害。生活方式管理的策略可以是各种健康管理的基本组成成分。生活方式管理的效果取决于如何使用行为干预技术来激励个体和群体的健康行为。四类促进健康行为改变的主要干预技术措施是教育、激励、训练和市场营销。

（2）需求管理

需求管理，是指以人群为基础、通过帮助健康消费者维护健康以及寻求适当的医疗保健来控制健康消费的支出和改善对医疗保健服务的利用。需求管理试图减少人们对原以为必需的、昂贵的和临床上不一定有必要的医疗保健服务的使用。需求管理使用电话、互联网等远程病人管理方式来指导个体正确地利用各种医疗保健服务满足自己的健康需求。

（3）疾病管理

疾病管理，着眼于一种特定疾病，如糖尿病，为患者提供相关的医疗保健服务。目标是建立一个实施医疗保健干预和人群间沟通，与强调病人自我保健重要性相协调的系统。该系统可以支持良好的医患关系和保健计划。疾病管理强调利用循证医学指导和增强个人能力，预防疾病恶化。疾病管理以改善病人健康为基本标准来评价所采取行动的临床效果、社会效果和经济效果。

（4）灾难性病伤管理

灾难性病伤管理，为患癌症等灾难性病伤的病人及家庭提供各种医疗服务，要求高度专业化的疾病管理，解决相对少见和高价的问题。通过帮助协调医疗活动和管理多维化的治疗方案，灾难性病伤管理可以减少花费和改善结果。综合利用病人和家属的健康教育、病人自我保健的选择和多学科小组的管理，使医疗需求复杂的病人在临床、财政和心理上都能获得最优化结果。

（5）残疾管理

残疾管理，试图减少工作地点发生残疾事故的频率和费用代价，并从雇主的角度出发，根据伤残程度分别处理以尽量减少因残疾造成的劳动和生活能力下降。

残疾管理的具体目标有以下几种。

①防止残疾恶化。

②注重残疾人的功能性能力恢复，而不仅仅是病人疼痛的缓解。

③设定残疾人实际康复和返工的期望值。

④详细说明残疾人今后行动的限制事项和可行事项。

⑤评估医学和社会心理学因素对残疾人的影响。

⑥帮助残疾人和雇主进行有效的沟通。

⑦有需要时考虑残疾人的复职情况。

（6）综合的人群健康管理

综合的人群健康管理，通过协调不同的健康管理策略来对个体提供更为全面的健康和福利管理。这些策略都是以人的健康需要为中心而发展起来的，有的放矢。随着健康管理的实践和研究兴趣不断扩展，美国发达的流行病学、管理科学和行为医学为健康管理在美国成为一种新兴产业提供了理论和实践基础。

2. 国内

健康管理在我国一种兴起并快速发展，一方面是国家健康产业和健康管理行业迅猛发展影响的结果，另一方面也是伴随着我国改革开放40多年以来，社会经济持续发展、国民物质与精神生活不断改善与提高、健康物质文化与精神需求增加的结果。20世纪90年代末，健康管理在我国开始出现。2003年后，随着政府的重视和广大民众的健康意识、健康素养的进一步提高，以健康服务需求为牵引，以健康体检为主要形式的健康管理服务行业得到快速发展。2007年，以中华医学会健康管理学分会的成立与中华健康管理学杂志的创办为标志，我国健康管理学术理论研究与行业开始步入科学规范有序发展的轨道。2018年，我国首部《健康管理蓝皮书：中国健康管理与健康产业发展报告（2018）》发布。健康管理从最初的引入，到逐渐规范化，再到后来拥有强大的社会需求和发展趋势，这一系列的变化表明，健康管理已经得到了人们越来越多的认可，这一行业也成为中国健康产业的重要组成部分。

但是，我们也应该认识到，人们的健康理念有待更新，缺乏相关的行业标准，管理体系不健全，从业人员素质参差不齐，在生活方式、食品卫生、自然环境、疾病预防、医疗保健等方面存在着诸多不利因素。健康管理概念虽然受到重视，但是有关健康管理的实质内容与相关服务、健康管理产业的内涵与外延、实际运作与维护都存在着很多不清晰的认识，健康管理各环节所采用的方法与标准，健康管理从业人员的资质、准入、注册及继续教育缺乏标准和规范。健康管理相关的法律法规、政策支持、市场管理还很不完善，这些都制约着健康管理产业的进一步发展。

（二）概念

1. 含义

健康管理是按照现代健康理念与医学模式要求，采用先进的医学科学技术和经验，结合运用现代管理科学的理论和方法中有目的、有计划、有组织的管理手段，调动全社会各个组织和每个成员的积极性，通过对群体和个体的整体健康状况、健康素质、身心状态、健康危险因素进行全面检测、监测、分析、评估、预测、预警和跟踪干预管理，以达到维护、促进群体和个体健康，提高生活生命质量，延长寿命之目的。健康管理的宗旨是调动个体和群体及整个社会的积极性，有效地利用有限的资源来达到最大的健康效果。

2. 特点

①标准化。标准化是对个体和群体的健康进行科学管理的基础。健康管理服务的主要产品是健康信息。没有标准化，就不能保证信息的准确、可靠和科学性。

②个体化。健康管理的具体做法就是为个体和群体（包括政府）提供有针对性的科学健康信息，并创造条件采取行动来改善健康。没有个体化，就没有针对性，就不能充分地调动个体和群体的积极性，就达不到最大的健康效果。

③系统化。要保证所提供的健康信息科学、可靠、及时，没有一个强大的系统支持是不可能实现的。真正的健康管理服务一定是系统化、标准化的，其背后一定有一个高效、可靠、及时的健康信息支持系统。健康管理服务的标准化和系统化是建立在循证医学和循证公共卫生的标准和学术界已经公认的预防和控制指南及规范上的。健康评估和干预的结果既要针对个体和群体的特征和健康需求，又要注重服务的可重复性和有效性，强调多平台合作提供服务。

3. 内容

健康管理的基本内容包括：收集健康信息，进行健康体检，评估健康、疾病风险；制订健康干预计划，开展健康咨询与指导，并实施管理，进行健康干预监测与健康促进；评估健康管理效果。健康管理的实施重点是健康风险因素的干预和慢性非传染性疾病的管理。

（三）科学基础

健康管理的科学性建立在慢性病的两个特点上，即健康与疾病之间的动态关系和健康危险因素的可干预性。

首先，健康和疾病的动态平衡关系及疾病的发生发展过程及预防医学的干预策略是健康管理的重要科学基础之一。一般来说，个体从健康到疾病的过程是从处于低危险状态到高危险状态，再到发生早期改变，出现临床症状。在疾病被诊断之前，往往有一个时间过程。急性传染病，这个过程可以很短；慢性病，这个过程可以很长，往往需要几年甚至十几年，乃至几十年的时间，期间的变化多数并不被轻易察觉,各阶段之间也并无截然的界限。在被诊断为疾病之前,进行有针对性的预防干预,有可能成功地阻断、延缓甚至逆转疾病的发生和发展进程,从而实现维护健康的目的。

其次,在慢性病的危险因素中,大部分是可以干预的,属于可以改变的因素,这为健康风险的控制提供了第二个重要基础。中国居民慢性病的主要危险因素有不健康的饮食(能量、脂肪和食盐的过度摄入)、体力活动的减少、长期的精神紧张和心理压力,以及吸烟、过量饮酒。这些危险因素的背后,是复杂的社会、文化、经济、环境和个人原因。不少学者强调营养、体力活动和烟酒,但是精神和心理因素也是国人慢性病高发的主要危险因素。

现代中国人是世界上生活得比较累、比较辛苦的,工作时间长、收入低、物价高(我国城市的水果、面粉、猪肉、衣料等日用消费品的价格和美国基本相等,但美国的工资水平是我们 5～10 倍,而中国销售的一些奢侈品的价格是美国的 2 倍左右)、社会保障少,无论儿童、青少年还是成人,都面临着诸多压力。儿童、青少年面对学习、升学和就业压力,成人有生活压力、工作压力、住房压力、交通压力等及由于贫富差距而引发的心理不平衡。由此而导致的睡眠障碍、抑郁、焦虑、强迫等心因性疾患近年来也不断上升。紧张的生活和工作节奏、狭窄的空间以及较低的健康意识导致体力活动减少(人们没有时间、空间去锻炼身体)。飞速增长的私家车加上体力活动的不足、空气污染、饮食不合理(原因主要是传统的高盐习惯、动物性食品和脂肪摄入量过高),以及快餐的流行、营养知识的缺乏、大量吸烟和饮酒等危险因素导致肥胖、高血压、血脂异常等的患病率均上升了 20%～30%。这些疾病若进一步发展则为冠心病、脑卒中、糖尿病和恶性肿瘤等。世界卫生组织指出,高血压、高血脂、超重及肥胖、缺乏体力劳动、蔬菜及水果摄入量不足,以及吸烟,是引起慢性病的重要危险因素。这些危险因素引起的慢性病目前难以治愈,但这些危险因素却是可以预防和控制的,这就是健康管理的第二个科学基础。

(四)基本步骤

健康管理是一种前瞻性的医疗卫生服务模式,它以较少的投入获得较大的健康回报,增加了医疗服务的效益,提高了医疗保险的覆盖面。一般来说,健康管理有以下三个基本步骤。

1. 收集服务对象的个人健康信息

只有了解个人的健康状况才能有效地维护个人的健康,个人健康信息包括个人一般情况（性别、年龄等）、目前健康状况和疾病家庭史、生活方式（膳食、体力活动、吸烟、饮酒等）、体格检查（身高、体重、血压等）以及血常规和尿常规检查。

2. 进行健康及风险性评估

根据所收集的个人健康信息，对个人的健康状况及未来患病或死亡的危险性用数学模型进行量化评估。其主要目的是帮助个体综合认识健康风险，鼓励和帮助人们纠正不健康的行为和习惯，制定个性化的健康干预措施并对其效果进行评估。

3. 进行健康干预

在前两部分的基础上，以多种形式来帮助个人采取行动，纠正不良的生活方式和习惯，控制健康危险因素，实现个人健康管理计划的目标。与一般健康教育和健康促进不同的是，健康管理过程中的健康干预是个性化的，即根据个体的健康危险因素，由健康管理师进行个体指导，设定个体目标，并动态追踪效果。如健康体重管理、糖尿病管理等，通过个人健康管理日记、参加专项健康维护课程、跟踪随访措施来达到健康改善效果。

健康管理的这三个步骤可以通过互联网的服务平台及相应的用户端计算机系统来帮助实施。应该强调的是，健康管理是一个长期的、连续不断的、周而复始的系统过程，即在实施健康干预措施一定时间后，需要评价效果、调整计划和干预措施。只有周而复始，长期坚持，才能达到健康管理的预期效果。

（五）中国进行健康管理的必要性

在中国建设小康社会的进程中，国民健康需求问题日益突出，不断扩大的医疗和健康需求与有限的卫生资源之间的矛盾正在加剧。如何在保证人人享有健康的前提下，有效地使用现有的医药卫生资源来满足14亿国民的医疗和健康需求，这是我们面临的一个难题。现如今引起人们产生众多疾病的因素不只是细菌、病毒和各种理化因素，而是根源于不健康的生活方式与行为和异常的心理、精神状态及不良的社会环境。中国对健康管理的需求迫切而且巨大。

第一，我国人口老龄化起步晚，速度快，数量大，已经出现了未富先老的挑战。

第二，在新传染病不断出现，已控制的传染病卷土重来的形势下，慢性疾病患病率迅速上升，慢性病相关危险因素的流行日益严重，国人的健康受到双重威胁。

第三，医疗费用急剧上涨，个人、集体和政府不堪重负。

第四，自1998年我国改革公费、劳保医疗制度至今，我国社会医疗保险覆盖率大幅度下降。

（六）中国健康管理的发展前景

中国的健康管理应始终围绕提高健康水平，促进大众健康来规划发展。健康管理的宗旨是发现健康的危险因素、加强对疾病危险因素的管理。健康危险因素的概念、证据和应用是近几十年医学科学研究的成果，在现有的医疗服务体系中并没有此类增值服务。确认和干预健康危险因素可以增加健康价值。比如吸烟、喝酒等生活方式问题，健康管理专业人员会结合考虑其他心血管疾病的危险因素进行健康评估和健康干预。再如高血压，在医疗工作人员眼里，这是一种常见病，发现了就应该去医院接受治疗。在健康体检中心的工作人员眼里，高血压是心血管疾病的危险因素，同时它本身也有肥胖、吃盐多等生活方式的危险因素，应该进一步跟踪，进行健康评估和健康干预。健康体检中心是健康管理过程中一个不可缺少的必要步骤，其作用是健康管理服务的有机组成部分。因为健康管理的增值服务和盈利点主要在评估和干预，健康体检不太可能存在牺牲质量追求利润的现象。围绕确认和干预健康危险因素来开展健康体检，没有先例可以遵循，有许多理论和实践问题亟待研究解决，所以健康体检中心应该是有独立的学术地位的。我们可以预见在不远的将来，随着人群的健康需求不断提高，市场需要的扩大，国内的医学体检中心将会发展成为健康管理中心。

第二节 健康的影响因素

一、行为和生活方式

影响健康的行为和生活方式因素是指因自身不良行为和生活方式，直接或间接给健康带来不利影响。随着社会的高度发展，不良行为和生活方式成为首要的健康影响因素，许多疾病如糖尿病、高血压、冠心病、肥胖症、癌症、性传播疾病、精神性疾病及自杀等均与不良行为和生活方式有关。我国对一组心脑血管疾病的高危人群进行了两年有效的生活方式和行为指导后，发现心脑血管疾病的患病率分别下降了20%与18%。

（一）行为因素

行为是有机体在外界环境刺激下所引起的反应，包括内在的生理和心理变化。人类的行为表现错综复杂，但基本规律是一致的，即它是人类为了维持自身的生存和种族的延续，在适应复杂的、不断变化的环境时所做出的反应。由于人所具备的生物性和社会性，人类的行为有本能的和社会的两大类。个体的社会性行为是人与周围环境相适应的行为，是通过社会化过程确立的。不良行为是影响健康的重要因素，几乎所有影响健康因素的作用都与不良行为有关。例如，吸烟与肺癌、缺血性心脏病及其他心血管疾病密切相关。酗酒、吸毒、不良性行为等也严重危害人类健康。

（二）生活方式

生活方式是一种特定的行为模式，这种行为模式受个性特征和社会关系所制约，是在一定的社会经济条件和环境等多种因素之间的相互作用下所形成的。建立在文化继承、社会关系、个性特征和遗传等综合因素基础上的稳定的生活方式，包括饮食习惯、社会生活习惯等。由于受一些不良的社会和文化因素影响，许多人养成了不良的生活方式，导致了慢性非传染性疾病、性病和艾滋病的迅速增加。近年来我国恶性肿瘤、心血管病和脑血管病已占总死亡原因的61%。据美国调查，只要有效地控制行为危险因素如不合理饮食、缺乏运动锻炼、吸烟、酗酒和滥用药物等，就能减少40%～70%的早死、1/3的急性残疾、2/3的慢性疾病。

（三）不良的生活行为方式

1. 不良的饮食行为方式

不良的饮食行为方式中最异常的表现是饮食障碍，常见的有过食、贪食和神经性厌食等，进而造成肥胖症或体重过轻又拒食厌食。肥胖的原因很多，其中一部分肥胖者是由心理负担重、情绪不悦、无聊、生气、寂寞、孤单等原因造成的，他们通过过食、贪食，借助胃的填充来缓解情绪的紧张，排解心理上的空虚，弥补对生活的不满，以消极的生活方式对自我进行调适。神经性厌食症是一种节食不当引起的严重的体重失常，患者对食物极度厌恶，恐惧食物。神经性厌食症患者多为青年期的女性，她们往往对自己身体形象过分在意，甚至将美感扭曲，即使骨瘦如柴也觉得比以前美丽。

2. 不良的睡眠生活方式

失眠是不良睡眠生活方式中最为常见的一种表现，主要表现为：上床后很难入睡；时睡时醒无法进入沉睡阶段，不能自觉消除疲劳；入睡困难，容易惊醒，醒后难再入睡。失眠原本只是机体的一种正常反应，一般是暂时性的，随着导致失眠的情境性因素的解除而自然缓解。有心理学家认为"失眠常常是由于担心失眠而造成的"，因为睡眠是不能随意控制的生理功能，越是努力强迫自己入睡，就越难以入睡，从而造成睡眠障碍。

3. 不良的性生活方式

不良的性生活方式主要是指性的禁锢或性的放纵。性的禁锢主要有对性的忌讳、性神秘化、对性行为的道德和法律的约束等；性的放纵主要有卖淫、宿娼、夫妻互换、乱伦等。近几十年来对性科学的研究认为，90%以上的性功能障碍都是心因性的。对性冲动的压制，会使人缺乏勇气和自信心，泯灭人类的创造力；性无知造成对性的恐惧；性的禁锢是造成神经症的重要原因。性的放纵是在性观念上主张完全自由，在性行为上表现为随意性。人类的性行为不仅是性伴侣之间的私事，而且与婚姻、家庭、子女教育问题等都存在直接的联系，不负责任的性行为会造成家庭的解体、离婚率的提高、出现私生子、单亲家庭，引起子女抚养、教育等一系列问题。性的放纵造成性疾病的传播，特别是艾滋病，对身体健康和社会均会带来严重危害。

二、环境因素

人类环境是指以人为主体的外部世界，它包括客观存在的自然现象及社会条件。世界卫生组织给环境的定义是在特定时刻由物理、化学、生物及社会各种因素构成的整体状态，这些因素可能对生命机体或人类活动直接或间接地产生现时或远期作用。健康不仅立足于个人身体和精神的健康，更应强调人体与自然环境和社会环境的统一，强调健康、环境与人类发展不可分割。发展必须包含生活质量的提高，同时保持环境的可持续发展，这是探索健康生态学的基础。

（一）自然环境

自然环境是指环绕于人类周围，能直接或间接影响人类生存和发展的一切天然形成的物质和能量的总体。如空气、水、土壤、阳光和各种矿物质、植物、微生物等。按其受到人类活动影响的大小分为次生环境和原生环境。

1. 原生环境

原生环境指天然形成的并未受到人为活动影响或影响较小的自然环境。这种环境存在许多对健康有利的因素，人类可以从中获得适宜生存的正常化学组成的水、空气、土壤以及太阳辐射、微小气候等。但有些原生环境，由于各种原因也会对机体产生不利的影响。如有些地区水或土壤中的某些元素含量过多或过少，人群如果长期在该地区生活，会对健康产生不良影响，甚至会出现地区性的特异性疾病，称为生物地球化学性疾病。当今环境问题中第一环境问题即原生环境问题，主要是自然力作用下的各种自然灾害和地方性疾病。

2. 次生环境

次生环境指在人类活动影响下，其中物质的交换、迁移和转化以及能量和信息的传递等都发生了重大变化的自然环境。所谓的"第二环境问题"指的就是次生环境问题，它是由于人类经济和社会活动等人为因素所导致的环境污染和生态破坏，是当今需要研究和解决的重点环境问题。人类的活动如能维持环境中物质、能量的平衡，就会产生良好的影响。如不能维持物质、能量的平衡，就会使次生环境变得恶劣，给人类带来危害，如大量砍伐森林、占用耕地，大量排放废水、废气、废渣等，会使环境质量急剧恶化，对人类健康造成损害，引起公害事件和产生多种公害病。

（二）社会环境

社会环境是在自然环境基础上，通过人类长期有意识的社会劳动，加工和改造自然所创造的物质生产体系。其包括人类在生产、生活和社会活动过程中形成的生产关系、阶级关系和社会关系，间接影响人类的健康。社会环境对人类健康的重要影响，主要是由经济和社会发展水平或结构等因素引起的各种生活问题。

三、生物学因素

（一）遗传

遗传是生物界存在的普遍现象，一切生物在繁衍过程中都是按照自己的模式产生后代，使每一物种的个体都继承前代的基本特征。遗传是实现人类和各种其他生物在世代间得以种族延续的基本条件，是决定人体健康发展与变化的先天因素。但是另一方面，许多疾病的发生也与遗传因素密切相关，如肿瘤、心血管疾病、高血压、糖尿病、精神疾病等均与遗传有关。随着研究分析技术的不断提高，因染色体异常而引起的遗传病被不断发现，现已有数千种之多。遗传病是一种发病率很高而且对人类危害极大的疾病。据专家估计，我国现有的三亿多儿童中，因遗传原因造成智力低下的有1 000多万人，它给国家和家庭带来了极大的经济压力和精神负担。因而预防遗传病对国家的富强、民族的昌盛和家庭的幸福都有着非常重要的意义。

（二）生物性有害因素

生物性有害因素的来源非常广泛，可能是地方性的，也可能是外源性的；可能是人类特有的，也可能是人畜共患的；可能是生活性污染，也可能是生产性污染。生物性有害因素可能导致多种疾病出现，给个人、家庭和社会带来严重的负担。

1. 传染病与寄生虫病

传染病和寄生虫病是生物性有害因素导致的最主要的一类疾病。传染病是指能够在人与人之间或者动物与人之间相互传播的感染性疾病。肺结核是传染病之一，中华人民共和国成立以来，由于社会经济的发展，以及大力开展爱国卫生运动和初级卫生保健工作，我国人群的传染病得到了很好的控制。据卫计委（现为国家卫生健康委员会）统计，传染病已不是我国城市地区前十位死因，但传染病和肺结核仍然是我国农村地区第七位死因。寄生虫病仍然是危害我国人群健康的主要公共卫生问题之一，长江流域部分省区寄生虫感染率甚至高达50%。

2. 食物中毒

食物中毒是由食品污染所引起的一类急性非传染性疾病，可分为细菌性和非细菌性食物中毒两大类。

3. 过敏性疾病

空气生物污染，尤其是室内空气的生物气溶胶（主要含病毒、细菌和真菌等），常常引起呼吸系统疾病，其中以哮喘等过敏性疾病最为常见。

4. 癌症

一些生物病原体可以导致癌症，如乳头瘤病毒可致宫颈癌，乙型和丙型肝炎病毒可致肝癌，EB病毒可致鼻咽癌，幽门螺旋杆菌可致胃癌，血吸虫可致胆管癌及膀胱癌，艾滋病毒可致淋巴肉瘤等。

5. 畸胎

孕妇一旦被生物病原体感染，母体和胎儿的生命及健康都将受到严重威胁。有一些感染可能并没有明显症状，但会增加胎儿出生缺陷的危险。病原体还可能在怀孕和生产期间传染给胎儿。

6. 其他急、慢性疾病

目前普遍认为空调病（又名病态建筑综合征）与建筑物换气不良、空气中细菌和真菌大量繁殖有关。一些生物病原体还可能是诱发或加重某些慢性病的重要原因，如幽门螺旋杆菌可诱发胃十二指肠溃疡。目前，科学家们还在探讨生物病原体在慢性心血管疾病、呼吸系统疾病、内分泌疾病和泌尿系统疾病等疾病的发生、发展过程中的作用，人工免疫和抗生素有望在慢性疾病的预防和控制中发挥作用。

（三）个人的生物学特征

个人的生物学特征包括年龄、性别、形态和健康状况等，不同生物学特征的人（例如，儿童、少年和成年人、男性与女性、体质强壮和体质虚弱的人等）处在同样的危险因素下，对健康的影响大不相同。

四、健康服务因素

世界卫生组织的《渥太华宪章》指出：健康的基本条件和资源是和平、住房、教育、食品、经济收入、稳定的生态环境、可持续的资源及社会的公平等。健康服务必须在这些坚实的基础上，制定国家制度政策，形成以社区服务为中心、多部门协作的健康服务体系，实现人人享有健康服务的宏伟目标。健康服务体系是国家促进国民健康的主要手段之一，是一个国家综合实力的反映。

随着社会经济的发展及人们生活水平的提高，健康服务的任务不仅仅是治病救人，而且要维护和促进人群的健康。因此，在现代社会，医疗保健被列入社会保障的范畴，卫生事业的发展是社会发展的重要方面。

（一）健康服务的基本功能

健康服务的功能可分为两个方面：保健功能和社会功能。健康服务的保健功能是显而易见的，健康服务通过预防保健、治疗、康复及健康教育等措施，降低人群的发病率和死亡率；通过生理、心理及社会全方位保健措施，维护人群健康，提高生命质量。

健康服务的社会功能常常被忽视，实际上，健康服务对社会的发展起着极其重要的作用。第一，医疗保健服务使患者康复，恢复劳动力，延长寿命，延长劳动时间，能够有效地提高生产力水平。第二，消除患者对疾病的焦虑和恐慌，不仅是维护健康的需要，而且有利于社会的安定。第三，健康服务部门是精神文明的窗口，良好、及时的健康服务对患者也是一种心理安慰，使人们体验到社会支持的存在，有利于社会凝聚力的增强。

（二）健康资源与健康

健康资源的投入量及其分布对人群健康影响极大。在发展中国家及不发达国家，健康资源投入不足的现象极为普遍，这些国家的健康经费很难达到世界卫生组织要求的占国民生产总值（GNP）5%的标准。而健康资源分布不均匀在世界各国都存在，最突出的是城、乡之间分布不均匀。

鉴于世界半数以上人口的健康状况不能令人满意，而且发达国家和发展中国家之间的健康水平和健康资源存在很大差距，世界卫生组织提出应本着社会公平的精神，采取国家和国际的有效行动，在全世界，特别是在发展中国家实施初级卫生保健。

（三）健康服务的组织实施与健康

一定的资源投入是开展健康服务必备的条件，但健康资源的投入量并非是获得健康效应的决定因素，如何使用健康资源，即如何组织实施健康服务，获得理想的健康投资效益，至关重要。目前深入开展医疗保健制度政策，以及推行自我保健、家庭保健、社区保健和健康教育等健康保健形式，其目的在于合理使用健康资源，科学地组织实施健康服务，提高社会效益。

五、体育运动因素

（一）体育运动对普通成年及老年群体慢性疾病发生率的影响

1. 运动对普通成年群体慢性疾病发生率的影响

体育锻炼能够和药物一样预防和控制疾病。在理论上，成年人群运动和慢性疾病之间存在着线性关系，即越缺乏运动的人，其患慢性疾病的概率就越高。

2. 运动对老年群体慢性疾病发生率的影响

与年轻群体相比，运动对老年群体慢性疾病发生率的预防效果更为显著。大量的研究证明，运动和慢性疾病发生率之间存在定量关系。70岁积极锻炼的老年人和不锻炼的老年人相比，在75岁时，其丧失活动能力的概率仅为

17%。积极锻炼的老年人和缺乏锻炼的老年人相比,能减少53%丧失劳动能力的可能性。适当锻炼的老年人(每天20分钟,每周2～3小时)患功能障碍的概率为不锻炼老年人的14%。对老年人群体而言,步行的频率与老年人功能水平下降之间存在重要关联。经常锻炼者的身体功能丧失的发生率仅为不活动者的52%。每周多活动1小时,其患瘫痪的概率会减少7%,而每天多活动1小时的老年人,其概率会减少40%～50%。总之对老年群体而言,体育锻炼和慢性疾病发生率之间存在一种剂量与反应的关系。

（二）体育运动对心血管疾病的影响

与从事规律的中等强度以上运动的人群相比,缺乏运动人群发生各种致命性和非致命性冠心病事件的危险度高1.5～2倍。临床有关研究所提供的证据可以从多个角度说明运动对于冠心病影响的机制,包括对动脉粥样硬化、血脂、血栓形成、血压、微循环和纤溶活性的影响。

现有的证据还不足以就运动与缺血性或充血性中风的关联做结论。缺血性中风的发病机制与冠心病类似。一些研究证实,增加运动可以降低发生缺血性中风的危险,更明确的结论还有待进一步研究。

（三）体育运动对糖尿病的影响

很多前瞻性研究证实,运动较多的人2型糖尿病发病率低于运动少的人。据估计,适宜水平的运动可以减少30%～50%糖尿病的新发病例。

有关运动对糖尿病的良好作用的生物学机制还没有完全研究清楚,但是可以确定运动对糖尿病的作用可以发生在系统水平、组织水平和细胞水平上。研究表明,运动可以增加胰岛素的敏感性、改善骨骼肌葡萄糖的代谢、降低发生动脉粥样硬化的风险,以及减少腹部脂肪等。规律运动对糖尿病产生的这些良好作用,会在停止运动后逐渐消退。因此,运动预防和治疗糖尿病需要长期坚持。

（四）体育运动对癌症的影响

一些研究显示了运动对预防结肠癌和结肠癌前病变的保护作用。运动降低结肠癌危险的机制包括影响前列腺素代谢、减少粪便在肠道的通过时间和增加抗氧化活性物质的水平。现有证据没有发现运动与直肠癌的明确关联。

多数研究报道证明运动多的妇女发生乳腺癌的危险降低。在绝经前、围绝经期和绝经后女性人群中,休闲时间或与职业相关的运动伴随发生乳腺癌的危险度降低约30%。运动可以影响雌激素和孕激素的分泌、代谢和清除,是运动降低发生乳腺癌危险的可能原因。

有关运动与其他癌症的关联，目前的证据尚不足以做出结论。有一些证据提示大强度的运动有预防前列腺癌的保护作用，但另一些研究者并没有证实这一关联。对于运动与女性的子宫和卵巢肿瘤、男性的睾丸癌及两性的肺癌的关联，有关的研究还太少，结论也不能明确。现有的证据还提示，为了减少发生某些癌症的危险，所需要的运动强度可能要大于运动产生其他促进健康作用的强度。

（五）体育运动对腰痛、骨质疏松、跌倒和关节炎的影响

正确的锻炼可以强健背部、腹部和腿部肌肉。这些肌肉可以帮助支持脊柱，从而缓解背部疼痛。一般情况下，加强腰背肌功能锻炼是预防和治疗腰椎间盘突出和腰腿痛的重要的方法，也是预防其复发的主要手段。

长期参加运动可以提高、维持肌肉骨骼系统的健康，也可以延缓由于缺乏运动而产生的增龄性肌肉骨骼系统功能水平的降低。老年人参加运动，可以帮助其维持肌肉力量和关节的柔韧性，进而保持自己的独立生活能力，减少发生跌倒和股骨、颈骨骨折的危险。缺乏运动与骨质疏松和骨折的发生相关。在青少年和中年女性人群的研究中可见，负重运动对于提高骨量峰值有重要意义。在有关的对照研究中，参加运动的程度、有氧工作能力和肌肉力量都与骨密度呈正相关关系。

适量的运动负荷具有增加骨量的作用，但是最有效的运动形式尚不清楚。有关文献的系统综述确认了运动可以降低老年人发生跌倒的危险，但现有的证据还不足以确定缺乏运动对于跌倒危险发生的影响。

运动对于维持关节的健康是必需的，也有助于控制关节炎的症状。尚没有证据说明运动本身会引起关节炎，但是随着运动强度和时间的增加，发生关节外伤的危险有增加趋势。但是，普通人长期参加休闲性的跑步，没有发现增加发生关节炎的危险。

（六）体育运动对抑郁、焦虑和紧张的影响

一些观察显示，休闲时间的运动和与职业相关的运动可以缓解抑郁的症状，也可减少焦虑和紧张的症状。运动还可以产生其他影响心理健康的有益作用。例如，个体参加运动可以帮助儿童建立自信心和提高社会交往技巧，也可以使妇女产生更好的自我感觉，能够提高儿童和成年人的生活质量。这些效应的产生很可能是运动本身和参加运动所伴随的社会文化内容的共同作用。此外，参加运动可以减少青年人危害自身和社会的行为。

六、营养因素

合理的营养是保证人体健康的重要因素。营养过多或不足都有损于健康。评价居民营养状况包括居民摄入热量及食物的营养结构,前者是衡量人群摄入的食物是否能维持基本生命功能,后者则是分析摄入食物中各种营养素比例的合理性。

从生理学角度,对于中等强度体力劳动的成年人,维持身体的基本需要,每日男性需要摄入的热量为 12 552kJ,女性需要 11 715kJ,儿童平均日需热量 8 368kJ。对于个国家或地区,每日人均热量摄入在 10 460kJ 以上,说明居民食物摄入量得到了满足。从世界范围来看,不同国家居民日平均摄入热量与健康状况关系密切。

评价居民营养与健康的另一方面,即摄入的营养素是否合理,是否有利于防止疾病、促进健康。根据食物提供的热量计算,人均蛋白质、脂肪、糖类(碳水化合物)三大营养素摄入的适合比例为 3∶4∶13。其中蛋白质以动物蛋白质及植物蛋白质各占 50% 为宜。这种标准既保证机体对各种营养素的需要,又有利于预防常见的慢性病,如心血管疾病等。目前,发达国家居民的膳食中,动物蛋白及脂肪含量偏高;而发展中国家及不发达国家居民膳食中蛋白质及脂肪比例偏低。

我国居民人均日摄入热量在 10 878kJ 以上,即居民平均食物摄入量基本足够,但食品结构不太合理。糖类占总热量的 75% 以上,蛋白质占总热量的 10% 左右,脂肪占总热量的 15% 左右,蛋白质及脂肪比例偏低。以谷物为主的膳食结构,虽然有利于慢性病的预防,但营养比例不太合理,尤其是蛋白质比例低下,不利于提高居民的身体素质。

此外,膳食中各种微量元素是否足够,比例是否合理,与一些地方病及营养缺乏病的发生有着密切的关系。因此,居民膳食微量元素含量的比例,也是评价居民营养状况的重要指标。由于地理原因及饮食不当,某些人群膳食中一些微量元素缺乏的现象普遍存在。

七、卫生医疗服务因素

医疗卫生服务系统的主要工作是向个人和社会提供范围广泛的促进健康、预防疾病的医疗和康复服务,以保护和改善居民的健康状况。医疗卫生服务因素指的是医疗卫生系统中影响健康的因素,包括预防、医疗及康复方面的因素。医疗水平低,误诊、漏诊,医务人员数量少、质量差,初级卫生保健网不健全,重治疗轻预防、重城市轻农村，缺少康复机构，医患关系不良等都是不利于健康的因素。当今世界各国的社会发展和经济制度不同，卫生资源的拥有、分配和利用差别很大；发展中国家的卫生资源严重短缺；在卫生人力方面，世界各地同样存在显著差别。世界上每年有1 500万5岁以上儿童死亡，93%发生于发展中国家，其中急性腹泻和呼吸道感染是死亡主要的原因。这些疾病绝大部分是可以避免死亡的。

鉴于世界上半数以上人口的健康状况不令人满意，而且发达国家和发展中国家之间的健康水平和卫生资源存在很大差距，卫生服务分配不公，所以世界卫生组织提出要本着社会公正的精神，采取国家的和国际的有效行动，在全世界特别是在发展中国家实施初级卫生保健，实现"人人享有卫生保健"的目标。

第三节 不同人群的健康管理

一、不同年龄群体的体育健康管理

（一）青少年群体

少年期是身体发育的关键时期，是生理发生急剧变化的时期，在这一时期进行体育锻炼能够在很大程度上帮助青少年完成健康管理。

1. 青少年的生理特征

（1）少年期

少年在这一时期身高和体重会有显著的变化。在身高上，以每年6～8cm，甚至10cm左右的速度增长，身体形态向成人转化。在体重上，平均每年增加5～6kg。少年体重的增长并不像成年人似的表现为脂肪的增加，而是表现为骨骼、肌肉和内脏发育的增长。在青春发育期，骨骼的生长不仅体现在长度上，它在形式、比例和构造方面都发生了变化。在儿童期，骨骼的组成主要是软骨和纤维组织，到青春期，软骨已由坚硬的骨骼所代替。肌肉发育随着骨骼的变化而变化，大肌肉群先增长，小肌肉群随之增长，肌肉力量增强，耐力提高。

此外，少年的心肺功能也逐渐发展成熟。心脏容积不断扩展，心脏由于心肌的不断加厚而迅速增长，心脏的收缩力也显著提高；心脏每分钟收缩的次数逐渐减少。肺泡的容积随着身体的发育而增加，肺泡容量增加，呼吸频率降低，肺活量增加。从青春期开始，每分钟呼吸次数已减少到20次左右，到青春期末已达到成人的水平，每分钟呼吸次数为 16 次左右。

少年的神经系统在结构和机能上也逐渐地成熟和完善。大脑皮层神经细胞的髓鞘化是神经系统结构完整和成熟的标志，它保证了神经通道的畅通，加快了兴奋的传导速度。儿童 6～7 岁时的大脑皮层神经细胞的髓鞘化已接近基本完成，但此后这种髓鞘化过程要一直延续到 14～15 岁才结束；另外，大脑皮层各区域也趋于成熟，尤其是额叶的发展。少年期大脑皮层各区域的成熟标志着大脑结构和机能的发展过程已基本结束。少年期大脑神经活动机能的主要特点是兴奋性高。相对来说兴奋过程比抑制过程要强，兴奋与抑制之间的相互转化也比较快，这是由于刚进入青春期时，甲状腺机能旺盛的刺激导致了神经系统出现兴奋与抑制过程的不平衡现象。青春期末期，兴奋与抑制过程就逐渐趋于平衡。

（2）青年初、中期

青年初期的身高和体重在经过第二生长高峰后已接近成人水平。在骨骼方面，人体的 206 块骨骼都已基本骨化，因而承受重量的能力大大提高。

男孩的胸骨明显扩大，女孩的盆骨明显增大，因而在身体形态上，男女有了很大差异。男女孩胸廓都有扩大，相应地肺活量也有所增加，并已接近成人水平；肌肉组织发育很快，主要是横向发育，肌肉力量增大，耐力增强；心脏的容积增大，收缩力大大增强，但动脉血管的发育落后于心脏，所以会出现短期的高血压现象，有时血压比成年人还高，但经过一段时间后，血压趋于正常。

青年初期人的大脑皮层结构和机能已达到成人水平，兴奋和抑制过程逐步达到平衡，特别是内抑制机能逐步发育成熟，第二信号系统起着重要的调节作用。

2. 锻炼方法

①晨跑。晨跑是大多数青少年常用的锻炼方法。每天在固定的时候晨跑，固定一定的晨跑时间，这样容易养成坚持锻炼的好习惯。

②跳绳。跳绳是广大青少年喜爱的一项体育运动，它不仅能发展灵敏性、协调性、节奏感和弹跳力，而且还能提高和改善心血管系统的功能和呼吸系统的机能。

③压腿。练习者站在压腿架前，面向器械，在尽力保持人体平衡状态的条件下，抬起左腿或右腿搁置在适当高度的横杠上，并慢慢地使该腿的膝关节伸直，保持膝关节伸直状态，上身向前倾，以伸展相应的肌肉和韧带。

3. 注意事项

①不宜进行大重量的力量锻炼。由于青少年骨骼、肌肉都没有发育完全，如果过早进行大重量力量锻炼，会导致骨骼过早愈合，影响到身高和身体其他方面的发育。所以青少年适宜进行中小重量的力量锻炼，既能刺激肌肉和骨骼的增长，又能避免因过度运动而影响发育。

②尽量不进行憋气性的锻炼。在负重锻炼过程中如果憋气，会使胸腔内压力增加，导致心脏、大动脉的压力增加，使心脏的负荷加重，产生诸多不良后果。根据青少年的心肌纤维较细、收缩力弱、"泵血"功能差、心率快、血压低和调节功能不完善等特点，在体育锻炼时，不要做过激烈、负荷过长、锻炼时间过长和"憋气"的练习。

③不宜进行超大运动量锻炼。由于青少年的身体发育尚未完成，还不具备进行超大运动量锻炼的基础，盲目进行会导致多方面的损伤。

④掌握好运动时间。根据青少年的胸廓较狭小、弹性助力大、呼吸肌力量弱、易疲劳、呼吸频率快、深度浅、肺活量小等特点，在体育锻炼时，不宜过多安排强度大、时间长的耐力练习，应选择强度小、活动时间短一些的健身跑等，并养成用鼻子呼吸的卫生习惯。

⑤养成正确的运动姿势。根据青少年肌肉含水分较多、蛋白质和无机物较少、肌肉力量弱、易疲劳、恢复快、骨骼有机物多、无机物较少、易骨折、易变形、关节韧带薄弱、关节的稳固性较差等特点，在体育锻炼时要注意培养正确的姿势，不要长时间地反复跑跳，不要过多练习从高处跳下。从高处跳下时，要用前脚掌先落地，同时屈膝，以加大缓冲，防止身体受到过多的震动。同时力量练习负荷不能过大，时间不要过长，可采用哑铃操、引体向上、仰卧起坐、杠铃等方法进行练习。

（二）中年群体

1. 中年人的身心特点

中年人一般是指35～60岁这个年龄阶段的人群。他们既经验丰富、事业有成，又备受重用和尊敬，是各企事业、机关单位的中流砥柱，同时也是工作负担重、家庭压力大、社会压力大以及身体机能开始衰退、疾病多发的困难时期。

中年人的体质已经开始由强向弱转变，身体的各种生理机能和能力也开始呈逐年下降的趋势，精力逐渐减退，体型开始发胖，体力明显不如青年人，体育锻炼后的恢复也明显放缓，易产生疲劳，且受伤的概率加大，伤后的恢复变得缓慢，健康水平开始下降。虽然中年人的心理发展日趋成熟，但随着他们的工作任务越来越多，工作越发繁忙，家中上有老下有小的家庭生活负担越来越重，这两方面的压力以及当今社会日益激烈的竞争压力，使得中年人往往承受着巨大的心理压力和负荷，由此产生出许多心理疾病，如神经过敏、神经衰弱、抑郁症等。随着年龄的增长，中年人更年期的到来，各种心理疾患和生理疾病的发病率也会有所增加。

2. 中年群体健康管理的科学指导

①增强健康储蓄意识。随着社会的发展、科学的进步，健康的概念发生了质的变化。以前纯生物学的健康概念已经过时，取而代之的是适应现代社会的新的健康观念，即多维度的健康概念：一种生理、心理、社会适应和情感诸方面的良好状态。这充分地表明人们已经深刻地意识到现代社会给人们的健康所带来的前所未有的威胁和危害。健康可以说是一切工作、生活的物质基础，没有了健康也就没有了一切。投资健康、花钱买健康已经成为 21 世纪人们消费的新理念。在指导中年人进行体育锻炼时，应提高锻炼者的健康观念，通过宣传教育，让他们知道体育锻炼的功能和作用，明确体育运动能给自身带来的诸多益处，了解英年早逝的惨痛教训，从中提高对健康第一的认识，改变以往的错误想法和认识，把参加体育锻炼变成自觉的要求和行动，从而有目的地进行体育锻炼，提早进行必要的健康储蓄，为将来享受美好人生打好基础。

②充分利用业余时间。由于中年人工作繁忙，家庭生活负担越来越重，其余暇时间较少，锻炼时间不会有整段整段的，需要因时制宜、见缝插针地进行安排，结合他们个人的工作、生活实际和需要进行锻炼就显得极为必要。如上下班的途中进行快步的行走，上下楼时保持适宜的速度走楼梯，工作间歇做一些伸展性的健身体操、踏步走以及各种轻跳等，还可以利用工作之余、会议中途休息的零散时间灵活地进行一定的运动锻炼，这些运动都是非常有益的。

③结合实际量力而行。中年人参加体育锻炼时，要正确面对自身身体机能和素质逐渐下降的事实，切不可逞强好胜，不服老地去攀比，违背客观发展的规律来锻炼身体。中年人的体育锻炼应遵循循序渐进、因人而异、量力而行的锻炼原则，要保持锻炼的经常性、科学性，切忌三天打鱼，两天晒网或一曝十寒式的锻炼方式。锻炼的运动负荷和对动作技术难度的要求应该符合他们的实际接受能力，在其力所能及的可接受范围之内，保证锻炼时的安全和锻炼效果。锻炼时应以有氧运动为主，也可以结合个人的身体状况和条件，适当地增加运动负荷，提高锻炼的强度，以增强机体的适应能力，但要注意不可盲目地增加

运动负荷，避免由此造成的过度疲劳或身体伤害。

④制订计划科学训练。对于中年人来说，根据自身的身体状况、特点、实际情况以及各种身体变化情况来及时调整、制订科学合理的健身锻炼计划是非常关键的。指导者应帮助锻炼者学会掌握一些简单、易行、实用的自我监督的方法，如自我感觉、脉搏等，也可以从精神状况、睡眠状况、食欲、心率、呼吸等方面进行自我观察。锻炼后精力充沛、心情愉快、食欲睡眠良好，虽有疲劳感和肌肉酸痛，但休息后就可恢复正常；次日感觉精力、体力充沛，有运动锻炼的欲望。这说明运动负荷较适宜。锻炼后感到非常疲劳，头昏眼花，胸闷气喘，睡眠不佳，食欲减退，经休息后仍感到周身乏力；次日感到周身无力，缺乏锻炼的欲望，甚至对锻炼产生厌恶、恐惧。这说明运动负荷过大，应及时进行调整，调整至合适的运动负荷。通过这些自我感觉，自我观察来及时了解自己的实际身体状况，对现行的锻炼计划进行及时修改调整，保证经过主动及时调整后的锻炼计划更加科学、合理而有效，为锻炼者提供一个切实可行的锻炼内容、方法、手段和运动负荷，有效地提高他们的健身锻炼效果。

（三）老年群体

1. 老年人的身心特点

老年人一般是指60岁以上年龄段的人群。伴随着我国经济的快速发展和人民生活水平的明显提高，人均寿命不断地延长，许多城市已经进入老年社会，老年体育活动成为我国社会体育的主要中坚力量。进入老年期后，最为明显的是身体各组织、器官系统的机能均逐渐发生退行性的衰退变化，适应能力和抵抗能力减退，以至于其患病率逐渐上升，大大影响和破坏了老年人的正常生活。随着年龄的增长，各种感官功能、各种身体素质、各种运动能力的下降、衰退速度逐渐明显，导致反应迟缓、智力下降、运动困难、易疲劳等情况的发生。

老年人由于从原来的工作岗位退下来，其社会角色发生了明显的改变，加之生理机能的衰退，以及家庭成员的生活环境的巨大变化，其心理活动也会产生明显的变化。主要表现为：角色转变后出现的失落感、孤独感、寂寞感、无用感，机能衰退后出现的恐惧感、紧张感等。

2. 运动风险评估

在制定运动健康管理方案时，首先必须对老年人进行运动风险评估。运动强度、时间、频度、进度和顺序安排不当，会引起老年人发生心血管事件、外伤，甚至猝死。大多数老年人在中等强度体力活动之前没必要进行运动测试；

对于运动时具有多种中度风险的老年人来说，应当在开始较大强度运动前做全面的健康筛查及运动风险评估。健康筛查需要收集病史、症状体征和各种医学检查的信息，由此进一步对干预对象参加体力活动发生意外的风险进行评估。

①病史和症状的收集。重点在于筛查与心血管健康有关的信息以及与运动功能有关的信息。依据收集的信息和其他临床数据可以将被干预对象参加体力活动发生心脏意外的风险进行评估，对干预对象冠心病危险因素进行评分和危险度分层。针对不同危险度对象制定适合的运动处方。

②运动试验和运动能力评估。运动试验和运动能力评估是运动意外危险度分层的重要组成部分。根据病史、症状和其他临床检查可以做出危险度初步分层，中、高危险度对象从事剧烈运动前，应通过运动试验对其运动能力进行评价，同时通过运动中的医学监测对运动中可能暴露的心脏病理损害进行探查和诊断，评估可能发生运动诱发心血管意外的风险，在医生的参与下，制定运动处方。心脏意外的危害大，所以是健康筛查和危险度分层的主要考虑方面。对于运动外伤等其他意外伤害，一方面需要借助临床医生的指导避免加重已经存在的骨关节病变，另一方面应遵从有关的运动注意事项，降低运动外伤的风险。

3. 运动管理原则

①循序渐进原则。老年人在制定和实施运动健康管理时，应由易到难、由简到繁，逐步深化，不断提高。应该有节奏地穿插休息，做到小、中、大运动量相结合，形成"适应—加大—再适应"的健康体育锻炼过程。研究表明，人体各系统的机能是一个逐渐发展、逐步提高的过程，因此老年人在进行健康体育锻炼时要循序渐进，要量力而行，不要急于求成。

②经常性原则。老年人只有在经常性的体育锻炼中才能增强体质，人体各器官系统机能的改善都是长期坚持体育锻炼的结果。每种锻炼方法的掌握和锻炼效果的取得都必须经过反复的练习和无数次的重复，而一旦间断，心肺功能、体力和工作能力即随之下降。

③全面发展原则。老年人进行体育锻炼时，必须保持身体和心理健康的全面发展。人体是一个整体，各器官系统是相互影响、相互制约的。任何局部机能的提高，必然促进机体其他部位机能的改善，当某一身体素质得到发展时，其他身体素质也会不同程度地发展。但是，每一项体育活动都有一定的局限性，因而老年人应选择以一到两个功效大且较有兴趣的运动项目为主，辅之以其他项目，以达到身心全面发展的目的。

④个别对待原则。要根据老年人的年龄、性别、体力、健康状况和有无运动史来决定老年人的运动处方,选择最适宜的运动项目,并制订合理的锻炼计划。

4. 运动项目的选择

老年人如果能经常坚持适当的体育锻炼,有助于减慢衰老过程,预防老年疾病。因此,合理选择运动项目是坚持体育锻炼的基础。老年人的体育锻炼项目应以简单有效、无副作用、活动轻微(即低能量消耗)、对保健养生和疾病防治有较大作用的活动项目为首选,同时也要根据个人的兴趣爱好而定。若喜欢群交流,可以参加社团集体活动,如加入网球队、门球队、舞蹈队等;反之,则选择独自锻炼的活动。根据我国国情和人民的经济生活条件,大多数老年人适宜选择散步、慢跑、太极拳、气功、跳舞(轻缓的)、体操、游泳、骑自行车中的任何项进行经常性的锻炼。有慢性病的老年人,一定要先征得医生的同意,在医生的指导下,选择针对疾病的运动处方,参加适合自己病情的运动项目,并且注意掌握适宜的运动量。

开始锻炼时,应选择缓和的活动项目,如先做体操;也可进行一定距离或一定时间的步行锻炼,在步行过程中可以快慢交替;还可参加容易掌握运动量的太极拳、羽毛球和乒乓球等活动。

二、不同对象群体的体育健康管理

(一)女性群体

1. 女性的身心特性

女性的骨骼较小,从身体形态来看,女性肩窄,骨盆较宽,身体重心低,稳定性高,有利于维持平衡。在身体成分方面,女子体内的脂肪约占体重的28%(男子约占18%)。女子大量脂肪沉积在皮下,身体显得丰满。女子的脂肪层较厚,有很好的保温作用,这对参加游泳、滑雪运动有利。女子的运动能力一般比男子低,女子的肌力仅为男子的2/3左右,女子的速度素质也不如男子。但是,女子机体的持久性耐力、利用氧的能力、抗热能力、利用体内储存脂肪供能的能力,以及身体的可训练性等方面,并不亚于男子。而且,女子的关节、韧带和肌肉弹性好,动作幅度大,动作稳定且优美,所以,很适合体操、艺术体操、武术以及冰上舞蹈等运动。女性的形象思维较发达,具有细致、耐心、坚韧耐劳、情感丰富、爱美、沉稳、易烦躁和忧郁等心理特点。

2. 女性健身运动的特殊效益

（1）生理上

健身运动可以延缓机能衰退速度，降低心血管疾病发生的可能性。长年坚持长跑运动可以改变和推迟中老年妇女形态上的老化趋势，也可以防止人体早期发胖、体重增加、上体围度加大、下肢力量不足等。而且，通过健身运动可以有效地改善中老年妇女血液流变学诸项指标，对于有效地防治各种心脑血管疾病有着积极的作用。另外，健身运动可以增强老年女性的平衡能力以及减小跌倒和骨质疏松发生的可能性。大多数积极参加活动的妇女和身体强壮的老年及青年妇女，因各种病因尤其是心血管疾病引起的死亡率比较低。

此外，健身运动影响女性雌性激素的分泌，进而影响月经周期。有氧健美操的锻炼能使女性雌性激素的分泌规律化，因而对行经期产生显著的良好影响。调查显示，大多数女性经常做健美操以后，行经期缩短20%，而肌肉痉挛、头痛、浮肿等问题的严重程度大大减轻。

健身运动还可以塑造体型，女性参与健身运动的主要原因之一就是想塑造良好的身体形态。诸多关于女性的研究认为，健美操锻炼能够有效地提高身体素质、塑造良好的身体形态。健美操锻炼能够促进女性体内脂肪的代谢，使体脂百分比下降，腰围缩小，身高体重指数下降等，能够塑造女性健美的体型和培养良好的身体姿态，满足现代女性追求体态美的需要。而且，健美操锻炼能够有效地提高女性的腹部力量、柔韧性、协调性和灵敏性等，达到增强体质的目的。

（2）心理上

健身运动有助于心理健康。关于健身运动心理效益的研究认为，健身运动能带来良好的心理效益，比如身体自我概念的提高，心境的改善，焦虑、抑郁水平的降低等；另外，健身运动对自尊情绪、感知觉、内部动机及与创造力相关的人格维度等方面均具有积极影响。

3. 女性健身运动项目

（1）游泳

游泳对心血管系统的改善有相当重要的作用。冷水的刺激通过能量调节作用与新陈代谢能促进血液循环。此外游泳时水的压力还对心脏和血液的循环起到特殊的作用，在水面游泳时，身体所承受的水压就已达到2 000帕，潜水时随着深度的加大、物理条件的变化，压力还会增大；游泳速度的加快也会加大压力的负荷，心房和心室的肌肉组织能得到加强，心腔的容量也能逐渐有所加大，心脏的跳动次数减少，这样心脏的活动就能节省化，整个血液循环系统就能得到改善，静止状态下舒张压有所上升收缩压有所下降，因此血压值变得更为有利，血管的弹性也有所提高。

在游泳练习时，新陈代谢过程和心血管系统工作的节省化都离不开大量的供氧，然而由于水压迫着胸腔和腹部，给吸气增加了困难。曾有人做过专门的试验，游泳时人的胸廓要受到12～15kg水的压力，那么要想使身体获得足够的氧气，呼吸肌就必须不断地克服这种压力；另外游泳时呼气一般都是在水下完成，而水的密度要比空气的密度大得多，因此要想呼气就必须用力，这样不管是吸气还是呼气都能增加呼吸肌的收缩力，从而能增强呼吸系统的功能，加大肺活量。

在游泳过程中，由于水温的刺激，机体为了保证足够的温度，皮肤血管参与了重要的调节作用，冷水的刺激能使皮肤血管收缩，以防能量扩散到体外。同时身体又加紧产生能量，使皮肤血管扩张，改善对皮肤血管的供血，这样长期的坚持锻炼能使皮肤的血液循环得到加强。

（2）慢跑

慢跑是锻炼心脏和全身的好方法。慢跑运动可分为原地跑、自由跑和定量跑等。原地跑即原地不动进行慢跑，开始时每次可跑50～100步，循序渐进，逐渐增多，坚持4～6个月之后，每次可增加为500～800步。高抬腿跑可加大运动强度。自由跑是根据自己的情况随时改变跑的速度，不限距离和时间。定量跑有时间和距离限制，即在一定时间内跑完一定的距离，从少到多，逐渐增加。

慢跑时，全身肌肉要放松，呼吸要深长、缓慢而有节奏，可2步1呼、2步1吸，亦可3步1呼、3步1吸，宜用腹部深呼吸，吸气时鼓腹，呼气时收腹。慢跑时步伐要轻松，双臂自然摆动。

慢跑通常以隔日为宜。在硬地面慢跑每千米两脚踏地375～467次，因此有的医学家认为，慢跑会引起足弓下陷、外胫夹、汗疹、跟腱劳损、脚肿挫伤以及膝部后背病痛，所以慢跑前要做好准备动作。慢跑时要穿合适的鞋和宽松的衣服，跑法要正确，而且需要良好的健康情况和明确目的。

（3）跳绳

跳绳是一项适宜秋冬季进行的大众健身运动，简单易学，省时廉价，几乎人人都会。跳绳能促进血液循环，保护心脏，提高肺活量；还可促进青少年发育，强身健体，开发智力，有益身心健康。清晨起床睡眼惺忪，若先跳跳绳，可使头脑清醒，精力充沛；晚上跳绳，则会让人睡个好觉。跳绳还有减肥的功效,据研究,肥胖的人在饭前跳绳可以降低食欲。长期坚持跳绳能训练人的弹跳、速度、平衡、耐力和爆发力,还能培养准确性、灵活性、协调性。

跳绳时间长短因人而异。如果是连续节奏跳绳,最好不要超过 10 分钟,否则心脏会不堪重负;如果是跳一会歇一会的话,每次以 30 分钟为宜。具体运动量根据个人体力以及需要量而定。

跳绳是一种运动量较大的户外活动,练习前一定要做好身体各部位的准备活动,特别是足踝、手腕和肩关节、肘关节一定要活动开。开始时慢速,随着坚持时间的增长,可以逐渐提高跳绳的速度。慢速保持在平均每分钟跳 60~70 次;较快速度保持在平均每分钟跳 140~160 次。

(4)瑜伽

瑜伽是一个通过提升意识来帮助人类充分发挥潜能的体系。瑜伽姿势运用古老而易于掌握的技巧改善人们生理、心理、情感和精神方面的能力,是一种达到身体、心灵与精神和谐统一的运动方式。古印度人更相信"人可以与天合一",他们将不同的瑜伽修炼方法融入日常生活而奉行不渝:道德,忘我的动作,稳定的头脑,宗教性的责任,无欲无求,冥想和宇宙的自在形式与创造力。

(二)残疾人群体

1. 残疾人与残疾人体育

残疾人是社会成员中的一个特殊群体。在关于残疾人的法律中,对于残疾人的分类是"视力残疾、听力残疾、肢体残疾、言语残疾、智力残疾、精神残疾、多重残疾和其他残疾"等。即在生理、心理、人体结构上,某种组织功能的丧失或者不正常,全部或者部分丧失以非正常方式从事某种活动的人被称为残疾人。

残疾人体育是残疾人及其群体在长期的社会实践中所形成的一种参与体育现象,是《全面健身计划纲要》实施的重要内容,是群众体育活动扎实而全面开展的重要评价指标。狭义的残疾人体育是指残疾人所特有的体育行为模式、体育心态、互动关系及体育活动方式等。这也是残疾人体育区别其他社会体育的个性性质。

2. 残疾人体育的特点

(1)社会特点

①社会关爱性。任何一种体育实践活动都是以人为中心的,残疾人与健全人一样都需要物质生活和精神生活。但由于自身的残疾弱点,他们对于亲密、

友善、互助和信任等积极的情感有着特殊的要求,他们追求自尊、自爱、自强、自信等情绪。而在体育活动过程中,这些他们都可以完全地实现,并使他们体会和领略整个社会给予他们的良好社会环境和人道精神。而且我国政府对于残疾人体育活动的高度重视,充分展示了社会的爱心和文明社会的人文关怀。

②发展性。残疾人体育的发展性也是由残疾人特殊的社会性所决定的。残疾人体育不仅可以增进残疾人的健康水平,而且可以保障和恢复他们思想上的平衡。体育锻炼能够发掘残疾人的潜力,增加他们的发展信念,激发、振作他们的精神,提升他们在社会中的发展能力。

③超越性。残疾人体育运动所展示的是一种本能上的超越。残疾人的命运本身就是不公平的,他们参加体育活动就是为了展示和显露自强不息的精神,体现出"生命在于抗争"的崇高超越特性。

(2)心理特点

残疾人是一种特殊的人群,在体育运动中由于其身体的残疾,运动困难程度也相对增加,这就要求他们要有超乎常人的毅力。没有坚强的人格特征做支持,是很难战胜和超越自我的。由于残疾人先天遗传素质的缺陷,或后天的伤残,都会让其在心理上存在一定的落差和自卑感,经常会出现主动性差、自我封闭或自暴自弃、缺乏勇气等。而体育运动能让其在一定程度上战胜自卑、恐惧等消极心理现象,有助于残疾人体育的蓬勃发展。

3. 残疾人的体育运动方法

(1)针对性活动方法

针对性活动方法是依据残疾人的不同残疾程度、类型而采用的相对弥补身体残疾所设置的适应性活动方法和手段。

(2)专一活动方法

残疾人选择专一活动内容的学习与锻炼方法有利于锻炼方法的掌握和熟练程度的提高。残疾人可选择体育运动项目中一项自己感兴趣的运动项目进行学习并长期坚持锻炼,如在田径、球类、游泳、体操、武术等各运动项目中选择一个运动项目作为自己活动的内容。

(3)借助自然环境和条件的活动方法

残疾人通过大自然环境及条件进行活动,不仅可以愉悦身心,还能够感受自身存在的价值。在阳光充足、空气新鲜、环境优美的平原、山坡、草地和溪水间进行锻炼,能够收到良好的锻炼效果。

（4）针对康复需要配合医疗手段的活动方法

残疾人为了提高自身的健康水平，常常在其康复治疗过程中采用相关体育活动方法进行体育锻炼。早在20世纪50年代，就有研究者提出了以运动作为治疗脊髓损伤的手段，强调把医学的方法和体育运动的动力性方法结合起来。

4. 残疾人进行体育运动的注意事项

第一，应根据残疾人的身心状况，从实际出发开展残疾人体育，以促进他们身心的健康发展。因此，应分析残疾人的情况，选择合适的身体锻炼内容与方法，安排适宜的运动负荷，并应有医务监督与体格检查，以保证身体锻炼获得良好效果。

第二，残疾人通过身体锻炼不仅要增进健康、增强体质，而且应使残疾人心情愉快，增强生活的乐趣和信心，促进人际交往，增进友谊。因此，选择锻炼的内容时，除了个人活动，还应选择集体娱乐性的活动内容。

第三，残疾人进行身体锻炼，仍应注意全面发展身体，尤其是对心肺等内脏器官和衰退的肢体要坚持经常锻炼。

第四，对精神性残疾人的身体锻炼应区别对待，研究选择适宜的锻炼内容与方法，不能一概要求。

第六章 社会体育活动的原则、内容与方法

社会体育活动的内容广泛，形式多样，一般不追求达到高水平的运动成绩，它是普通民众自愿参加的，并以健身、休闲和社交等为目的。社会体育活动有利于改善人们的身体素质，丰富人们的业余生活，调节社会感情。本章主要阐述社会体育活动的原则、社会体育活动的内容、社会体育活动的练习方法和社会体育活动的指导方法。

第一节 社会体育活动的原则

一、以人为本原则

以人为本是发展体育事业、开展社会体育工作的出发点和归宿。社会体育工作的主要任务是：采用多种方式，发动、引导、组织社会成员开展经常性的体育健身活动，提供门类众多的体育服务，满足社会成员的体育需求，增强体质，提高身心健康水平和生活质量，求得人的全面、协调、完善的发展，求得民族素质的提高。

开展社会体育活动，可以有效地增进参与者的身心健康，增强他们的体质，对参与者的价值观、道德观、行为方式进行合理的整合，融洽现代社会紧张的人际关系，缓解社会矛盾，也有利于构筑和谐社会。同时，开展社会体育活动有助于满足人们不同的体育娱乐需要和自我成就需求，促进人们自身的全面发展，从而促进整个民族的健康发展，也有助于全人类的健康发展。

社会体育作为我国体育事业的基石，其活动的目的是为人民服务，为人民服务或是以人为本都体现了社会体育活动的宗旨。生命对于每个人来说只有一次，是十分珍贵的。尊重生命，善待生命，让生命快乐的唯一方法就是身体健

康,若百病缠身就无幸福可言。而生命健康的唯一途径就是科学、合理、有序的体育运动。因此,开展社会体育活动就必须建立起服务大众的思想和观念,倡导人文关怀、以人为本,要经常性地组织人们开展各种体育健身活动,提供灵活多样的各类体育服务,充分满足人们的体育需求,增强体质,提高身心健康水平和生活质量,促进人们全面、协调、健康向上的发展。

二、运动适量原则

运动负荷是指人们在身体锻炼中所承受的生理负荷。运动负荷由负荷量和负荷强度构成。决定运动负荷效果的主要因素就是负荷量和负荷强度。

负荷量:人们在健身活动中完成练习(或动作)的数量、次数、组数、时间距离和重量等。

负荷强度:人们在健身活动中机体用力完成练习的动作速度、练习的密度、练习的间歇时间、负重的重量、投掷的距离、跳的远度和高度等。

适宜运动负荷:在身体锻炼中科学合理地安排运动负荷,使运动负荷既能满足人们强身健体的需要,又符合他们的身心发展规律和实际承受能力,以取得理想的锻炼效果。所有的身体锻炼活动都在于使机体承受一定的生理负荷,产生一定的内外刺激,以引起机体的相应反应,达到增强体质的目的。

运动负荷的安排是否科学合理将直接影响参与者的锻炼效果。运动负荷过小,对机体的刺激反应有限,达不到强身健体的作用;运动负荷过大,超出机体所能承受的生理负荷(允许极限),不但不能增强体质,反而会欲速则不达,损害身体的健康,造成事与愿违的不良后果。只有适宜的运动负荷,才会使机体得到适度的刺激,产生理想的锻炼效果。

一般来说,科学合理地安排负荷的量和强度,要根据体育参与者的不同年龄、性别、身心特点、实际状况和锻炼目标而定。由于体育健身参与者的各方面条件千差万别,又是在不断发展变化的,因此运动负荷的大小是相对的,而不是绝对的。如果不切实际地盲目加大锻炼的负荷量和负荷强度,往往只会产生事倍功半的效果,甚至会给参与者造成伤害。

负荷的量和强度是相互联系不可分割的,两者是相辅相成、互相促进、共同发展的,又是对立统一的。具有一定的量就有一定的强度,具有一定的强度也就有一定的量。在身体锻炼中负荷量大时,负荷强度则较小;而负荷强度大时,则负荷量较小。

只有科学合理地安排运动负荷,进行持续性的锻炼,才能收到增强体质的效果。当然,科学合理安排运动负荷要善于运用其表面数据(即身体练习的量和强度）和内部数据（即机体的生理、生化等数据变化），不能仅仅以某些表面数据来衡量运动负荷的大小，尤其要重视和观察运动负荷的内部数据的情况变化，所以应该教会体育锻炼者充分利用好内部数据指标和自我感觉来掌控锻炼过程（最常见、最常用、最有效的就是监测运动时心率变化），加强对锻炼中机能变化状态的监测，并以此来调节运动负荷。有条件的话，可以根据体育健身指导专家的建议和提供的运动处方科学合理地进行体育活动，达到科学健身的目的。为使运动的负荷适宜，必须做到以下几点。

第一，掌握锻炼强度。锻炼强度是指单位时间内运动所做的功，也就是所谓的功率。在一些周期性运动中，如跑步、竞走、游泳等项目，由于人体体重在每次练习中都是恒定的，通常可以用运动的速度来表示强度，如跑速、游速等。因个人体质、锻炼目的和项目特点等不同，适宜强度因人而异，科学的方法是在身体检测的基础上，按体育保健专家提供的运动处方执行。

第二，把握锻炼时间。运动持续时间就是指一次身体锻炼所持续的时间。在运动强度相同的情况下，运动持续时间越长，身体所承受的运动刺激就越大。如以一定速度快速行走，走30分钟身体所承受的运动负荷，就比走1个小时要小。锻炼时间应与锻炼强度成反比。中老年人及体弱病患者宜选择低强度、长时间的锻炼。

第三，确定锻炼频度。运动频率是指一定时间内以相同强度持续运动的次数。在进行身体锻炼时，这种运动频率通常是指一周内运动的次数，个人要根据自己身体的原有基础来确定这一频率。身体锻炼是有目的地通过多次重复的身体运动练习，给人体各器官系统一定的生理负荷刺激，使人体在生理功能、生物化学和形态结构等方面发生一系列积极的适应性变化，并提高其机能水平和人体整体健康水平。而这些积极的适应性变化就是我们常说的运动效果，它与身体锻炼的性质、强度、时间、频率等因素密切相关，因而我们在进行身体锻炼时必须注意这几个因素是否适宜。

三、循序渐进原则

体育锻炼参与者的身体形态、机能、生理、生化等方面的变化都服从于用进废退的规律。人们在身体形态、生理、生化等方面要想获得良好的变化，并非通过一朝一夕的锻炼就能形成的。参加任何体育锻炼应该说对身体机能都会有一定作用的。

人们的体育健身锻炼过程是一个人体机能从不适应向适应不断转化的过程。通过参加身体锻炼，人体机能从不适应到适应再到不适应，不断地循环往复。因此人们只有经常性、不间断地参加体育活动，体育锻炼的效果才会明显和持久，也只有通过长期的、科学合理的体育锻炼，人们的机体才会逐渐地形成良性的适应，从而在身体形态、生理、生化等方面取得积极的良好变化。

任何体育锻炼的参与者在体育健身锻炼过程中，都必须遵循循序渐进的原则。循序渐进就是在体育锻炼过程中要按照规律，注重一定的顺序，逐步地有次序地安排锻炼的运动负荷和相关体育技能的学习，并注重采用由小到大、由易到难、由浅入深的合理顺序进行安排，切不可操之过急。

在体育锻炼过程中，操之过急和欲速则不达是体育锻炼参与者经常出现的问题。参加体育锻炼的人们往往对体育锻炼的期望值过高，总是指望一投入锻炼就能立竿见影，取得明显的锻炼效果；而在体育健身运动技能的学习中，则是急于求成，期望一学即会，一会就能熟练地掌握和运用这项运动的技能。这些急功近利的思想、行为的存在和发生，严重影响人们的体育锻炼兴趣、热情和参与程度。因此在体育锻炼过程中，要针对上述存在的问题，通过有效地宣传和教育，更正锻炼者的错误想法、认识和行为，引导他们要遵守客观规律，科学地进行体育锻炼。

体育锻炼者健身运动内容、身体机能的发展和运动技能的学习与掌握都有其各自的发展规律，这些客观存在的规律是不容违反的。体育锻炼参与者的身体机能的改善、提高是需要时间的。在不同的阶段，人们的身体机能的发展速度与程度是不相同的。青少年阶段、中年阶段、老年阶段的身体机能状况的差别是非常大的。不同年龄阶段的身体机能的改善、提高、维持都是有规律可循的，不可能说变就变，锻炼效果是不可能在短时间内就立刻见到的，需要有一个较长的锻炼过程，锻炼者才可能取得理想的效果。因此，在体育锻炼过程中要按照人体机能发展的规律，科学合理、有节奏地安排运动项目和运动负荷，使锻炼者在锻炼时能进行适宜的身体运动，并通过这些科学适宜的健身运动，逐步地改善各自的身体机能状况，从而达到提高身心健康的目的。

尽管体育健身锻炼对运动技能的掌握要求不像体育教学和运动训练那样精确，但是也应该掌握一定的正确运动技能。正确运动技能的掌握有利于提高锻炼者的锻炼效果，调动他们持续参加锻炼的积极性，增强他们的体质，同时也有益于避免不必要的损伤，防止锻炼过程中因运动技能错误而导致的伤害事故的发生，有利于身体锻炼的不间断和循序渐进地进行下去，保证参与者身体的安全与健康。

对于运动技能的学习和掌握过程，实际上就是大脑皮层运动性神经的暂时联系的建立与巩固过程。这种暂时性的运动神经联系需要不断地给予强化刺激，才可能得到长期的建立和保持持续的完善。如果时断时续地给予强化刺激，必然会造成暂时神经联系的减弱、消退，形成不稳定的暂时神经联系，影响正确运动技术的动力定型，不利于运动技能的正确掌握。所以对于体育健身锻炼的正确方法和技术的掌握，伴随着学习、掌握和巩固提高阶段的深入，要求体育锻炼者必须保证有充足的练习时间和练习次数，不断地进行反复的体会和练习，从而掌握和形成正确的技术动作，达到强化技术动作的目的。而锻炼者掌握正确的运动技术，有利于他们在锻炼中享受运动所带来的乐趣，培养运动的兴趣，增加锻炼的自信心，进而提高体育健身锻炼的效果，有助于培养体育锻炼的习惯。

四、持之以恒原则

持之以恒的锻炼原则，指锻炼者以相对稳定的时间节奏和周期，连续、经常不间断地从事身体锻炼。通过锻炼增强体质，使身体产生形态、机能、生理、生化等多方面的变化，是日积月累的渐进过程。并且，锻炼在身体方面所取得的良好效果，具有不稳定性。较长时间停止锻炼，身体机能将逐步衰退，直至原有水平。因此，身体锻炼必须连续、经常、持之以恒。为使锻炼经常持久，锻炼者应该做到以下几点。

①深刻理解体育锻炼的价值和体质增强的规律，奠定坚实的思想认识基础，这样才能激发主动性和自觉性。

②有毅力，有克服身体惰性的决心，定时付出时间、体力和自制力，特别是在锻炼起始，尚未建立稳固的生物节律之前坚持不懈更为重要。

③要通过定期身体检查评价、参加比赛或表演等形式，检查锻炼效果，明确努力方向，进一步激发和巩固锻炼热情。

五、因人制宜原则

因人制宜是指根据锻炼者年龄、性别、体质状况、客观条件及锻炼目的等个人特点，合理确定锻炼的内容、方法和运动负荷，使之符合实际需要。个体的差异普遍存在，锻炼的客观条件也千差万别，锻炼者要实现不尽相同的锻炼目的，必须在众多的体育手段中进行恰当的选择。因此，强调针对性和从实际出发是必要的。

制订社会体育活动计划，应考虑的个人因素主要有：体质状况、健康水平、年龄特点、性别特点、职业特点、锻炼目的、兴趣爱好及技术基础等。此外，对制约个人锻炼的场地器材、地域、季节等客观条件也应统筹考虑。在综合主客观各种因素后,再进行内容、方法、负荷、地点、时间等方面的安排。练习过程中,发现与本人实际相矛盾,则可随时进行调整,不必从众或勉强。

随着社会的发展进步、体育的全球化,不同文化相互交流、相互融合,世界各国各种不同健身方法之间相互借鉴、吸收、发扬和创新,已经形成了一个内容极为丰富多彩的健身活动体系,既有现代体育项目,又有传统的民族体育项目、民间体育项目,同时还有许多经过改革、创新、创编的体育健身项目,简直可以说是种类繁多,无所不包,应有尽有。社会体育活动的参与者,可以根据自身的兴趣、爱好,各尽所能,各得其所,在丰富多彩的体育活动项目中自由自主地选择适宜自己从事的体育健身项目。随着社会的不断发展和进步,人们对体育健身需求的日益增长,社会体育活动的内容还将不断地扩大、丰富。

社会体育活动内容的丰富多样,极大地满足了参加体育锻炼者的不同体育需求,也给不同年龄、性别、身体条件、职业特点的人们提供了切实可行的活动项目,使得参加体育活动的锻炼者能够根据个人的实际情况和自身的特长,有针对性地选择适合自己的健身内容、方法与手段。由于体育健身锻炼参与者的个体状况千差万别,其所从事的职业特点、居住地环境各不相同,他们参加体育健身也各有所求。因此对于体育健身锻炼的参与者来说,不同的锻炼者在参加体育健身活动时,其锻炼的方法与手段也会随着参与者的身心状况和锻炼环境的不同而有所变化。随着体育锻炼过程的发展,参与者的身体机能和心理都会发生不同的变化,健身锻炼的方法与手段也需要不断地进行调整和改变,推陈出新给参与者以体育健身新颖的刺激,不断地挖掘和变换锻炼的方法与手段,以避免体育锻炼过程中简单、机械、重复运动的单调和枯燥,保持适宜的体育锻炼的新鲜感与活力,提高体育锻炼者的兴趣和持续锻炼的热情,使参加体育健身活动的人们能根据他们各自的身心特点选择合适的运动内容,并结合所选锻炼内容以及锻炼的目的来选择适合自己的锻炼方法与手段,确保体育健身的科学性、经济性和实效性。

第二节 社会体育活动的内容

一、健身体育

健身类体育活动是指正常人为了达到一定的健身、健心、健美目的所采用的具体的活动内容与方式。任何健身活动必须通过一定的内容与方式而展开。

健身方法来自人们长期的体育锻炼实践活动，是亿万群众的经验总结与智慧结晶。在人类社会发展的5 000年历史长河中，随着社会的进步，科技文化的发展，各国人民生活水平的提高，体育活动的发展与日益普及，健身方法由古代单一、原始的方法逐渐发展为内容丰富、手段日趋多样先进的方法体系，人们在体育实践中不断探索创造新的科学的健身方法与手段。

（一）健身体育的特点

①崇尚自然，喜爱户外活动。随着现代社会城市化、科技化和文明病的大量产生，人们越来越渴望亲近自然，回归自然，注重在户外充满新鲜空气、阳光、树木和水的自然条件下，开展各种形式的健身运动。

②具有浓郁的民族文化与地域特色。世世代代生活在世界各地的各民族人民，在以休闲娱乐、健身为目的体育生活中，必然要受到各国民族传统文化影响；在创造发展的各种健身方法中体现出不同特质的文化所具有的民族个性、哲学理念、价值取向和人生追求。

③利用现代科技文化，创造新的健身娱乐手段。不少民族的健身方法手段在继承传统的基础上，注意与现代科技文化相结合，创造出富有人性和情趣的健身项目，有的甚至经过规范和推广已纳入重大国际比赛中。

④追求挑战、惊险、刺激的健身与娱乐项目日益增多。在现代体育日益成为人们日常生活内容的今天，人们不再完全满足于传统的健身方法，而敢于向人自身、向大自然不断进行挑战，创造新的独特的健身与娱乐项目手段，并且往往具有惊险性、刺激性特点。

（二）健身体育选择的依据

1. 年龄和体质状况

许多健身项目有明显的年龄特点，如气功、太极拳较适合中老年人，游戏、激烈的球类项目较适合青少年。有的项目则老少皆宜，如跑步、徒手操、健身操等。就科学而言，各运动项目的动作性质、负荷特征，应作为不同年龄的人选择健身运动内容和方法的基本标准。

2. 健身运动的条件

健身运动需要一个适宜的环境、时间和相应的物质条件，如场地、器材、设施和服装等。可以根据健身运动所需要的条件和可能性，因地制宜地选择健身的内容和方法。

3. 技能的掌握程度

健身运动尽管不如竞技运动对运动技能要求得那么严格，但也要求掌握一些基本的运动技能，这是进行健身锻炼的一个条件。一般而言，健身运动应当选择那些技术较简单、动作难度不大的运动项目，或尽可能选择已经掌握了的运动项目。

4. 个人的性格特征

健身实践表明，不同气质和个性的人对健身的内容和方法有着不同的选择。这时，既要强调发挥个性对运动项目选择的作用，又要发挥运动项目对个性的补偿和增益作用。例如，个性孤僻的人，可以选择集体活动的项目，以增加和扩大社会交往；意志较薄弱的人，也可以选择一些竞争性强、难度较大的项目，以磨炼意志。

5. 项目的性质特征

选择健身项目宜精不宜多，一般以 2～3 项为宜，运动时肢体活动不要过多集中在人体的少数关节和方面，以避免导致局部负担过重。可以根据身体状态以及气候、环境、时间等，选择不同的健身内容和方法。这是为强身健体、提高健康水平而从事的体育锻炼，通过经常性的练习，增强身体各器官、系统的机能，提高各种身体素质、基本活动能力，可根据个人特点、爱好和客观条件，选用具体锻炼项目。运动负荷因人而异，一般以中、小强度为宜。健身运动是一项既有一定稳定性，又具有鲜明时代特征的社会实践活动，其内容和方法也会随着社会的发展而有所变化，如近几年的武术热、气功热、健身操热、健身器材热等。其变化的基本原因是参与的动机由单纯的健身发展到兼具娱乐和社会交往。

（三）健身体育活动的计划

1. 确定健身活动的目的

参加体育锻炼的人们因其性别、年龄、职业、兴趣爱好、身体状态、体育基础以及所处地理环境和季节等方面的不同，体育健身锻炼的目的和需要是不一样的。因此，要针对每个锻炼者的上述具体情况，尽可能制定明确的健身锻炼目标。健身锻炼目标是健身锻炼的出发点和归宿，是制订健身活动计划的前提。健身锻炼目标的制订应尽可能地恰如其分，既不能太高也不能太低，要具有一定的挑战性和激励性，锻炼者通过自身的努力可以实现。同时，随着锻炼者身心状况的不断发生变化,健身锻炼的目标也随之进行有效的调整,以保证健身锻炼目标的科学合理,使锻炼者都能达到自己理想的健身效果。

2. 选定适宜的健身项目

由于体育锻炼者的性别、年龄、职业、兴趣爱好、身体状态、体育基础以及所处地理环境和季节等方面的差异,体育需求和健身目的也各不相同,要根据这些不同的实际情况,科学合理地选择适合每个锻炼者自身从事的运动项目,这既有利于充分发挥每个人的特长,提高其锻炼的效果,又有利于充分调动他们锻炼的积极性,能持之以恒地参与锻炼,避免半途而废,达到强身健体的目的。选择适合自己的运动项目主要考虑以下几个环节:①体育健身锻炼目的;②年龄、性别;③自己所能承受的运动负荷;④兴趣爱好;⑤锻炼场地、设备以及锻炼环境;⑥相关的体育服务。

3. 确定科学的运动负荷

由于体育锻炼者的个体身心特点和实际情况等方面存在着较大差异,即便是在相同年龄的不同个体中,也存在着千差万别。因此,在体育锻炼过程中每个锻炼者对运动负荷的承受能力和适应能力就会出现不同程度的差异。体育锻炼过程中的运动负荷对于每个锻炼者来说,都不可能是完全相同或一成不变的,同一个运动负荷对于不同的锻炼者来说就会有大与小之分,要认识到运动负荷的大与小都是相对的。要科学地掌握和控制适宜的运动负荷,就必须依据每个锻炼者的不同身心特点和具体情况,有针对性地加以区别对待,做到量体裁衣,科学运动。只有适当的运动和锻炼,锻炼者才能身心愉悦地进行运动,才能达到理想的强身健体的效果;过量的运动和锻炼则容易诱发运动损伤和产生过度疲劳,影响生活和工作,甚至会造成事与愿违的结果;而运动量过小又达不到健身锻炼的效果。

4. 确保体育锻炼的不间断

锻炼者在锻炼的初期,往往是心血来潮,兴趣很高,十分踊跃地投入锻炼,活动量很大,面对突如其来的大运动负荷,他们的机体无法一下子适应超量运动,身体反应过大,甚至造成一些伤病的发生,加之对体育锻炼缺乏科学认识,往往希望锻炼能够立竿见影,其结果就是锻炼者大失所望,造成退出或中断体育锻炼的现象。体育锻炼的知识、技能的学习、掌握都有其内在的联系和系统性,只有遵循其内在联系和系统,循序渐进地进行锻炼并逐步提高,才能取得良好的锻炼效果;同时,锻炼者身体机能的提高,身体素质的发展,运动技能的掌握是锻炼者有机体对锻炼的一种适应，这种对锻炼的适应只有坚持持续、不间断地进行锻炼并逐步积累才能够达到。

时断时续的锻炼，会使得锻炼者有机体所产生的适应性变化非但不能积累而且会逐步消退。因此，在体育锻炼过程中要加强宣传教育和引导，让广大锻炼者知道，体育锻炼必须保持经常、不间断地进行，锻炼的效果才会显现和持久，锻炼者才会收到理想的锻炼效果。要使锻炼者能不间断、持续地进行锻炼，就必须坚持无论是锻炼的项目、内容、运动负荷，还是锻炼的方法与手段、对技能的掌握以及锻炼目标的制订，都应该体现出循序渐进和因人而异的特点和规律，以保证锻炼者能够从容面对锻炼，树立信心，增强自信，逐步养成锻炼的习惯，并能够持之以恒地锻炼下去。

5. 重视信息反馈和自我监控

健身活动计划是否科学合理，需要通过实践来检验。锻炼者的锻炼目的、从事的运动项目、内容、练习的方法与手段不同，以及其自身个体之间存在差异，在进行科学锻炼时就必须针对不同锻炼者的具体实际情况对症下药，为他们提供科学合理而有效的体育锻炼。

要充分地及时地了解锻炼者的锻炼信息的反馈，在掌握有关信息的基础上，了解所实施的锻炼项目、内容与运动负荷、方法与手段对强身健体是否有效或效果大小，从而确定是否按照原定锻炼计划继续实施锻炼或是对锻炼的项目、内容、运动负荷、锻炼的方法与手段进行合理的调整，以确保身体锻炼的科学性和有效性，以取得理想的健身锻炼的效果。同时也要注意锻炼者自身的自我感觉。例如，锻炼后精力充沛、精神振奋，食欲和睡眠良好，身心愉快，虽有疲劳感，但经过休息后就恢复正常，这些表明锻炼活动比较合适，可以按照原锻炼计划继续进行锻炼；反之，如果锻炼后身心无明显反应或是深感疲劳，食欲不振和失眠，经过休息后仍感到周身乏力，厌倦锻炼，甚至对锻炼有抵触、惧怕心理，说明所实施的锻炼无效果或有害，应及时对锻炼情况进行有效的分析，对锻炼的相关内容等进行必要的调整。

有条件的地方可以加强锻炼过程中的医务监督，以保证体育锻炼的科学与安全。如果没有适合的医务监督，锻炼者可以根据锻炼时自身的心率变化来判定锻炼是否适宜，脉搏可以用手在桡动脉、颈动脉处直接测定，该方法非常简单、易行、实用。

（四）健身体育活动的方法

1. 徒手体操类

根据"中华健身方法"中正式评审列出的国家已推行的健身方法和现代创编的体育健身方法的相关内容，以徒手为主的轻缓性健身方法主要包括以下几种。

①以青年为健身对象的操、舞，如广播体操、青春健美操、踏步健身操、活力健身操等。

②以中老年为健身对象的徒手操、舞。如中老年迪斯科健身操、老人立式健身操、简易动结合健身法、手膝爬行健身操。

③以锻炼某一专门部位或特殊功能为主的徒手操，如手足爬行健身操、手部保健功、腰功、降压保健操等。

④不同年龄人群普遍适用的徒手操、舞，如六段运动、健身踏步操、大众健身舞、双人伸展练习法、全民健身操等。

这些徒手体操是根据健身者的不同年龄、特点而编排的，针对性、实用性强，而且具有较强的科学性、全面性、趣味性。部分操搭配音乐，加强了美感与韵律感，有助于陶冶身心。

2. 其他健身方法

①徒手健身方法：主要有散步、跑步、倒退走、步行功、俯卧撑、台阶练习等。

②持械健身方法：主要有跳绳、踢毽、跳皮筋、跳房子、抖空竹、扭秧歌等。另外较流行的还有拔河、爬杆、舞龙、舞狮子、顶杠、打手毽、跳竹竿、踩高跷、抛绣球等。

③表演与竞技性较强的健身方法：主要有摔跤、搏击、秋千、赛龙舟、木球、毽球、竹球、抢花炮、珍珠球、打陀螺、板鞋竞技等。

二、康复体育

（一）康复体育的特点

1. 积极主动性

康复体育是患者为达到各自的恢复目的而主动参与治疗过程的一种主动性锻炼。由于患者参加康复体育锻炼的目的十分明确，在锻炼治疗过程中往往都能积极主动地配合有关指导，用自身的意志和行动来克服锻炼中出现的诸多不适,并通过自己不懈的努力来达到自我康复,因而就极有利于调动患者治病的积极主动性,有益于促进患者的健康恢复。

2. 系统全面性

人体的各部位、各组织器官系统的机能是相互联系、相互制约又相互影响的。康复体育是通过有效的身体运动作用于全身,通过合理的全身运动来提高人体各器官系统的调节机制,促使人体的机能得到全面的改善和提高,达到增强体质、提高适应力和抵抗力的目的。

3. 自然无害性

康复体育是利用人类固有的运动功能作为患者的治疗手段,其不受时间、场地、器材设备等条件的限制,可以在大自然中随心所欲地开展活动,只要进行正确的组织引导,就不会产生副作用。

4. 特殊监护性

康复体育面对的是各种各样急需恢复健康的患者。因此,要根据不同患者的具体疾病,在有关指导人员和医务人员的严格监护下进行有针对性的锻炼,并加强与疾病医学治疗的密切配合,要正确诊断和监控康复锻炼过程中患者出现的各种不适,采取有针对性的预防措施和手段,确保康复锻炼的科学性、安全性,加快患者的康复速度。

(二)康复体育活动的原则

1. 切实可行原则

对于身患各种伤病的患者来说,参加康复体育的目的就是通过科学有效的康复锻炼,促进身体机能的健康恢复,进一步提高身体的健康水平。在从事康复体育锻炼时,以人为本和注重安全是进行康复活动必须遵守的基本原则。因此,无论如何设计与组织康复锻炼,康复锻炼都必须紧紧围绕这两个基本原则来开展,脱离了这两个基本原则,康复运动就会迷失方向,甚至会造成新的意外事故发生,康复体育就不可能达到其应有的康复效果。根据患者的具体伤病状况和实际情况,在康复锻炼的内容、方法与手段、运动负荷、健康恢复进程等方面的安排都要体现出目的性、科学性、实效性,使康复锻炼能真正符合每个患者自身的实际需要,使他们能正确地选择适合他们自身从事的康复活动,能有的放矢地进行康复锻炼,提高康复锻炼的质量和效果。

2. 运动适宜原则

在康复锻炼过程中，尤其要注重运动负荷的安排要恰当合理，使之既能满足患者的康复的需要，又符合患者伤病部位的实际承受能力。运动负荷的安排是否科学合理，直接影响到康复锻炼效果的好坏，关系到康复的速度、康复过程的快慢。运动负荷过小，虽有一定的康复作用，但效果有限，不能起到良好的康复作用；反之，运动负荷过大，超出了患者的承受范围，不仅不能起到康复的作用，反而会增加伤病的受损程度，进一步损害身体。所以，只有选择适宜的运动负荷才能起到有效的康复作用，达到恢复健康的目的。康复锻炼时，要根据患者的伤病状况和具体实际情况以及康复的目标，科学地安排好运动量与运动强度。只有进行适宜运动负荷的康复运动，锻炼后才能获得良好的恢复，身体机能才会逐步增强。不切实际地加大运动量和运动强度，操之过急往往只会产生事与愿违的后果。一般情况下，康复初期可以选择低强度、中等运动量的锻炼，随着锻炼的持续，伤病部位状况的好转，运动量与运动强度都可以视具体情况而有所增加，但应以增加运动量为主、适当加大运动强度为辅。

3. 全面发展原则

体育锻炼过程中，锻炼者期望通过身体锻炼来获得身心的全面发展，这是所有参加康复体育锻炼者的目标追求。人体是一个完整统一的有机体，身体的各个部位、各器官系统都是相互联系、相互制约的。身体某个部位或某个器官系统出现某些状况也都会引起相应部位或器官系统的相应反应。尽管患者有着这样或那样的不同康复目的和要求，但是，身体的全面发展能使身体的各部位、各器官系统相互促进，共同提高，有利于加快患者的康复速度和提高康复的效果。单一的康复锻炼的效果是极其有限的，也容易引起此起彼伏的现象发生，还有可能造成某一部位的单纯发展，形成身体发展的不均衡，甚至可能引起身体的畸形发展，不利于患者身体的康复。

4. 区别对待原则

患者不同的伤病损伤程度确定了其康复过程需要不同的时间，任何康复活动都不可能立马见效，立竿见影。对于患者来说，所有的康复活动都必须有计划地科学进行。不同的患者，其在年龄、性别、身体状况等方面存在着较大的差异，要想让所有的患者通过康复锻炼来达到自身的康复目的，在康复活动的安排上就应该严格遵循循序渐进和区别对待的锻炼原则。

(三) 康复体育活动的方法

康复体育的手段方法很多，基本上可以归纳为四大类：医疗体操、医疗性运动、传统体疗手段和适应性体育活动。

1. 医疗体操

医疗体操指根据伤病情况，为达到预防、治疗和康复的目的而专门编排的体操运动。医疗体操主要用于运动器官系统功能障碍的体疗康复，也可用于心脏体疗康复。医疗体操的分类方法有好几种，按不同的原则，可分为不同种类。

①按照运动形式来分，可分为等长练习、等张练习和等速练习三种。

②按照肌肉收缩类型来分，可以分为向心收缩、离心收缩两种。

③按照是否使用器械来分，可分为徒手医疗体操和器械练习两大类。

④按照活动时用力方式来分，可分为被动运动、助力运动、主动运动、抗阻运动以及促进运动。

⑤按照锻炼的目的来分，可分为加大关节活动幅度练习、增强肌肉力量练习、力量耐力练习、放松练习、矫正练习、呼吸练习、协调性练习、平衡练习、有氧练习等。

2. 医疗性运动

医疗性运动是指将一般体育手段用于疾病的预防、治疗及康复的治疗性运动。医疗性运动适用于体力中等的慢性病患者及健康的中老年人，是冠心病、高血压、糖尿病、肥胖病等康复的主要手段。

3. 传统体疗手段

康复体育中常用的传统体疗手段包括气功及各种拳法，如放松功、内养功、强壮功、五禽戏、八段锦、太极拳等。

4. 适应性体育活动

适应性体育活动是经过修改，使其适应各种不同残疾的体育活动。它包括特殊体育教育、伤残人体育活动、伤残人运动竞赛和残疾人的康复。其目的是促进残疾人身体上和精神上的康复。

适应性体育活动的主要内容有游泳、基本体操、某些田径项目、球类游戏、骑马、划船、野营以及滑冰、滑雪等。

三、休闲体育

（一）休闲体育的特点

1. 自主性

休闲体育活动是人们出于自身的需要，而主动去参与的体育活动，是一种自发性的活动。因此，在休闲体育活动过程中，自主性的体现则显得比任何其他形式的体育活动更为明显。由于休闲体育活动能直接满足人的文化、运动需求，其激励作用非常显著。人们的自身需求得到了满足，就会更加积极主动地去参与休闲体育活动，从而获得更大、更深层次的需求满足。这种良性循环会形成稳定的积极的态度，并逐步形成良好的生活习惯。

2. 自由性

休闲的体育活动是在自由时间里，自主选择进行的自由活动。相比其他体育活动，休闲体育受到的拘束程度最小，且完全是一种自觉自愿的体育活动。在整个活动过程中，其非拘束性的特点也十分突出。

3. 非功利性

在休闲体育中，人们追求的往往是运动中的乐趣，而非运动的价值；注重的是整个运动的过程，至于结果，就显得不那么重要了。休闲体育一旦带有功利性，休闲的效果也就很难得到体现。例如，钓鱼是一种很好的休闲体育活动，作为休闲，享受的钓鱼的过程和情趣；但如果将钓鱼作为渔利手段，追求钓大鱼，多钓鱼，钓鱼就成为捕鱼，休闲也就成了工作。

4. 文化性

休闲体育是一种丰富生活、创造生活的手段。我国逐步上升的文化需求，成为人们生活的主要需求。文化活动的质量也成为衡量人们生活质量的主要指标。休闲体育活动在很大程度上能够推进人们的精神文化生活，在讲究文化享受的同时追求生活乐趣，对精神文明建设和提高国民素质有积极的作用。

（二）休闲体育的分类

1. 按活动形式划分

①观赏类活动，主要指观赏各种体育比赛，由此获得心理满足，给人的心理带来一定好处。例如，观看足球比赛可以给人们带来高昂的情绪，满足心理的要求。

②练习类活动，主要指亲身参与的轻松愉快的休闲运动，如散步、踏青、登高、垂钓、球类活动、滑冰、滑雪等。

2. 按活动作用划分

①主要满足身体享受需要的活动，如体育舞蹈、体育游戏等。

②主要满足心理需要的活动，如各种棋牌活动、电子竞技活动。

③身心综合需要的活动，这类活动对身心调节起到综合的作用，如踏青、垂钓等。

3. 按活动场所划分

①室内休闲体育健身活动。

②户外休闲体育健身活动。

（三）休闲体育的功能

1. 恢复和增进健康

随着现代社会生活节奏的不断加快和工作紧张程度的不断加深，人们在精神和体力上越来越容易感到疲劳。此时，多进行休闲体育活动可以使人的身心得到解放，恢复精力，调节情绪，从而达到恢复和增进健康的目的。

2. 提高文化修养

休闲体育在活动过程中重视文化修养和享受作用，这也是它与其他体育活动的一个主要区别。休闲体育的魅力之处就在于人们可以在体育活动中因爱好而深入，逐步形成生活乐趣，并通过兴趣活动而加深个人的文化修养，通过休闲体育活动享受生活、创造生活。

3. 改善人际关系

在休闲体育活动轻松愉快的气氛当中，更加强调了人们之间的合作精神，对人际关系的交往具有强化作用。而且休闲体育的自由度大，可充分享受运动的乐趣，有较多人际交往的时间，对建立社会感情有积极的作用。

4. 促进社会个体化

休闲体育活动寓教于乐，使人们潜移默化地学习社会价值、规范和行为方式，对促进个体社会化有独到的作用。此外，休闲体育强调个人价值，对参与者实现个人追求持鼓励态度。这不仅可以使参与者在很大程度上获得满足感，还能够使其在活动中不断地完善自我。

（四）休闲体育开展的原则

1. 愉悦性原则

人们对休闲体育项目的选择，对运动时间、负荷、伙伴的选择，应该以自己的心理满足为主，要在活动中获得最大的欢愉。休闲体育是工作之余的身心调节，是消除疲劳和修身养性的手段，不应将工作和生活中的烦恼带进活动中来，影响活动的情绪和效果。要充分地体验生活，享受运动所带来的乐趣，从而暂时忘却这些困扰，在活动中重新认识自己，增强面对困难和解决困难的信心。在活动中有了快乐的体验，产生了活动的兴趣，才能自觉、主动、积极地参加活动。

2. 非功利性原则

开展休闲体育必须保持一个良好的闲适的心态，休闲体育不以追求运动成就和直接的健身效果为目的，否则就偏离了休闲体育的本质。

3. 业余性原则

休闲体育必须在余暇中开展，休闲体育是非生产性的个人行为，它的开展时间应在学习、工作之余，或利用节假日进行。

（五）休闲体育活动的计划

1. 科学选择项目

对于休闲体育项目的选择，必须认真考虑参与者的年龄、性别、兴趣爱好、特长、身体状况、体育基础等各方面的具体情况，综合这些因素来因人而异地选择出更加适合自己从事的运动项目，就如同医院的医生给病人看病一样，不同的病人的医药处方是不一样的，不会一张医药处方就适合所有的病人。千篇一律是不行的，医生看病需要确诊病情后对症下药，针对不同病人的不同症状处方用药。所以，科学合理地确定适合自己的休闲体育项目是非常重要和关键的，它有利于人们从运动中得到真正的运动乐趣，愉悦身心，获得积极性的放松休息，改善和提高人们的身心健康水平。

2. 确定消费标准

不同的个人经济条件决定了人们休闲体育的消费层次。脱离参与者自身的经济收入，超出他们的消费能力，任何休闲体育活动计划的制订也仅仅是纸上谈兵，毫无意义。所以，休闲体育活动计划的制订必须要结合人们的经济条件，在他们经济能力允许且能够承受的范围内,合理地确定适合他们从事的运动项目。

3. 及时调整计划

在休闲体育活动的开展中仍然存在着许多的安全隐患,如果不能有效地采取相应的安全预防措施,就可能会出现这样或那样的伤害事故,使得人们在参与活动的过程中不仅没有从中体验到运动的乐趣,反而增添了伤病的烦恼,更谈不上愉悦身心了。所以,参与活动时一些必要的预防措施是应该采用的,包括运动前的合理热身运动,运动中、运动后的卫生保健常识,以及运动负荷的自我监控等。当然,随着参与者在活动中出现的各种变化和情况,原来制订的活动计划也应该及时进行相应的改变和调整,使得活动计划更加人性化、科学化,活动效果更加明显。

4. 考虑活动环境

一个良好的休闲体育活动环境,可以大大加强人们交往的范围,拓展交往的空间,增加人们之间的相互交往与了解,建立和谐的人际关系,融洽参与者之间的情感。在舒适、愉快的环境中尽情地活动,可以享受休闲运动所带来的无穷乐趣,并在活动中相互交流、相互配合、相互支持与鼓励,不断地提高自身的技术水平,全身心地投入休闲体育的活动中去,达到愉悦身心、提高生活质量的目的。

四、健美体育

健美体育作为社会体育的重要组成部分,是指利用各种体育手段,在增进广大人民群众健康、增强体质的基础上,对人的体形和身体姿态进行塑造,以达到现代人体美学要求的体育运动。人的爱美之心和体育对人体健美的塑造功能是健美体育两个重要的基本前提。

(一)健美体育的分类

健美体育是整个体育运动的一个重要分支,根据不同的标准可将其分为不同的种类。例如,按年龄,可将其分为中老年健美体育、青少年健美体育和少儿健美体育等;按性别可分成男子健美体育、女子健美体育;有人曾将体形美分成肌肉发达型、体能型、适应型和姿态型四种,由此产生与此相适应的四种健美体育类型。

肌肉发达型：追求肌肉协调、匀称，进行人体造型，适应健美比赛或表演的需要。

体能型：把增加肌肉体积与发展力量结合起来，塑造运动员体形。

适应型：根据自己的身体条件塑造理想的体形。

姿态型：塑造体形美与形体美相结合的体形。

按照健美体育的性质和对人体的作用，其可分为健美运动、形体锻炼和减肥运动三大类。

1. 健美运动

在国际上，健美运动也被称为健身运动，它是通过各种方式和方法，利用自身体重或外加抗阻的负重练习，以锻炼身体、发达肌肉、健美体格、增强力量为目的的运动项目。健美运动自产生后较早地被列入了正式的比赛项目，国际健美协会常常组织各种健美比赛。对社会体育而言，这类健美体育的主要目的是增强人的体质状况，塑造优美的体形以适应社会活动的需要，它与为参加健美比赛而进行的训练是不同的。

2. 形体锻炼

形体锻炼即形体健美，它是一种运用各种体育手段，以培养强壮体魄、健美体形、良好姿态、气质和风度为目的的体育活动。需要指出的是，由于人所处的社会环境、社会价值观念不同，其对于人体形态美的理解以及判断标准也不尽相同，从而形成了一些有代表性的学说，但是，追求身体匀称、矫健，却是人类共同的良好愿望。同时也必须注意到，随着世界一体化趋势的发展，人们对形态美的判断和评价标准，也出现彼此认可和逐步趋同的趋势。

3. 减肥锻炼

减肥锻炼通常针对一些体重超过正常标准的人而进行的，其目的是使这类人群通过减肥锻炼达到改善健康状况，预防和治疗肥胖症，重塑正常体型。近年来，随着社会生产方式和人们的生活方式的不断提高，肥胖者在社会人群中的比例日益增多，肥胖的程度也有所加剧。由于肥胖对人体健康具有十分不利的影响，从而导致现代减肥运动的兴起。从严格的意义上说，减肥锻炼不仅属于体育学和医学研究的范畴，而且也属于社会学和美学的研究范围。

（二）健美体育的功能

1. 形成协调匀称的体形

体形的美丑主要由受遗传和环境因素影响的人体骨骼比例、脂肪蓄积和肌肉发育程度决定。体形的优劣很大程度上取决于骨骼的构成与肌肉的状态和机能。评价人的形体美，主要有比例、线条、对称、对比和轮廓等要素。人体四肢骨骼的长短粗细应有正常比例；胸廓的左右宽度应大于前后的厚度；男子的骨盆上宽下窄，女性则差别小等。

人们常说的形体美，主要是指身体表面令人悦目的形状和优美的姿态。形体美在身体美中的作用最突出，因此人们常常狭义地用形体美用来代表身体美。经常进行体育锻炼，可以增大胸背部肌肉的体积，消除腰腹间堆积的多余脂肪，使四肢结实而有力，这样身体就会富有活力并呈现健美的线条。各种运动项目，对于完善人的形体有不同影响。锻炼者可以针对自己形体的弱点，有选择地参加各个项目的锻炼，以改善自己的身材，使之更加健美。

2. 培养正确的身体姿势

人的体形只有较小的可塑性，而人的姿态、动作则具有很强的可教育性。这正是人们对人体美追求的主旨，也是通过体育锻炼可以达到的。姿态美是指人体表现各种姿势的形态美。美的姿势应当给人们两种基本的感受：竖着看有直立感，横着看有开阔感。人在直立时要做到挺、直、高；行走时要做到轻、灵、巧；坐姿的要求是端正、大方、自然、舒适。通过体育锻炼可以形成和掌握正确的姿势，培养姿态美。

3. 改善人的心理品质

外表美应有它内在的道德源泉。人的躯体美是一种自然美，而精神美便是社会美。在人体美中，容貌形体、外部修饰所表现出的只能是美的一小部分，甚至只能是表面的一小部分。人的美除表面的东西外，还包括许多内在的东西，诸如品德、学问、修养、能力、才气、智慧、志趣、性格等，这些项目越丰富，外部美的比重也就越小，最后将变到无足轻重的程度。

人的内在美和外形美应该统一起来，因为人的内在心灵和外表仪态是可以相互影响的。心灵的美可以多方面作用于人的外形，外形的美也同样可以作用于人的心理，只有两个方面的美高度统一时，才能达到较高境界的充实的完整的美。

第三节　社会体育活动的练习方法

一、重复练习法

重复练习法，是指根据具体锻炼任务的需要，在相对固定的条件下反复练习同一内容的方法，如以同一姿势跳绳 100 次，反复演练简化太极拳 5 遍。重复练习法具有如下特点。

①相对固定的练习条件：如在操场指定的区域内，双足同时起跳（或双足交替跳）的跳绳练习；在罚球线上做单手罚球投篮练习动作，不管多少次（组），这些练习条件不能改变。

②反复练习同一锻炼内容（动作或项目）：如在多次进行的跳绳或投篮练习中，保持规定的跳绳动作和投篮技术动作。

③练习的间歇时间无严格规定：在一次练习或连续多次练习后的休息时间可长可短，灵活安排。主要根据练习者的身体状况、练习目的和掌握该动作（项目）的熟练程度而有所区别。一般而言，一次练习后就进行休息，然后再重复下一次练习，这样的间歇时间较短；而连续多次练习后的休息时间相对较长，也有利于尽快恢复体力，以进行下一次（组）的练习活动。

二、持续练习法

持续练习法是指在较长时间内，练习者用不大的练习强度持续不间断地进行身体锻炼的方法。如在大众健身活动中，一次持续散步或慢跑 30 分钟，用蛙泳姿势和仰泳姿势连续慢游 20 分钟，连续爬山 1 小时等。此种锻炼方法较适合中老年人以健身、休闲、娱乐为目的的群众性体育活动。

这种方法的主要特点是：连续不间断运动时间较长，一般至少为 20～30 分钟；锻炼的运动强度不大，一般控制在最大强度的 50%～60%（心率控制在 100～170 次/分）。因此，这种方法对中老年体质较好的人都较适合运用，属于有氧锻炼方法之一；锻炼过程中一般无间歇时间，练习密度较大，对身体的持续锻炼作用较长，锻炼效益较高；这种练习方法主要用于增强练习者的体力，发展一般耐力，提高有氧代谢能力。常用于健身的项目有散步、慢跑、游泳、自行车、舞蹈、健美操、爬山、郊游、远足等；在锻炼过程中，根据练习者的体质基础和运动反应，可以及时改变练习强度和运动形式，以适合持续锻炼、健身娱乐的需要。如持续慢跑时也可走跑交替进行，连续游泳时可蛙泳、仰泳、自由泳各种姿势结合练习。

三、变换练习法

变换练习法是指在变换锻炼的各种环境条件下进行身体练习的方法。如变换练习的自然环境场地设施，变换练习的动作要素、运动负荷、动作组合形式练习的限制条件等。在大众健身的各种锻炼活动中，变换练习法是较受欢迎的锻炼方法。如在公园里慢跑散步，是利用了周围自然环境的不断变化达到不断增加和改变对人的新异刺激、减少疲劳、提高运动兴趣的效果；在公路、操场上的慢跑可以时快时慢或走跑结合，在游泳中可不断变换各种姿势的游法，这是在变换运动负荷的练习强度，有利于提高身体的适应能力和健身效果。

变换练习法的特点是：由于不断变换练习者的环境与条件，能有效地激发锻炼者的练习兴趣与积极性，减少某些项目练习时的单调、乏味之感（如跑步散步等）；能提高练习者中枢神经系统的灵活性及对各器官系统的协调能力，增强体育锻炼中的协调性与适应能力；有助于学习和掌握动作技能，提高身体素质水平。因此，这种方法有助于推迟或减轻运动中的疲劳，活跃锻炼气氛。

四、间歇练习法

间歇练习法是指在任意两次（组）练习之间，有严格规定的间歇，以使锻炼者在间歇时得到必要休息和一定的恢复，然后再进行下一次（组）练习的方法。

间歇练习法的特点是：严格规定两次（组）练习之间的间歇时间（如2分钟或心率恢复到100次/分钟），以控制下一次（组）练习开始时机体恢复的程度。它与重复练习法的不同在于：重复练习在两次（组）之间的间歇时间是较自由确定的，一般在练习者基本恢复、自己不觉累（到练习前）的情况下才开始第二次（组）练习；而间歇练习是在练习者的身体机能未完全恢复，就继续进行下一次（组）练习。一般在确定间歇时间时，以练习者心率恢复的状况作为评定指标，来确保间歇时间的准确性与科学性。以健身为主要目的的间歇期心率恢复水平，大体上控制在高于安静时心率30%，低于120次/分（如安静时70次/分，间歇期间恢复到90~100次/分），即进行下一次练习。以提高运动成绩为目标的竞技训练中的间歇恢复心率，大多数恢复到120~140次/分时就进行第二次（组）的训练，以较大强度提高运动员呼吸与心血管机能。间歇练习法能有效地提高人体的机能能力和练习效果，特别是人的心肺功能和一般耐力。

第四节 社会体育活动的指导方法

一、讲解法

讲解法是社会体育活动中最常用、最主要的指导方法之一。它是指教员或指导者运用通俗易懂的语言向参与者说明锻炼的任务、动作名称，解析其作用、要领以及要求，以指导参与者学习掌握锻炼的知识、技术、技能和进行练习的方法。讲解法的特点是能及时准确地向众多参与者传递和反馈正确的相关信息，形成正确的锻炼认知，促进参与者正确锻炼技能的形成，调动和激发他们进行锻炼的积极性，制造良好的锻炼氛围，融洽指导者与参与者之间的关系，提高锻炼的效果。

在社会体育活动中，讲解是向锻炼者传授知识、与他们沟通交流情感体验的主要方式。它贯穿渗透于整个健身活动之中，而讲解水平在很大程度上决定了锻炼者能否建立正确的技术概念、合理掌握技术动作的要领、预防锻炼过程中错误动作的发生，以及能否获得理想的锻炼效果。因此，指导者应该针对锻炼者的身心特点、实际情况，以及他们从事的活动项目的具体特点和要求，认真钻研教材，提高自身的业务水平，充分了解锻炼者的已有水平，在此基础上进行深思熟虑，使讲解成为一种有目的、有组织、有特点的艺术语言的展示，既简明扼要，通俗易懂，又生动形象，雅俗共赏。讲授的音量速度要适度，注意音调的抑扬顿挫，并以姿势助说话，提高语言的感染力，力求适合不同年龄、不同文化层次锻炼者的接受能力，让他们知其然，更知其所以然，更容易接受和理解，调动和激发锻炼者的积极性和兴趣，从而达到理想的锻炼效果。

在社会体育活动中，讲解法是最普遍、最重要的指导方法之一。同样都是讲解，但是讲解的水平和能力有高有低，有强有弱，其效果也就会有较大的差异。所以在社会体育活动中，要根据锻炼者的身心特点和需要来进行有效的讲解，充分发挥讲解的功效。运用讲解法时应注意以下事项。

讲解的目的性要强，要有针对性。体育锻炼的特点就是以身体活动为主，身体运动占据了大部分的时间。指导者的讲解应该目的明确，讲解什么，怎样讲解具有针对性。讲解应根据所授项目的内容、动作结构、动作要领、用力顺序及要求等，结合不同年龄、不同职业、不同文化层次的锻炼者的特点和实际情况，有目的、有针对性地对锻炼者在思想上、技术上和肢体上存在的问题和不足进行讲解，抓住重点与难点，清楚哪些要讲，哪些可以少讲，或一带而过；

是进行集体讲解，还是进行个别指导；强调讲解的形式、讲解的语气、讲解的速度都应该因时因人而异，注意根据锻炼者的需要来调控讲解，做到快慢交替、弛缓、有节奏，使锻炼者的思维活动时刻保持良好的状态，从中获得学习的高效益，收获理想的健身锻炼效果。

讲解的内容要科学、合理，符合锻炼者的接受能力。体育锻炼过程中，不同年龄、不同层次的锻炼者的接受能力存在着很大的差别。这就要求指导者要认真钻研业务，提高自身的业务水平和能力，针对不同的锻炼对象区别对待，讲解时既注重科学性、合理性，又要体现出不同的讲解深度和广度，要突出重点、难点，要全面而系统，使讲解更加符合锻炼者的已有知识经验和体育基础，便于锻炼者能够正确理解和有效地接受，收到明显的讲解效果。

讲解要简明扼要，正确使用口诀、术语。体育锻炼主要是从事各种身体练习，通过有效的各种身体活动来达到健身的目的。讲解时间过长，必然会影响到锻炼者的活动节奏、活动的时间和练习的次数。所以，讲解应简明扼要，做到精讲多练。讲解应根据项目特点，抓住其重点与关键，语言应精练准确，表述要清晰，以保证锻炼者有足够的活动时间和空间。锻炼过程中恰当、熟练地运用口诀和术语，有利于锻炼者对所学技术动作加深理解和便于记忆，确保他们有充足的练习时间进行身体锻炼。

讲解要生动形象，要富有启发性。在体育锻炼过程中，指导者生动、形象而富有趣味性的语言既可以充分调动锻炼者的学习积极性，提高其注意力，又可以活跃课堂气氛，调节他们的情绪，使锻炼者更加容易理解和接受。同时，指导者的讲解要能启发锻炼者进行积极的思考，善于将锻炼者在生活中已有经验、认识或学过的技术动作，与所学技术动作进行恰当的联系，可以采用提问、对比的方式，启发他们积极思考，并能举一反三，触类旁通，使他们将听、看、想、练有机地结合起来，做到知其然更知其所以然，让他们能更好地理解和掌握技术动作，提高健身锻炼的质量和效果。

讲解要注意时机和效果，要及时反馈正确信息。对于锻炼者在体育活动过程中动作效果的好坏，指导者应针对其具体情况，恰到好处地用简短的语言即刻进行提示，即及时地给予锻炼者正确的信息反馈，纠正运动中存在的问题和不足，以强化正确刺激，加深印象，达到事半功倍的效果。在锻炼过程中应针对锻炼者存在的问题和涉及的人员范围进行讲解，属于普遍性的、涉及面较大的问题可以进行集体讲解，相反，则可以进行个别指导。一般以简单讲解、抓住重点、突出关键为主。对于社会体育活动参与者的讲解指导应以表扬、鼓励、肯定成绩为主。表扬、鼓励和肯定是指导者应该掌握的一门指导艺术。对于锻炼者表现出来的积极性和微小进步，都要注意肯定，多加赞许、表扬和激励，这是帮助他们树立自信，发掘其潜在的动力，促进他们各方面进步的催化剂。

二、示范法

动作示范是体育指导的重要方法，它是贯彻直观性原则的重要途径。示范与讲解构成了体育指导中最根本的指导方法。示范是把要教的内容变成直观的形象，指导者做一个正确的示范动作，锻炼者马上就能对所学的动作进行模仿练习。所以，示范是讲解的直观化，讲解是示范的抽象和深化，两者相辅相成，组成了体育指导中最普遍最有效的指导方法。正确地运用示范法，要做到下列几点。

示范要有明确的目的性。示范要使锻炼者明确重点看什么，有时是看动作的整体，为的是建立一个动作形象，更多的时候是看某个部位，比如手臂或躯干或动作的连接等。要想办法让锻炼者把观察视角对准指导者希望他看的地方，比如某一部位放一个标志物来集中注意力。切忌盲目地反复示范动作，这样达不到预想的效果。

示范要正确合理。示范的正确，是要求指导者示范的动作要准确、优美，能够使锻炼者初步建立起正确的动作概念，而不能从指导者的错误示范中，产生错误的概念。示范的合理，是要求指导者的示范符合锻炼者的实际水平，不能把指导中的动作示范变成技术表演。如果指导者的示范超出了锻炼者可能接受的水平，就会使锻炼者产生高不可攀、望尘莫及的思想。这种脱离锻炼者实际的示范，会导致锻炼者丧失练习信心，甚至产生惧怕心理。

示范的位置必须使每个锻炼者都能看清楚。一个指导班通常都有四五十人，要使每个锻炼者都能看到，就应讲究示范位置和示范面。示范位置的选择与动作方向、器材、队形都有直接联系。示范面是根据生物力学中关于人体运动器官3个基本运动轴和平面的观点而确定的。

示范的次数要恰当，示范的时机要合适。对锻炼者从来没有体验过的动作内容，指导者在说明动作名称后应立即进行完整的动作示范。对一些锻炼者学过的动作，为了复习或提高，指导者则可在讲解后再进行示范。对较复杂和难度大的动作，指导者可多示范几次。简单易学的动作，就可以少示范。

三、完整和分解教学法

完整教学法既是指导者传授技术动作的方法，也是锻炼者进行学习和掌握技术动作的练习方法。其优点在于保证技术动作的完整性、连贯性和节奏，不会破坏技术动作的结构及其各环节之间的内在联系，有利于锻炼者建立完整的技术动作概念，完整地掌握动作；其缺点和不足之处在于，对于技术动作复杂、难度大的项目的学习，不易掌握其中复杂环节的技术动作。所以在锻炼过程中，指导者应认真地研究所要传授项目的特点、动作结构、用力顺序等具体情况，对项目进行深入的分析，掌握项目的运动特点和规律，结合锻炼者的实际情况和特点，有目的、有针对性地设计出适宜的传授技术动作的步骤，使完整教学法的实施能符合锻炼者的实际接受水平，以便锻炼者能够较好地学习和掌握技术动作，提高锻炼的效果，收获令人满意的结果。

分解教学法就是把完整的技术动作合理地分解为几个部分，使技术动作简化，并逐步依次进行教授。然后将掌握的分解部分衔接、连贯起来，掌握完整的技术动作的方法。其优点在于可以将复杂的技术动作简单化、降低难度，使锻炼者易于接受，有利于掌握技术动作的困难环节，加快对技术动作的掌握，提高锻炼者的运动信心；其缺点和不足之处在于容易使技术动作割裂，破坏技术动作的完整结构和技术动作的合理衔接，影响正确技术动作的形成。

在实施分解教学法之前，指导者就应该对所教项目的特点、技术结构等进行深入的了解和研究，清楚知晓该项目应该如何划分才合理，哪些环节是不可以分解的，分解后各技术环节的教授顺序，各技术环节练习的时间分配，重点在哪，以及各技术环节应该如何进行有效衔接等。同时，指导者也应该十分了解和知晓锻炼者的身心特点和具体情况，使分解教学法能适合他们的实际接受能力，充分调动他们锻炼的积极性，提高其自信心，通过练习掌握正确完整的技术动作，进而提高锻炼的实效性和效果。

完整教学法的优缺点表明，它并非完全适合于任何项目的教授，一般技术较为简单的项目常采用这种方法。因此，在体育锻炼过程中运用完整教学法时应该注意以下事项。

降低练习难度，突出重点环节。在身体锻炼活动中，指导者通过降低完成动作的速度、幅度以及练习的运动负荷，让锻炼者能够基本上掌握动作的用力顺序、基本结构和动作节奏即可，在此过程中应对重点环节提出恰当的要求，使他们明确该技术动作的主要环节是什么。一开始不应对锻炼者提出过高的要求，让他们能注意粗略地掌握整个动作即可，随着练习的延伸再进一步要求完成动作的质量。可以要求锻炼者注意掌握技术动作的细节，如动作节奏、用力顺序等，以便能准确地掌握所学的技术动作。一般来说，技术动作较简单、对协调性和身体素质要求较低的活动内容适合采用完整教学法。

教授技术动作有侧重，变换锻炼环境。健身锻炼中用完整教学法向学习者教授技术动作时，并非从一开始就要求锻炼者掌握完整的技术动作，而是以完整的练习形式进行的锻炼中，有不同的教授侧重点。例如，健身跑、健身跳的教授，可以先要求腿部动作，再要求上肢动作的配合，继而再要求上、下肢动作的协调配合。通过适当地变换锻炼环境（如自然环境、场地设施、运动负荷、动作组合等），调动锻炼者的情趣，减少疲劳，活跃锻炼的气氛，有助于锻炼者对完整的技术动作的掌握，有利于提高他们身体的适应能力和健身效果。随着锻炼者逐步掌握所学的技术动作，再逐渐提高练习的条件和更换锻炼的环境，最终达到掌握正确技术动作的目的。

分解教学法的优缺点是十分明显的，这种教学法主要用于技术动作复杂并且可以进行分解的运动项目，在体育锻炼过程中运用分解教学法时应注意以下事项。

技术动作的划分要正确合理，充分考虑其前因后果及衔接关系。技术动作的划分要根据所授项目的结构特点、用力顺序，准确合理地进行分割，要充分考虑各部分之间的内在有机联系，以不破坏技术动作的结构特点和不影响技术动作的节奏及衔接为前提。同时还应综合考虑锻炼者的实际接受能力。

分解练习的时间要恰当，及时过渡到完整练习。分解的目的是让锻炼者完整地掌握技术动作。因此，分解练习的时间要适当，且不宜过长，应根据锻炼者技术动作掌握的具体情况，适当地与完整教学法结合起来，尽快进行技术的完整教学，以避免分解的时间过长造成各技术环节之间的脱节，形成分解的动力定型，从而破坏技术动作的完整性、连贯性和节奏，影响完整的技术动作的掌握。

分解教学法与完整教学法应紧密配合，互有侧重。在体育锻炼过程中，分解教学法与完整教学法应该紧密配合运用，而不应把这两种教学法孤立起来。实际上，在体育锻炼的教授中应该根据项目特点、锻炼者的具体情况、锻炼学习的时间等因素合理运用完整教学法和分解教学法，两者可以互为补充，相得益彰，从而促进锻炼者尽快地掌握所学的技术动作。

四、预防和纠正错误法

锻炼者在学习和掌握各项运动技能的过程中，不可避免地会出现各种各样的错误，这些错误的动作不仅会使锻炼者产生不科学的动作定型，还可能会对身体产生不良影响，以至于出现伤害身体的事故。因此，预防和纠正错误是指导体育锻炼中的一种重要方法。预防和纠正都是对错误动作施行校正的有效手段。指导者首先要着眼于预防，也就是防患于未然。如果预防工作进行得好，就可大大减少纠正的负担。能否掌握锻炼者产生错误的原因，是能否做好预防工作的关键，是运用这个指导方法的前提。

（一）产生错误动作的原因

由于指导者对教材钻研不透、理解不深，在讲解与示范中传授了错误的知识概念，或是指导中抓不住重点、难点，造成锻炼者理解上的错误。这些因素都会导致锻炼者在练习时出现错误动作。这种错误往往表现在大多数锻炼者中，它对锻炼效果的危害性也最大。预防这种错误的措施，主要是指导者要认真备课，不断提高自己的学习指导能力，特别是讲解和示范的能力，在指导中给锻炼者以正确的动作概念。

练习项目的安排、指导法的选择与锻炼者的接受能力差距过大，也会造成较大范围的错误动作。指导者在选择指导方法时，一定要照顾锻炼者实际情况，这样才能预防错误动作的发生。

由于对所学的内容缺乏明确的目的，锻炼者练习时积极性不高，态度不认真；或由于所学的动作难度大、运动量大，锻炼者产生畏难、怕苦等情绪。这些心理上的不利因素也可能导致发生错误动作。对此，指导者应在指导过程中加强学习目的的教育，运用各种方法启发和调动锻炼者的积极性。在教法上则要采取灵活多样的方法，使锻炼者增强信心，产生兴趣，克服种种不利的心理因素，以达到预防错误动作的目的。

锻炼者在学习一个正确的动作前，原有错误技能的迁移也是造成错误动作的一个因素。指导者在指导前应深入了解锻炼者有关的情况，在指导过程中注意动作技能的迁移规律，采取防止错误技能迁移的特别措施。

（二）纠正错误动作的注意点

发现锻炼者在练习中有错误动作时，首先要分析其产生的原因。这就要求指导者具有一定的观察和分析能力，有较高的业务水平。只有掌握了产生错误的原因，才能对症下药，及时纠正错误。

纠正错误要抓主要矛盾。锻炼者在练习中的错误动作有时不止一个，如果急于求成，不分主次地纠正，往往使锻炼者无所适从，甚至失去改正错误的信心。另外，锻炼者的错误动作有时虽然表现在这一环节，但产生错误的原因可能是另一个环节上的错误。如果指导者不分主次，就抓不住错误的症结，当然也不可能使错误得到纠正。在错误动作较多时，要抓住主要矛盾，先纠正主要错误，然后再有顺序地逐个纠正其他次要的错误。

纠正错误动作时，一定要视存在同样错误动作的锻炼者人数来确定纠正的形式。如果是多数人的错误，可以采取集体纠正的方式；如果是个别锻炼者的错误，则可以采取个别辅导的方式。无论采用哪种形式，指导者都要耐心启发，使锻炼者感到指导者的殷切期望，以增加克服错误动作的信心，从而产生改进动作的愿望和勇气。

第七章　城市社区体育与农村体育

社会体育在不同的地区有着不同的表现形式，本章以城市社区体育与农村体育为题目，对城市社区体育与农村体育的相关内容进行论述，着重对城市社区体育的发展概况、城市社区体育的组织与管理、农村体育的发展概况以及农村体育的组织与管理进行详细的论述。

第一节　城市社区体育的发展概况

一、城市社区体育发展的现状

（一）组织管理多样化

目前，我国城市社区体育组织管理结构基层化特点十分明显。其主要组织形式是街道社区体协、社区俱乐部、居民体育活动小组和晨晚练体育活动点等。这些组织形式根植在城市的基层，是群众体育实现生活化、普遍化的保证。数量日益增加的基层体育指导站为建立健全社区体育组织网络奠定了良好的基础。

（二）城市社区体育活动状况

总的来看，目前日常性活动和经常性体育竞赛是我国社区体育活动的主要形式。具体来说，晨晚练活动站（点）是日常性活动的主要方式，这就决定了其活动规模受场地条件限制的影响较大，一般都以小规模活动为主。

体育竞赛往往都被安排在节假日举行，也有一些地方按季节举行，其在内容和参加人群方面都具有自身特点。具体体现在以下几个方面。

各社区的体育活动在内容上存在较大差异。具体表现为日常性晨晚练活动主要以走、跑、操、拳、气功等为主要内容，这些活动体现出明显的非竞技化的韵律性、表演性、传统性和文体一体化特点。而体育竞赛的内容则丰富多彩，种类繁多，其竞赛内容通常与本社区的体育传统和场地、设施条件等现实情况密切相关，且以娱乐性、趣味性强的活动为主。

社区体育活动的形式决定着不同的参与人群。一般来说，日常性晨晚练活动主要以老年人为主。对体育竞赛活动而言，由于其具有较强的计划性，因此制订计划时需要兼顾各类人群，如家庭运动会、楼群运动会、老中少三代运动会等。有些社区还会专门为诸如残疾人、少年儿童、妇女等人群组织体育比赛。

（三）我国城市社区体育存在的问题

城市社区体育目前存在的主要问题归纳起来有以下几方面。经常参加体育锻炼的人群年龄呈两头大、中间小的现象。参加锻炼并经常坚持的主要是老年人和学校学生。中青年特别是在职职工参加体育锻炼的人数不多。

居民身边的场地、公益性健身场所仍然十分缺乏。现有的体育场（馆）开放不够，不能满足广大人民群众日益增长的健身活动需求。

人们对社区体育的认识还比较片面。一是对社区体育的管理认识不足，其在运行机制上强调合作实效、多功能，这与我国以往的体育模式存在较大差异。二是社区体育在我国的理论研究还处于初级阶段，导致长期以来人们的社区体育意识淡薄，对社区体育内涵与本质的认识还比较模糊。

社区体育组织管理体制不完善。由于社区体育属于新兴事物，因此组织、管理、法制等还没有完善。一方面，机构通过改革和人员调整后，在工作的方式和方法上与社区体育发展的形势还有不适应的方面，社区体育组织管理人员在工作中存在着忙于事务，疏于宣传、动员，在加强管理、法规建设以及对理论和实践研究等方面做得还很不够。另一方面，经费投入不够，用于开展社区体育工作的资金捉襟见肘，社区体育人才紧缺，质量不高，社区体育组织网络不健全。这些问题给社区体育服务的组织、管理，特别是健身指导带来了很多实际困难。

二、发展城市社区体育的现实意义

城市社区体育是我国体育事业的重要组成部分，它在增进广大群众的身心健康、健美体格和丰富日常生活方面具有重要的现实意义。因此，长期坚持开展社区体育活动，对我国社会主义物质文明和精神文明建设可起到重要作用。总的说来，发展城市社区体育具有以下几个方面的重要意义。

（一）推动社会转型

改革开放和经济的发展使单位体制观念淡化，也使依赖工作单位生活的"单位人"向"社会人"积极转变。越来越多的人依靠市场和社区，而不再完全依靠单位来解决生活需求问题。社区已成为人们的主要活动阵地。随着生活方式与健康观念的变化，人们对体育的需求日益增长，健身娱乐已成为社区居民生活内容的组成部分。在这种背景下，就要求基层社区发挥体育整合、体育服务和体育管理的功能，建设和发展社区体育。另外，随着市场经济的飞速发展以及经济类型的多元化和人口的老龄化，促使游离于单位以外的自谋职业者逐渐增多，他们的体质和健康水平的提高更加依赖于社区体育的发展。

（二）提高生活质量

社区通过推广科学、健康的健身项目，组织丰富多彩的体育活动，提供优质、周到的体育服务，让社区居民在参与社区体育活动中，在享受积极向上的文化娱乐生活中，逐步养成良好的生活习惯，形成科学、文明的生活方式，从而不断丰富社区居民的社会文化生活，提高人们体育文化素养，促进精神文明建设。科学文明的生活方式有助于提高居民的生活质量，维护社区秩序稳定。体育活动作为一种具有吸引力的有益的休闲活动，吸引了众多的居民的参与，占据了居民的空闲时间，一定程度上抵御了不健康的生活内容的侵犯，在改善居民的生活方式方面发挥了积极作用。

（三）改善人际关系

体育作为人们业余文化生活的内容之一，具有参与主体的广泛性、活动形式的感召性、活动内容的趣味性、活动效果的同步性等特点，这些特点最易吸引居民。积极采纳与否，社区建设的成功与否，居民的参与至关重要，只有广大居民积极参与到社区管理中，才可以形成社区归属感，社区才能成为个人社会化以及其价值实现的通道。

现代生活方式使邻居间的关系逐渐疏远，对社会稳定有一定的影响。通过自愿、自由、自主的社区体育形式开展活动，可以为广大社区民众提供一个轻松愉快、平等、自由的社交场合。体育活动讲究民主、平等、公正、协作等精神，加上轻松愉快的活动方式，有利于调节与消除各种不良情绪，促进人际交往，增进彼此了解与友谊。另外，社区体育活动使参与者特别是青少年，体会和学习到体育价值、道德规范、行为方式，并逐渐将其升华为具有社会价值的道德规范和行为方式。这不仅有利于形成适应社会的个性特点，也有利于社区居民间形成良好的人际关系。

（四）完善社区服务

社区体育是社区服务的重要内容之一，它的核心是满足社区居民的体育需求，而社区体育服务是满足这种需求的主要途径。社区服务主要集中在社区成员饮食起居的便民利民服务上。目前，随着我国体制改革和社区建设的不断发展，社区服务的内容也日益广泛，教育、卫生、体育、治安等服务体系相继建立。社区体育随着社区成员健康需求的不断增加而备受关注。在许多社区都开设了健身房、双休日学校、周末俱乐部、舞厅、活动中心等，同时组织各种趣味体育活动，满足了社区成员对休闲娱乐的需求。特别是随着我国老龄化时代的到来，家中老人的孤独感很强烈，这就需要通过一定的社交活动来改变，社区体育就是一种较好的社交活动。总之，社区体育的功能对满足社区成员的生活需求有着重要的意义，对完善社区服务、方便居民生活、促进社区发展有着积极的作用。对社区体育进行社会规范，能满足居民的体育需求，丰富居民的业余文化生活，提高居民身体健康水平，使居民的归属感日益增强。

（五）推动全民健身

社区作为精神文明建设和全民健身计划实施的载体，对我国社会体制改革和体育事业发展有着极为重要的意义。社区是社会发展和体育事业发展的基本点，社区建设是社会发展的重点。作为社区建设重要组成部分的社区体育，理所当然地应成为全民健身活动的主要途径。社区体育为全民健身工程提供良好的环境和条件，全民健身工程为社区体育创造硬件，两项工作相辅相成、相得益彰。社区作为人们生活的基本点，是实施全民健身计划的"根据地"。

第二节　城市社区体育的组织与管理

一、城市社区体育管理的基本定义与职能

社区体育管理在社区体育中发挥着非常重要的作用，它的好坏直接关系到社区体育能否顺利开展。对于社区体育管理者来说，需要掌握一定的社区体育管理的基本理论知识，这样才能更好地组织和管理社区体育活动。

（一）城市社区体育管理的定义

社区体育管理是为了有效地实现社区体育的目标而对社区体育的人、财、

物、信息等资源进行的合理调配和组织协调。社区体育管理包含诸多含义，这主要体现在以下几个方面。

社区体育管理是以实现社区体育的目标为主要目的而进行的一种资源调配和组织协调活动。其管理的目标主要体现在两个方面：第一，以增强社区居民的体质为目的，通过对社区体育活动内容的丰富来改善社区居民的生活方式；第二，加强社区居民间的沟通和交流，增进彼此间的感情，增强社区居民的凝聚力。社区体育管理使现有体育资源产生最大的效益。

社区体育管理能够有效地对社区体育活动进行计划、组织与控制，从而保证社区体育活动高效、和谐有序地运行。

（二）社区体育管理的职能

社区体育管理具有多种职能，其中最重要的职能包括计划职能、组织职能以及控制职能。

1. 计划职能

社区体育管理的计划职能就是社区体育的管理者对未来社区体育工作目标与计划确立的职能。这一过程主要包括确定目标和制订工作计划两个部分。

（1）确定目标

社区体育管理目标与整个体育管理目标必须是相适应的，同时目标的确立必须要做到有理有据。通常社区体育管理目标的内容主要有以下几点。

①经常参加体育活动的人数以及确保人数增长的措施。
②社区体育经费的多少。
③社区体育活动场地设施的建立。
④社区体育指导员的规模。
⑤社区居民的体质水平。

目标确定后，才能展开进一步的工作。

（2）制订工作计划

目标确定后，就要根据目标制订一系列可行的工作计划。工作计划是目标的表达方式，也是为实现目标所进行的具体设计和筹划。一般来说，社区体育工作计划的内容主要包括以下几个部分。

第一，指导思想。具体来说，就是根据党和政府的中心工作、体育的方针政策，确定好社区体育工作的重点和总目标。

第二，目的要求。就是以指导思想和总目标为根本依据，提出管理工作的具体要求。

第三，计划任务安排。在社区体育管理工作中比较常见的有经验交流的安排、检查评比工作的安排以及各项任务的安排。

第四，具体措施。比较有代表性的有经费和物质保证等。

在制订社区体育管理工作计划时，要结合本社区的具体情况进行，力求从实际出发，因地制宜。

2. 组织职能

组织职能就是指社区体育管理者落实计划，组织协调管理对象，逐步实现目标的活动过程。社区体育管理的组织职能主要包括建立健全体育组织、合理安排工作人员展开工作等内容。

3. 控制职能

控制职能就是指社区体育管理者根据目标计划的要求衡量计划完成的情况，并以此为依据调节管理对象的行为，以确保目标实现的活动过程。其基本操作过程为：建立标准—衡量实际成效—反馈调控纠正偏差—实现目标。

二、城市社区体育管理的基本原则

城市社区体育管理工作的内容有很多，要保证管理工作顺利开展，除了依据工作计划外，还要遵循一定的管理原则。

（一）激励原则

社区体育是一种人们自觉、自愿参加的活动，社区体育管理者在组织活动时要注意提高社区居民参与体育活动的积极性，这是非常重要的。一般来说，提高社区居民参与体育活动积极性的途径主要有以下几种：第一，做好体育活动的宣传工作，要营造良好的氛围以激发人们参与体育活动的动机；第二，大力开展一些极具娱乐性、趣味性和健身性的活动项目，以提高居民的体育兴趣；第三，通过表彰、奖励体育优胜集体和个人、体育活动积极分子，树立体育典型等方式，提高社区居民参与体育活动的积极性。

（二）合作原则

经过一段时期的发展，我国的社区体育管理工作取得了明显的成效，但总体来看，现阶段我国社区体育管理工作处于过渡和发展阶段，具有明显的过渡性特点。在这样的情况下,就需要社区体育中各方面的交流和合作。因此,合作性原则在社区体育管理工作中起着十分重要的作用。社区体育的领导机构、街道社区体协与辖区各单位工会、体育协会之间应加强沟通和协作,共同受益,这样才能保证社区体育资源不足的情况得到缓解,社区居民的体育需求得到满足。

(三)自主原则

居民自主管理是社区体育管理工作的重要形式,因此自主性原则就成为社区体育管理的重要原则之一。社区内的各种体育协会,作为非行政性组织,其特点主要表现为自主性、松散性,对社区体育的管理要将居民体育骨干的积极性充分调动起来,对他们的自主意识、组织能力和自治能力进行培养,依靠他们的力量自主地开展社区体育活动。除此之外,社区体育管理者还要寻求政府部门给予政策和经济上的支持和帮助。

(四)区域原则

因为社区体育具有一定的区域性特征,因此,在进行社区体育管理时,就要求一定要立足特定的区域,以特定区域内居民的体育需求、场地设施、经费等情况为主要依据将体育目标确定下来,制订体育计划,从而更好地开展体育活动。

(五)兼顾原则

在社区体育中,全体社区居民是社区体育活动的主体。因此,在社区体育管理工作中要力求做到兼顾大多数的需要,这样才有可能满足绝大多数社区居民的体育需求。兼顾性原则的具体实施主要体现在以下几个方面:寒暑假重点组织青少年的体育活动,周末组织在职人员的体育活动,日常组织中老年人的体育活动,节日组织各类人群参加综合性体育活动等。

(六)因地制宜原则

目前,总体来看,我国社区体育的场地设施条件还比较差,各个社区之间也存在着较大的差异。在这种情况下,就必须要坚持因地制宜的原则。具体来说,要做到以下几点:第一,合理利用辖区单位内已有的场地设施;第二,充分利用辖区内的公园、广场等场所;第三,充分利用辖区内的江、河、湖岸及水域等条件;第四,辖区内一切可利用的空地都可以建设成为体育活动场地。

三、城市社区体育管理的手段

对于城市社区体育管理者来说,要想科学地实施社区体育管理工作计划,需要掌握一定的手段,如行政手段、法制手段、经济手段、宣传手段等。下面就重点研究一下社区体育管理工作常用的手段。

(一)行政手段

行政手段就是社区体育管理者运用体育管理中的行政方法,依靠行政组织,运用行政职权,按照行政系统指挥职权范围内的管理对象的一种方法。这种手段具有一定的权威性和强制性,其中命令、决议、规定、指示等是这种手段的基本形式。行政手段的特点主要有:上级发布指令,下级贯彻执行,具有权威性、强制性、针对性和高效性等。

(二)法治手段

法治手段是指社区体育管理者运用各种法律、法规来规范与调节行政管理活动中各种行为和关系的方法。常见的如《体育法》《全民健身计划纲要》,以及地方关于体育方面的管理制度、条例等都是法治手段的具体表现。在社区体育管理工作中,要加强人们的法治观念,这在很大程度上决定着法治手段的运用效果。

(三)经济手段

经济手段就是指社区体育管理者利用物质利益的得失后果来规范和调整各种行为和关系的方法。一般情况下,经济手段主要有拨款、赞助、奖金、罚款等几种。在运用经济手段解决社区体育管理中遇到的各种问题时,首先要处理好社会效益与经济效益的关系,确立商品经济观念和加强体育经济立法,完善行政管理制度等,这是取得良好效果的基础。

(四)宣传手段

宣传手段是指社区体育管理者利用各种宣传媒介和手段,树立或转变人的观念,调动人的自觉性、积极性和创造性的方法。这种手段运用较为广泛,能够在很大程度上激发人们主动参与体育活动的积极性,提高人们的体育文化素养、培养和提高人们的体育意识等,在日常的管理工作中,要将宣传教育工作放在非常重要的地位。

四、城市社区体育活动组织与管理

(一) 居民参与城市社区体育活动的现状

1. 活动时间

通过对社区体育活动的调查发现，当前我国社区居民的活动时间主要集中在早晚两个时间段，上午和下午活动的时间较少，并且参与活动的人群大多是老年人，这是由我国的国情所决定的。我国已进入老龄化社会，而老年人又拥有比较多的余暇时间，因此，这些老年群体一般都习惯"早睡早起"，从而使得社区体育活动的时间呈现出以早晚为主的特点。

2. 活动内容

虽然我国的社区体育近年来取得了快速的发展，但总体来看仍然处于初级阶段。受场地设施等条件的影响，我国城市社区体育的活动内容主要有走、跑、健美操、交谊舞、武术、气功等。其中最常见的就是健身走、健身跑和武术等活动。

3. 活动场所

当前，我国城市社区体育的活动场所主要包括社区附近的公园、居委会场地、街头巷尾、公共体育场所、单位体育场地、广场等。总体来看，还存在着体育活动场地匮乏的情况，社区居民的体育需求没有得到很好满足。

4. 居民参与

虽然城市社区体育是面向全体社区居民的，但受各方面因素的影响，当前我国城市社区体育的参与对象主要是中老年人。这是因为：中青年群体一般都存在较大的工作压力和家庭负担，这使得他们很少有时间参加社区体育锻炼；同时少年群体也会在学校中进行一定的体育锻炼，因此也不是城市社区体育参与的主体；而只有中老年人，他们每天都有很多的余暇时间，并且基本上也没有家庭负担，本着强身健体的愿望，他们更倾向于参加社区健身活动。

5. 组织与管理

当前，我国城市社区体育主要是由街道社区体协、居民体育活动小组和晨晚练体育活动点组织进行，其中最具代表性的就是晨晚练体育活动点组织的城市社区体育活动，这也是我国城市社区体育最主要的组织形式之一。这充分说明我国城市社区体育的组织具有基层化的特色。

当前我国城市社区体育的管理方式主要有各级工会管理、街道居委会管理、锻炼者自发管理、其他部门管理、各类体协管理、体育行政部门管理、企事业单位管理等，其中，锻炼者自发管理是最为重要的形式。

（二）街道办事处级体育协会组织的活动与管理

街道办事处级体育协会组织的活动，是在社区或街道政府的组织和支持下进行的。它具有以下几个特点：第一，活动与竞赛的等级高、规模大、综合性强；第二，设项多，传统与创新项目相得益彰；第三，区域限制严格；第四，组织工作较为规范。街道级社区体育活动和竞赛的组织实施流程比较规范，主要包括以下两个方面。

1. 成立委员会

街道级社区体育活动和竞赛前，要成立筹备委员会，其是由主管街道体育工作的领导、文教干部、文体中心主任组成的，主要职责为讨论制定组织方案，设置工作机构。整个社区体育工作要以筹备委员会制定的组织方案为依据进行。

2. 确定组织方案

组织方案是整个社区体育活动的主要依据，其内容主要包括以下几个部分。

第一，活动的名称和宗旨。主要以体育运动的方针、任务和本次社区体育活动的性质和要求为依据确定活动的名称和宗旨。

第二，活动的主办和承办单位。街道级社区举办体育活动和竞赛，要确定好活动的主办和承办单位，另外，主会场、活动的日期和地点也要确定下来。

第三，活动的内容与规模。以活动宗旨为依据确定好活动的内容和规模，并将参加活动的单位和人数也确定下来。

第四，成立组织工作机构。要以活动规模的大小、设项的多少为依据成立相应的组委会。组委会主管社区体育的领导工作。

第五，经费预算。主要包括主会场布置费用、宣传费用、车辆使用费用、招待费用、文具费用、工作人员的补贴费用、印刷费用、开闭幕式的费用等。

第六，确定活动日程。要以活动日期为依据制定整个活动的日程总表，整个体育活动或竞赛要按照日程表的安排进行。

第七，制定各分项的活动规程。分项组委会要以大会的组织方案为依据来将各项活动规程制定出来。

第八，严明纪律，奖励先进。为保证社区体育活动或竞赛的顺利进行，大会组委会要对各承办单位、参赛队、裁判员提出纪律要求，对违反纪律的要给予处理，做到奖罚分明。做好活动资料的收集、整理工作，建立社区体育活动档案。

（三）社区体育俱乐部的活动与管理

社区体育俱乐部是社区体育组织的基本形式，是在社区或街道政府的领导和指导下进行的。这一活动形式具有一定的优势，它的组织目标统一、组织结构相对封闭、组织活动内容专业性强，是目前乃至今后我国城市社区体育组织的发展方向。

社区体育俱乐部的基本要素主要包括人员要素、设施要素、稳定的活动内容和活动时间、独立的运行体制和经营体制、统一的目标等几个方面。其体育活动或者竞赛是在单项体育协会和社区体育俱乐部组织的框架内进行的。

受各方面条件的制约，目前我国社区体育俱乐部的发展还十分缓慢，这与我国大众健身的热潮是不相适应的，因此，社区体育工作者必须要采取必要的措施和手段，积极开拓思想，加强管理，促进我国城市社区体育管理向着规范化、合理化、开放化的方向发展。

五、小城镇社区体育活动的组织与管理

我国小城镇社区居民体育活动呈现出不平衡的局面，在一些相对比较富裕的城镇，社区居民的体育活动既有保龄球、斯诺克、高尔夫等现代体育运动项目，也有我国传统体育运动项目，内容丰富多样。但是，在一些经济落后地区，大多数小城镇社区体育运动项目比较单一，大部分居民都会选择一些具有健身、防病治病的地方传统体育运动项目，以及对场地器材要求不高、技术简单易学的如健身走、健身跑、跳绳、踢毽子等项目。与城市社区体育相比，小城镇社区体育组织与管理体系尚不健全，场地设施也尤为欠缺，社区居民参加体育活动的主要形式是以个人锻炼以及与朋友或同事或家人等一起自由组合与自发的形式为主。在这种情况下，社区体育管理者要采取必要的手段和措施加强对小城镇社区体育的组织和管理。一般来说，加强其组织和管理需要强调以下几点。

第一，结合小城镇社区的具体实际，加强小城镇社区体育的基本设施建设。

第二，创新一部分适合小城镇社区体育发展的项目。

第三，挖掘和培养小城镇社区体育管理的人才，加强社区体育指导员的培养和管理。

六、城市社区体育组织的建设和管理

（一）加强社区体育组织管理

发挥"条""块"两个积极性开展社区体育，需要建立一套较为完整的组

织体系。在组织机构上，建立市区人民政府、街道、居委会、居民小组相对应的由市区政府有关部门牵头，以街道体协为主体，居委会体育组织和居民体育小组（社区体育辅导站、健身俱乐部、晨晚锻炼点、楼群庭院体育活动小组等）的四个层次的社区体育组织管理机构。街道体协对整个社区体育实施管理职能，制定本社区的体育发展规划。可根据成员的不同需求、爱好，考虑将相邻的辖区进行联合城市社区体育研究，有重点地、合理地设置健身活动点，办出各辖区的健身特色，以解决目前组织指导力量、经费等不足的问题，使有限的资源能集中使用。同时，要充分发挥驻区企事业单位的作用，主动与他们联系，取得他们的认同、理解和支持，并吸纳其职工参加社区体育活动，从而壮大社区体育组织，突破企事业、社区间独立经营和"条条"封闭、横向隔离的格局，逐步横向发展，呈现出纵横交叉、条块结合的系统网络化趋势。居委会体育组织，以开展经常性体育服务、活动为主，兼顾组织的管理，成为连接街道与居民的中介。小组体育团体要自我加强管理，在居委会的组织管理下，建立相应的组织奖励机制和约束机制去开展健身活动，以解决自身难以解决的问题。

（二）完善社区体育骨干的培养体制

提高街道、居委会工作人员的体育文化素养。体委和街道体协应有计划地为各社区体育组织培训体育骨干，定期向各社区体育组织的领导者进行法律法规宣传及健身知识技能、方法的传授，培养一批既懂健身，又懂体育经营，还懂社区工作的社区体育指导员充实到街道、居委会、体育团体中去开展社区体育工作。同时，体育行政部门应加强对社区体育指导员的资格审批注册登记及管理工作。

（三）改善城市社区的体育设施

众所周知，体育设施是影响大众体育健身活动开展的关键因素之一。体育场地设施是人们从事体育锻炼的重要前提条件之一。随着全民健身活动的广泛开展，人们健康观念和健身意识的改变和提升，越来越多的人开始关注健康、投资健康，对体育健身的需求日益高涨。这使得体育场地设施的供给显得更加滞后，已经成为严重影响和制约社区体育健康正常发展的关键原因。因此，改善城市社区的体育场地设施已成为当务之急。在现有条件下，本着以人为本、服务大众的理念，要逐步改善体育运动的条件，为大众提供参加体育锻炼必要的体育设施和体育服务。为此除了依靠政府和有关部门兴建与扩建体育场馆、增加体育健身器械以外，各个相关的职能部门还应积极主动地相互协调、联合起来，挖掘和开发现有体育场馆、健身器械的功能和利用率。同时要重视和加强对社区内的企事业、机关、学校等单位所拥有的体育场地、体育设施进行科学合理有序的开放、使用和开发，以缓解大众体育场地设施的严重不足，最大限度地为社区居民提供可利用的体育锻炼的场地和设施，尽可能地解决和满足社区居民就地就近参加体育锻炼活动的需求，从而加快推动社区全民健身活动的开展，使更多的社区居民能积极参加体育锻炼，改善和丰富他们的生活方式，增进身心健康，达到提高生活质量的目的。

充分利用和管理好辖区内的自然环境和体育设施，提高服务意识。充分利用和管理好本辖区内有限的体育活动场所，规划好各健身点的活动场所。通过改善服务意识满足辖区居民的体育需要，从而调动辖区居民加入社区体育组织的积极性。在服务内容上，选择组织成员喜闻乐见的、健康并符合社会道德规范行为的体育活动内容；在方法上，让学员学会自我健身、自我评价健身效果；在服务的时间上，考虑小区居民的作息时间，制定相应的活动时间和场所，抓住早、晚、周末、节日等空闲时间开展社区体育活动；在经营上，转变思想观念，应追求社会效益、经济效益和均得利益的经营思想，眼光应该盯着市场看，围着市场转，目标、任务从市场来，逐渐改变纯义务的服务方式。

（四）发展公益性民间体育组织

大力发展公益性民间体育组织（体育社团、民办非企业单位），培育和发展公益性的民间体育组织能够调动社会力量，形成国家、社会、个人共同承办社会体育（包括社区体育）的局面，使社会体育的社会化和产业化不断增强，大力推进社区体育的发展，满足社区居民的体育健身需求。

社区中的民间体育组织在我国还处于初创阶段，尚不规范和成熟，仍存在许多问题，如相关法规制度的不健全，自身力量不足。民间体育组织的发展还需要政府和社会的扶持、帮助，目前还需要从以下诸方面推进社区内民间体育组织的发展：①建立健全民间体育组织的法规制度。虽然在1998年民政部出台了《社会团体登记管理条例》和《民办非企业单位登记管理暂行条例》，但并未出台两个条例的具体实施办法及民间体育组织的单项法规，因此，无法根据民间体育组织及社区的具体情况实施具体管理。②民间体育组织的发展需要政府制定相关的配套政策给予扶持，如税收优惠等，以调动社会力量参与的积极性，为民间体育组织发展提供良好的外部环境。③加强民间体育组织自身力量的建设，提高自身的社会化和产业化程度，不断加强自身力量的建设。④建立民间体育组织的自律机制，以规范其行为，使其能够提供科学的体育健身服务，避免歪理邪说损害社区居民的健康。

社区体育组织是我国社会体育近年来发展中的一种新型的、非常活跃的活动形式，对提高居民体育文化素养、改善居民生活质量、促进社区精神文明建设等具有重要作用。为正确认识和解决当前社区体育的重大理论问题和实践问题，努力适应社会发展和满足人民群众日益增长的体育需求，除了成立研究组织、举办研讨活动外，还可考虑创办研究社区体育的专门刊物。因此，加强社区体育组织建设和发展，有着现实和长远的意义，必须引起有关部门的高度重视。

（五）宣传教育与科学健身指导相结合

目前我国的城市社区体育活动的参与者以老年人居多，青少年参加者较少，中年人参加者则更少。老年人退休后参加体育锻炼，一是有较多的余暇时间，二是受身体机能衰退和心理变化的影响，更加关注自身的身心健康。青少年则在沉重的课业、创业负担压迫下，渐渐地远离体育锻炼。而中年人由于上有老、下有小，在家庭生活的重负下和工作繁忙的压力下，基本上远离了体育健身锻炼。青少年和中年人除了客观原因对参加体育锻炼的影响外可能更多的应该是受自身体育观念和意识的影响。他们中的许多人缺乏健康意识和体育观念，总是认为自己年轻、身强力壮，可以不用锻炼身体。锻炼是以后的事，到时候再说。因此要进一步加强对体育锻炼的意义、作用和功能的宣传教育，通过各种形式的宣传、报道和培训来传播科学的体育知识与技能，形成体育健身的舆论导向，提高社区居民的体育意识，激发大家参与体育的动机，培养体育健身的兴趣，树立花钱买健康、投资健康的新理念。同时要加强对城市社区全民健身活动开展科学指导。实际上在体育健身活动中，许多人由于未能获得科学有效的指导，没有学会和掌握正确的健身方法和技能，极大地影响了锻炼效果，甚至发生了不应有的伤害事故，严重挫伤了他们参加体育锻炼的热情和信心，导致他们从此远离体育运动。所以，在体育锻炼过程中应重视和加强对参与者科学健身的帮助与指导，使所有的参与者都能学会和掌握科学体育的健身常识、技术和技能，能科学地进行体育锻炼，从而增进健康、增强体质，并从中获得运动的乐趣和健身的信心，提高体育健身的实际效果，进而更好地推动城市社区全民健身活动的健康发展。

(六）构建完善的体育社团

城市社区全民健身活动的健康发展除了加强宣传、教育，引导人们培养体育意识，强化体育健康观念，科学地进行组织、管理和指导以外，还必须有较为完善的体育社团给予强有力的支持和辅助。由于生活节奏的加快，生活水平的提高，加之运动不足和营养过剩，诸多现代社会的"文明病"（如肥胖、高血压、糖尿病、恶性肿瘤、神经衰弱等）以及环境污染等给人类的健康造成了极大的危害，并有继续蔓延的趋势。为此人们也比以往任何时候更加关注健康，对体育健身的需求日趋强烈，期望拥有健康，享受高品质的生活。因此，构建完善的社区体育社团是十分必要的。各种体育协会通过经常举办群众性的体育活动，将有相同兴趣、爱好和特长的社区居民集合在一起，有利于将分散的群众体育活动组织起来，使人们的体育锻炼更加科学、合理、有序，也有利于参与者之间相互交流锻炼的经验和心得体会，创造良好的体育锻炼的活动环境，养成锻炼身体的习惯，改善生活方式，提高生活质量；同时，有利于丰富人们的文化生活和社会交往，缩短人与人之间的距离，增进人们的感情交流，促进社会的和谐。

第三节 农村体育的发展概况

一、农村体育的特点

农民在生产方式、生活环境等方面与职工、学生及其他人群有着明显的差别。因此，农村体育的开展具有明显的特点。

经济实用的健身项目易于普及推广。这一特点的形成源于农村的经济发展水平总体上落后于城镇。

锻炼时间带有明显的随意性和季节性。农民不像职工那样需要坐班，工作时间自由，而且，一年当中有农忙农闲之分，这是造成上述特点的原因。

民间传统体育活动内容比较普及。农村开展的体育活动多带有浓厚的乡土气息，有明显的文化继承的特点。如五月端午南方农村中开展的龙舟竞渡，北方农村正月闹社火、舞龙、舞狮、踩高跷、扭秧歌等，源远流长，文化内涵深厚。

锻炼地点的天然性较强。这是与农民生产和生活地点较分散、较空旷有关。在田间地头劳作之余，就可以放下农具，伸伸腿弯弯腰，或利用手头的各种工具进行一些体育活动。天然的活动场地相对于城市大有优势，但标准的、固定的、人工建造的体育场地设施就比城市要少得多。

体育观念比较落后。小农经济传统观念在我国农民头脑中积淀较深，表现在对体育的功能价值认识上较为肤浅或保守。"一天劳动、不用运动"的观点仍影响着农村体育的发展。

二、发展农村体育的意义

当前，大力发展农村体育，对农村社会经济的进步具有重要意义，具体体现在以下几个方面。

农村体育事业的发展水平是实现我国农村从温饱走向小康进而实现现代化的标志之一。

农村体育是推进农村精神文明建设的重要阵地。体育作为社会主义精神文明建设的重要内容，具有陶冶情操、振奋精神、娱乐身心和促进社会稳定团结等多方面的作用。在农村广泛开展体育活动，可以推进农村社会的移风易俗，引导农民形成健康、科学、文明的生活方式。

长期以来，我国农村经济自给自足的特征十分浓厚，大多数的农村居民过着一贯制的"地头、锄头、炕头"的链条式生活。我国的农村改革开放赋予了农民体育娱乐的权利，使人们那种单调的生活方式逐渐得以改变。一些生气勃勃、欣欣向荣的农村体育活动如舞龙、舞狮、拔河、踢毽、武术、风筝、钓鱼、赛马、摔跤等得到较大发展，不仅使人们体验到了参加体育活动的乐趣，感到生活内容的充实，而且潜移默化地转变着农民陈旧的观念和生活方式，使他们获得美好有益的精神享受。

农村体育是提高农民整体素质的重要手段。一方面，农村体育是一种行为文化，对提高我国农村居民的文化修养有重要的促进作用。人的行为规范是知识内化的结果，自觉地遵守社会道德规范并形成行为习惯对提高农民文化修养有着重要的意义。体育活动过程中由于有规则要求，人们会自觉地遵守并逐步养成习惯，而体育道德规范与社会道德规范具有高度的一致性，因此农村体育活动对强化文化修养有重要作用。另一方面，农村体育又是一种健康文化，它是以休闲、娱乐为主要目的的社会活动，对农民的身心健康有较强的正面影响，加上在体育活动中讲究平等、互助、公正等行为规范，具有高尚的文化品位。农村体育的开展，有利于将农村文化引向健康、向上的高品位方向，在一定程度上能抑制农村赌博、封建迷信等社会消极现象，对我国农村居民可以起到劝喻和教育的积极作用。

三、农村体育的发展现状

（一）农村体育发展的基本情况

1. 农村体育取得的成绩

自 20 世纪 70 年代末我国改革开放以来，随着农村经济的发展和农民生活水平的提高，我国农村体育工作取得了显著的成绩。

我国农村居民的体育健身意识日益增强。全国"农民运动会"和地方性的农民竞赛的开展，为交流开展农民体育活动的经验和展示农民的新风貌，提供了良好平台。"全民健身宣传周"活动的开展，有效地增强了农村居民的体育健身意识，产生了广泛的社会影响，特别是 20 世纪 90 年代开展的以乡镇为基本单位进行的"亿万农民健身活动"，对于广大农村居民形成良好生活方式和道德品质，远离"黄、赌、毒"等不良习惯产生了良好作用，而每两年评比表彰一次的全国"亿万农民健身活动"先进乡镇，为农村体育活动的开展起到了很好的示范、激励和推动作用。21 世纪以来，"体育三下乡"活动的开展，更是掀起了各地开展农村体育的热潮，增强了农民的健身意识，改善了农村的健身条件，提高了农村居民锻炼的科学化水平。目前随着我国全民健身计划的实施，一些地方在农村还实施了成年人的体质测定，开始关注农村居民的体质健康状况。

农村居民开展体育健身活动的场地设施有了较大发展。农村体育组织不断完善。随着体育社会化程度的不断提高，我国农村体育初步形成了中央、省、市（地）、区（县、市）、街道（乡镇）5 级体育社团的层次结构，基本覆盖了全国广大农村地区，正在形成一套完整的体育组织网络。我国县城、镇体育指导站，已初步形成了一个以体育社会团体为线，以基层体育指导站、体育健身点为点的，覆盖面广的农村体育组织网络。特别是在经济发达的东部地区，我国乡村级的体育组织更是得到迅速发展，体育人群体协、项目体协、行业体协等体育社团的类型结构，基本涵盖了乡村广大农民及其所喜爱的项目，民间体育项目协会多种多样，社区体育指导站、活动点全面铺开。这些农民身边形成的新体育组织，使农民体育经常化、组织化、科学化和多样化有了更好的组织保证。

2. 农村体育存在的问题

需要指出的是，在充分肯定农村体育工作取得实效的同时，我们也必须正视当前我国农村体育工作仍存在的一些问题。

广大农民群众的身体素质不尽如人意。中国第一次成年人体质检测表明，农民的身体形态、素质机能等大部分指标低于科技人员、行政管理人员、工人等人群，部分地区的农民仍是癌症、心血管疾病和各种传染病的高发人群。在我国农村医疗保健体系尚不发达和完善的情况下，农民的身体素质不高而发病率较高是制约农村经济发展的重要因素。

对农村体育工作的重要性认识不够。在我国农村有的地方，政府部门的领导思想陈旧，认为农村体育可有可无，甚至认为体育是多余的，致使一些地方没有把社会体育作为农村社会主义精神文明建设的重要内容摆到一定的位置上。

对农村体育的政策支持力度不够。在科、教、文、艺、体等社会事业中，教育兴农和科技兴农战略以及科技、文化和卫生的"三下乡"工作都取得了显著的成就，都制定了诸多相应的扶持政策。然而，体育对农村的扶持力度不够，甚至有的地区在小康乡镇评估验收指标中，没有体育方面的内容。在农村，社会体育的组织领导机构、资金投入、设施建设等方面缺乏扶持政策。

农村的体育场地、设施条件虽有进步但仍较落后。农村体育场地、器材仍非常缺乏，即使是已有的体育场地，也都比较陈旧，无法满足农民的体育需求，更无法培养和调动农民参加社会体育活动的兴趣和积极性。农民参加社会体育活动既无人组织，又无场地设备，致使文化体育等健康文明的生活方式没有进入多数农民的生活中去。

农村体育在农村社会主义精神文明建设中的功能缺失。由于缺乏健康文明的生活方式，部分农村地区包括一些经济发达地区，"黄、赌、毒"丑恶现象及非法宗教活动仍然存在。

（二）农村体育发展缓慢的原因

农村体育发展缓慢的根本原因，在很大程度上是由中国社会整体结构具有二元化特征所决定的。我国的二元社会结构是国家的一种制度安排，因而具有一些独有的特征，其中一个最显著的特点就是社会差别与地理差别相互重叠、相互加强。也就是说，城乡差别不仅仅是地理位置差别，也是一种重要的社会差别，而这种社会差别又是以地理差别为基础，并且极大地强化了地理的差别。二元社会结构支持和保证了城市的发展，虽有其历史的必然性，但它对农村发展则是弊大于利，对农村发展的负面影响也更为深刻。农村体育与城市体育差别的形成，与二元社会结构有很大的关系。除此之外，还有下述几方面的因素。

1. 传统思想的阻碍

中国几千年的封建传统，如"劳心者治人，劳力者治于人"的思想在现时期的广大农村还有很大的影响。这种思想将读书做官作为人终生的奋斗目标，轻视劳动和体育活动。体育活动被视为"玩物丧志"之举。

农村居民普遍缺乏一定的体育意识，大多数农民头脑中都存在着"小富即安""知足常乐"的小农经济思想，"日出而作，日落而息"的生活方式已经模式化，加之本来就缺乏时间、技术、条件方面的支持，造成人们参加体育锻炼的积极性不高。具体来说，农村干部和群众对体育的认识误区主要体现在两个方面：一是对健身活动与体力劳动关系的认识误区。把体育活动误认为是单纯的肢体活动，这样就把体力劳动当成了体育锻炼。二是对体育功能的理解存有片面性。从传统观念来看，体育就是蹦蹦跳跳、消闲度假，属个人行为，无须组织，更不需要花钱进行。这种对体育的偏见时至今日也未完全消失。

2. 经济条件的制约

经济是发展体育的基础。农村体育的发展规模、水平和速度，很大程度上取决于农村经济发展水平，取决于经济发展带来的个人经济状况以及由此而引发的人的观念、思维方式和行为方式的改变。现阶段，我国农村经济尽管取得了较大的发展，但与城市相比仍然具有很大的差距，这种情况不仅影响到农村居民参与体育锻炼的积极性，而且也会影响到农民体育锻炼知识的获得和体育锻炼意识的形成。目前，农村经济条件差主要表现在：农民收入还比较低。农民收入中生活费用占了相当大的比例，恩格尔系数偏高。我国在缓解贫困方面取得了较大进展，但由于长期形成的社会经济发展不平衡，还有相当部分的农村居民生活至今仍处于低水平的温饱型消费区间。西部地区由于特殊原因发展更为落后，生活和工作条件更为艰苦，与全国平均水平特别是东部地区平均水平有很大差距。

3. 城镇化水平的影响

总的来看，我国二元社会结构延缓了我国广大地区的城市化进程。一方面，由于二元社会结构严格限制城乡的社会流动以及禁止农业商品自由贸易，大量原本靠这样的自由贸易发展起来的城镇衰落了，使我国的农村集镇在过去几十年里大大减少。另一方面，由于二元社会结构阻止农村人口向城市转移，恩格尔系数比城镇居民要高得多。这就使得农村居民用于健身活动的消费水平比较低。因此提高农民收入是增加农村购买力、扩大农村消费的关键。由此可见，城镇化水平低，影响第三产业发展，体育产业难以运作。

四、农村体育发展的趋势

当前，我国农村体育工作面临着新的发展机遇。在农村经济水平不断发展的大前提下，广大农民不仅在生活水平上有了明显提高，而且与以往相比较，其收入也大幅度地增加。这也就直接导致了农民闲暇时间的增加，使农民在财力和时间上具备了追求物质消费和文化娱乐活动的前提条件。从某种意义上来说，这就要求农村体育工作必须切实地起到丰富广大农民业余文化生活的作用，这也是中国农村社会发展的一个重要趋势。只有让农民对自身的健康情况更加注重，才会使农民对体育活动的需求急剧增长。随着这个趋势的不断发展，城乡的差距将进一步缩小，城镇公共设施建设标准将不断提高。对于新兴的小城镇来说，各项工作要与社会体育工作协调发展，要及时做好体育设施和体育组织网络的规划与建设，使城乡居民都能够有良好的体育条件和环境。

我国农村改革和发展的实践证明，必须高度重视农村社会主义精神文明建设，统筹兼顾，分级管理。农村体育的发展也必须适应农村改革和发展的需要，从管理体制上进行新的探索。

我国未来农村基层群众体育的管理体制，应是以乡镇为主体，由政府调控，依托社会组织管理，依靠社会和群众支持，自主发展的政府与社团结合型的农村基层体育管理体制。这种管理体制的优点主要包括以下几个方面。

县（区）体育总会的管理职能得到了充分发挥。县级体育总会从县体育（文体）局独立出来，成为直接管理农村体育的机构，有利于加大对农村体育的管理力度，使农村体育回归到社会体育管理系统中。而作为农村体育社会管理机构的农民体育协会，也能很好地协助县级体育总会对农村体育进行管理。

乡镇一级的体育组织机构得到加强。强化乡镇体育的管理力度，把农村体育社团组织机构下移到乡镇一级，不仅可以改变过去乡镇体育社团缺位的局面，而且还可以充分利用体育社团专业管理方面的优势，激发农村居民参加体育社团组织的积极性，充实乡镇一级体育社团的实力。

村级体育管理得到落实。目前的村级体育管理还停留在空头管理的状态。未来我国村级体育管理将成立由村民自治的体育领导小组，直接对身边的群众体育进行组织、发动、宣传、协调和指导。最终改变过去村级体育管理缺位的局面，进一步把农村体育管理在村一级落到实处。

农村体育指导员队伍建设得到加强。未来我国农村应成立乡镇体育指导员协会，对农村体育指导员进行统一和规范的管理，这将有利于改变目前我国农村体育指导员严重缺乏的局面，有利于在农村基层选拔体育热心分子，发现体育骨干。

五、生态文明背景下农村体育文化发展研究

农村体育文化传播生态的平衡还需要充分发挥民间艺人在活跃农村文化、传承民间艺术方面的作用，激发农村自身的体育文化活力，巩固农村体育文化建设基础；大力开展"三下乡"活动，鼓励大学生体育人才到农村基层锻炼，发挥科学、专业的指导培训作用，从而促进农村体育文化传播生态平衡。

（一）发展农村生态体育的优势

1. 民间体育项目资源丰富

我国民间传统体育活动多数产生于农村的生产、生活以及节庆、农闲时刻，活跃于村、寨、屯、乡。许多体育项目具有深厚的文化背景和历史传统，如龙灯、狮舞、龙舟竞渡等，在大江南北广受欢迎。至于少数民族农村地区的体育项目则更为绚丽多彩，现已收集与整理出的少数民族体育项目就有977种。这些体育资源不仅是我国传统文化的宝贵资源，也是农村体育开展的重要资源。除此之外，一些传统的民间体育项目也成为非物质形态文化遗产保护的主要内容。一些民间民俗的体育项目不仅得到了继承和发展，也成为旅游、节日庆典表演的重要项目，形成一定的经济增长点。而演绎这些项目的人也大多是当地的农民或居民，这也在一定程度上促进了农村体育的发展。因此，丰富的民族传统体育项目是农村体育发展的人文资源优势。

2. 农民闲暇时间充裕

随着农村电气化、信息化、机械化程度的提高，农民的生产和生活方式也发生了巨大的变化。这种变化带给农民最大的实惠就是闲暇时间的增多。除去生产劳动、生理必需和家务劳动时间后，可用于闲暇生活的最大可自由支配时间，并不等同于农民实际投入闲暇生活的时间。闲暇时间的增多为农民参加体育休闲活动提供了可能。农民虽然拥有较多的闲暇时间，但真正意义上用于闲暇活动的时间较少。如何充分利用农民的闲暇时间，构建合理、科学、健康的生活方式，是建设农村新生活、新文化的需要，也是解决农村体育发展的一个重要问题。

3. 活动场所自然资源充裕

我国民间传统体育因气候、地形等自然条件及社会因素的影响，形成了生

态文明背景下我国农村体育文化建设研究的与自然环境、物质生产方式、行为方式和生活习俗相融洽的体育文化和体育项目。与西方体育不同，大部分民间传统体育项目不需要特定的场地，只要有一块空地即可开展。相对于城市，农村地域宽广，房前屋后、田间地头、溪边河畔、山川河流等都是开展传统体育活动的理想场所。对于爬山、垂钓等活动，许多城市人要专门坐上几个小时的车到乡下才能参与其中，而这些活动就在农民的家门口，只要他们愿意，随时都可以享受。

（二）以生态文明为契机的农村体育文化可发展的途径

1. 农村体育发展的策略

（1）提高农民的物质文化生活水平

农村经济条件的好坏，是一个制约农村体育发展的至关重要的因素。要想实现农村体育的繁荣发展，必须具备良好的经济条件。农民只有在生存问题得到保障的条件下，才有可能产生对更高层次文化娱乐的需求。因此，促进农民增收以及提高农民的物质生活水平，是促进农村体育发展首先要解决的问题。

（2）宣传体育文化

现代大众媒体的普及为体育运动的宣传提供了良好的媒介，特别是在农村广为普及的电视等，在宣传和引导农民对体育功能、价值的认识和理解，宣传和推广农村具有特色的民间体育项目，普及健身、娱乐的体育运动项目，交流和推广农村体育示范村的经验等方面具有重要的意义。着重宣传体育"增强体质、促进健康"的功能，增加农民对体育的兴趣。由于受经济收入、文化教育等限制，农民尚不能正确认识体育的娱乐、社交、健身等诸多功能，但追求健康是城乡居民的共同愿望。因此，县、乡镇体育管理部门应抓住农民追求健康的心理，着重宣传体育促进健康、提高体质的功能，增加农民对体育的兴趣。

（3）开展民俗体育活动

中国的传统节日形式多样、内容丰富，在此期间，人们休闲集聚，举行各种各样的活动以庆祝节日。而传统节日正处于农闲时期，农民有充分的时间准备各种各样的庆祝活动。特别是一些民俗体育活动，本就是欢庆活动中一个重要的组成部分，如秧歌、舞龙、舞狮等活动，为节日增添了气氛。这些节日，不仅是开展体育活动的最好时机，也是宣传体育活动的最佳时机。

积极组织农村体育比赛，根据当地人口、地域特征、文化传统，有针对性地选择一些运动项目，尤其是集体项目，组织小型的"农民运动会"，这些比赛可以是村与村的比赛，也可以是镇与镇的比赛。通过比赛的组织、管理、宣传等工作，增加农民对体育的认识和兴趣，调动农民参加体育活动的积极性，同时也丰富农民的文化。

（4）树立农村体育先进典型

先进典型可以提供可借鉴的经验，也可以激励后进者奋起直追。县、乡镇、村直至家庭，体育先进典型可以先从经济较富裕地方和有体育传统习惯的乡镇抓起。另外，除国家组织参加开展的先进体育乡镇的评比外，省、市、县、镇各级应开展体育先进评比和表彰活动，把优秀典型推向全县、全市、全省甚至全国。以典型带动促进一般，把农村体育提高到一个新的发展水平。

2. 加强农村体育场地设施的建设和管理

加强宏观调控，统一规划，合理布局，根据当地经济社会发展现状、体育场地建设现状、体育事业发展目标和当地的体育特色，对体育场地的建设进行统筹规划，合理调配城乡体育经费和资源，保证对农村体育的优先投入。各级政府要加大对建设农村体育设施的支持力度，把体育设施建设统一纳入新村建设规划中去，使新兴的体育设施建设与新村总体建设相配套。

对于面向农村社会提供公共产品或服务的体育公益性事业，应以政府投入为主，同时建立由政府、社会、集体、个人等多方投入的多元化投资体制和开放型运作的新格局。

在保证学校教学秩序和体育工作计划实现的前提下，学校体育场地资源可以进一步向村民开放，做到资源共享，以满足农民对体育的需求，使体育场地设施发挥更大的社会效益和经济效益。另外，政府行政部门也可以通过给予政策性补贴和法律支持，鼓励和支持学校向村民开放场地。

3. 发展农村体育教育

提高政府对农村教育的投入，使农村义务教育的主要责任从农民转移到政府。建立健全多元化的基础教育办学模式，多渠道筹集教育基金，不断改善基础教育的办学条件。积极改革教育体系，最终形成城乡统一的教育体制，让农民子女有平等接受教育的权利。

学校要高度重视体育工作，按照教育和体育部门制定的标准，加强农村中小学体育场地和设施建设，保证经费投入，配备足够的能够胜任的专兼职体育教师，保证体育课堂教学、课外活动和体育竞赛的数量和质量。同时还要保证学校体育场地设施的供给。随着科教兴国战略的实施，农村学校，特别是贫困地区学校的办学条件也有了较大的改善，软硬件建设发生了根本的变化。但是和城市相比，农村学校的体育场地设施条件仍存在着较大的差距，难以满足正常的体育教育活动的需要和课外学生体育兴趣小组的开展。因此，加强农村学校体育场地设施建设，保证学校投入体育场地设施的供给，是推动农村学校体育发展的前提条件。除开设常见的田径、球类等课程外，还可以结合当地农村的特点开设一些具有地方特色的项目，充分挖掘和利用民间体育课程资源，丰富体育教学，继承和发扬民族传统体育。

4. 完善农村体育管理工作

（1）加强农村体育组织的管理

乡镇政府是农村体育管理的直接部门，乡镇政府应把体育事业纳入乡镇国民经济和社会发展总体规划；成立体育工作领导小组，加强体育服务意识建设，配备专职干部；提供一定的体育事业经费和基本建设经费，改善体育场地设施条件。县级体育部门对乡镇具有业务指导职责，应充分发挥督促作用，定期举办体育法规和体育知识培训班，定期对体育专干进行培训，培训农村社会体育指导员，形成体育活动和比赛制度；经常举办以乡镇为参赛单位的体育比赛和体育活动，协调和组织乡镇之间、乡镇与企事业单位之间的体育比赛。

（2）建立和完善农村体育组织网络

农村体育要充分发挥农民体协、文化中心、文化站、青年之家、乡镇、街道、村的体育组织机构、体育爱好者协会等社会体育管理部门的作用，建立健全农村体育组织网络。有条件的县可以建立社会体育指导中心，乡镇、村委会可以建立体育指导站。县、乡镇、村可以建立和发展体育健身点、社会体育指导中心。体育指导站、体育健身点应根据当地条件安排场地、设施，制订工作计划，并配备专兼职工作人员，安排一定的活动经费。

第四节 农村体育的组织与管理

一、农村体育管理

（一）农村体育的组织管理系统

这里所说的农村体育的组织管理系统，主要是指农村体育的管理机构设置及其权限划分。从管理机构的性质看，主要有以下几种。

①各级政府中的农村体育管理机构。我国各级政府体育机构中都设有负责兼管农村体育的专门机构,如国家体育总局的群体司,各省市县体育局(文体局或教体局)中的群体处、群体科等。

②各级群众组织中的农村体育管理机构。这里主要指共青团、妇联等组织中的专门领导、管理体育的机构,负责对农村妇女、青年的活动进行管理。

③农村体育管理的社会团体。这里主要指1986年以来成立的各级农民体育协会。

④农村体育管理的民间组织。主要指由农民体育爱好者自发组织起来的各种各样的群众性体育团体,如武术俱乐部、钓鱼协会、冬泳协会、棋社、晨练站点、锻炼小组等。

(二)农村体育基层组织管理系统

农村体育的基层组织管理对应于农村县以下三个管理层次,可划分为县级体育组织、乡镇体育组织和村体育组织。县级体育组织主要包括县政府主管体育的部门及体育社会团体。其主要职责是对全县的农村体育进行规划、管理和协调,组织县级大型体育活动和竞赛。乡镇体育组织是连接县一级组织与农民体育的中介,它主要负责乡镇范围内的体育工作。村体育组织是农村体育最基层的组织,它直接联系广大农民,组织开展农民的体育活动。当前,我国农村基层体育组织建设比较落后,许多乡镇、村尚没有体育组织,没有专、兼职的体育干部,致使农村体育在很多地区存在着"盲点"。农村体育实践和农村先进单位的经验表明,建立健全完善的组织体系是发展农村体育的有力保障。长期以来农村体育难于深入农村,关键就在于缺乏乡镇、村的体育基层组织。因此,加强农村体育基层组织建设是发展农村体育工作的一项艰巨任务。

二、农村体育活动的组织管理方式

农村体育组织通过各种方式,宣传体育的功能,营造农民良好的体育意识氛围。

充分发挥乡镇企业的龙头作用。随着农村经济的发展和经济结构的变化,乡镇企业在农村经济中占有越来越重要的地位。农村中越来越多的劳动力集中于乡镇、村办企业中,而乡镇、村办企业的体育物质条件也相对较好。因此乡镇企业是发展农村体育的龙头,通过搞好乡镇企业的体育工作可带动和辐射广大农村,使更多农民参加体育活动。

发挥复退军人和学生的骨干作用。复员、退伍军人和学生均接受过较为系统的体育教育，有较好的体育基础，可以通过他们进行体育宣传，带动其他人参加体育活动。

发挥乡村干部的带头作用。乡村干部作为农村基层领导，有责任带动广大农民积极开展体育活动，借助体育手段搞好农村的两个文明建设。而且，他们的观念和行为对农民的影响也较大，这也有利于带动体育活动的开展。

组织丰富多彩的体育活动和体育竞赛。在组织农民参加体育活动时要侧重于趣味性、健身性、休闲性、社交性，同时还要注意选择地方特色浓郁、民间传统突出的项目，以适应农民的需求特点。

制订切实可行的农村体育活动计划。要使农村体育工作持续、合理地发展，实现农村体育工作的目的和任务，农村体育组织就必须认真制订农村体育工作计划，计划中包括组织机构、规章制度、场地设施建设、体育经费、体育人口数量、体育活动内容和竞赛的组织、保障措施等内容。

三、农村社区体育活动组织

（一）重视体育宣传与改善体育设施

随着改革开放的不断深入发展，在建设具有中国特色的小康社会进程中，拥有九亿人口的农民体育活动开展得好与坏，直接关系到我国民族体质和健康水平的发展趋势。农民的身心健康是建设小康社会的基本前提条件，没有农民的身心健康就没有农村的小康，没有农村的小康也就没有全国的小康。发展农村社区体育在我国体育事业发展中具有举足轻重的战略意义和地位，其发展直接关系到中华民族的体质状况和健康水平。目前，虽然农村经济的发展和农民的生活水平得到了较大的提高，余暇时间增多，但是就全国而言，其经济基础仍然较薄弱并且发展不平衡，大部分地区只是刚刚解决了温饱问题。不少农村社区既缺乏体育活动场地和体育器材，又缺乏相应的组织、指导社会体育活动方案。同时，农民受教育程度的限制，缺乏正确的体育健身观念，农民从改革中获得的更多闲暇时间并没有得到合理的利用和开发，不少农村中的黄、赌、毒等丑恶现象，封建迷信及非法宗教活动仍然存在。因此，要用战略的眼光来认识对待农村社区体育的开展，把它纳入全面建设小康社会的发展规划，并作为构建社会主义和谐新农村的重要组成部分。同时充分重视对体育的宣传，利用多种形式，加大宣传力度，针对不同人群开展不同层次、不同形式的宣传咨询活动。如利用广播、板报、咨询、辅导站等各种形式进行体育宣传。增设农村体育健身指导橱窗，宣传体育健身知识与健身手段和方法，宣传健康第一、体育健身的理念，转变和提高农民体育健身的意识和观念，引导和鼓励农民合理利用闲暇时间进行体育活动，丰富他们的日常文化生活内容，改善生活方式，提高生活质量。同时，要加强和改善农村体育场地设施的多元化建设，依靠各级政府支持和投资，并组织乡镇企业和社会各方的力量，有计划地改善和提高农村体育场地设施的建设规模和水平，为农民提供体育健身锻炼的物质条件，使农民享受到基本的体育服务，提高他们的参与积极性和参与程度，推进农村社区体育活动的健康发展，促进整个民族身体素质和健康水平的提高。

（二）重视体育社团的建设

农村社区体育社团是农村体育最基层的组织，直接接触、联系广大农民，组织农民开展体育活动。我国的农村社区体育社团建设严重滞后，许多乡镇、村至今仍然没有体育组织，也没有专职或兼职的体育干部，致使农村的社区群众体育未能得到有效的开展，不能更好地适应社会主义新农村的建设。农村体育长期实践的经验证明，建立健全完善的体育组织是搞好农民体育活动的基本保证，是开展农民健身活动的基础环节。长期以来农村社区体育活动难以开展，关键在于体育组织的严重缺失。所以，在开展农村社区体育活动时要关注和重视其体育社团的建立、发展和完善，切合农村社区的特点和农民的体育兴趣、爱好、要求、特点，成立不同的体育组织。通过体育组织（协会）经常举办群众性的体育活动和体育竞赛，将分散的群众体育活动有效地组织起来，科学、合理、有序地指导农民的体育锻炼，促进参与者之间的相互学习、相互交流，拉近人与人之间的距离，增进人们的感情交流，培养体育锻炼的意识，养成锻炼身体的习惯，有利于丰富农民的业余文化生活内容，改善他们的生活方式，提高他们的生活质量。

（三）设计适宜的体育健身活动

1. 坚持与生产劳动和文化活动相结合

在组织农民参加体育活动时，既要坚持业余、自愿、小型、多样、因人而异、因地制宜、科学文明的原则，又要突出趣味性、健身性、娱乐性、社交性、民族性和科学性。同时还要注重选择和设计与生产劳动密切相连的活动项目，选择地方特色浓郁、民间传统突出的项目，以适应和满足农民的实际需要，从而调动农民参与体育健身活动的积极性，逐步转变体育观念。

2. 大力倡导和推广适合农村社区的健身项目

由于农村的经济发展水平滞后，体育锻炼的场地、器材设施有限，在设计体育健身项目时，要充分地考虑到这一现实特点，要结合农民的实际情况，大力倡导和推广适合农村社区特点、简单易行、经济实用、科学健康的体育设计与组织项目，逐步形成具有本地区特色的体育活动品牌，吸引更多的农民群众加入体育健身的活动中来。

3. 开展丰富多彩的体育竞赛活动

要坚持实事求是、科学务实的精神，设计出适合农民需求、具有农村社区特色、农民喜闻乐见的体育竞赛活动，力求使农民体育竞赛活动常规化、制度化。各体育社团要充分利用传统节假日和农闲季节组织开展多种形式的体育竞赛活动和表演活动，并形成制度，定时定期举行体育竞赛，为农村社区居民参加体育健身活动创造条件和提供服务。通过竞赛和表演活动，宣传普及体育健身的科学知识，提高农民参加体育锻炼的热情和积极性。各体育社团之间要相互配合、相互联系、统一规划，前后有序地组织开展体育竞赛活动或举行表演活动，使农村社区的体育竞赛活动保持经常性、不间断性，随时随处都有体育竞赛活动，营造良好的体育健身氛围，丰富农村社区居民的文化生活内容，防止地域不良生活习惯的形成，改善他们的生活方式，提高其生活质量，构建和谐健康的社会主义新农村。

第八章　老年社会体育的组织与开展

随着经济的发展和社会的进步，人的平均寿命不断延长，人口老龄化问题成为世界各国关注的一个重大的社会问题。如何保证人口老龄化这一社会问题不会影响经济社会的发展，使老年人群能够享受健康、高质量的晚年生活，一直都是国家政策和社会各界关注的焦点。随着中国人口老龄化程度的加深、老年人寿命的延长，健康问题日益成为关系到老年人如何走完人生最后阶段的核心问题，因此，当今社会亟待建立和完善老年人社会体育指导员队伍，以倡导"积极老龄化"，实现"健康老龄化"。本章阐述了我国社会的老龄化问题、社会体育对老年人健康促进、老年社会体育项目的选择以及老年社会体育的组织管理。

第一节　我国社会的老龄化问题

一、人口老龄化与健康老龄化

人口老龄化是生产力发展的必然结果。人口老龄化，即在总人口中因年轻人口数量减少或年长人口数量增加而导致全人口中老年人口比例的相应增长。世界卫生组织定义，60岁及以上老年人达到人口总数的10%或者65岁及以上老年人达到7%，称为人口老龄化。

"健康老龄化"（Healthy Aging）的概念是由世界卫生组织积极提倡的，最早于1987年5月的世界卫生大会上提出。"健康老龄化"是一个质与量相统一的概念，"老龄化"是指老年人口占总人口的比例，"健康"是指人口老龄化的质量。它是指老年人在晚年保持躯体、心理和社会功能的健康状态，将疾病或生活不能自理的时间推迟到生命的最后阶段。"健康老龄化"包括以下三方面的内容。

一是使老年人在晚年保持良好的生理、心理和社会适应能力，拥有较高的生活质量，使老年人"无疾而终"。

二是使老年群体中健康、幸福、长寿的人群占大多数，且所占比例不断增长。

三是老龄化的社会能够克服人口老龄化所产生的不利影响，为所有人的健康、富足、幸福的生活提供物质基础和保障。

因此，对"健康老龄化"概念的理解更应着重于"健康"的内涵，即不仅应表现为寿命的长度，更应为老年人生活质量的提高。1990年，世界卫生组织把"健康老龄化"作为应对人口老龄化的一项发展战略；1991年，联合国大会把每年10月1日确定为"国际老人节"；2012年，世界卫生组织将"老龄化与健康"定为世界卫生日活动的主题。

二、老龄化的评判标准

一个国家或地区是否进入老龄化，以及进入老龄化的程度如何，其判断或区分是有一定的标准的。一般的做法是，用老年比、老少比、抚养比和年龄中位数等指标判断。

老年比，国际上通常用老年人口（65岁以上）与总人口之比来表示，如果这个比例达到7%（这个比值介于0～1之间，但不等于0或1），就可以认定这个国家或地区已经进入老龄化（否则就属于年轻型或成年型社会），这个比率的高低反映着人口结构的变化以及老龄化进程的快慢程度，见表7-1。

表7-1 老龄化进程的快慢

社会类型	年轻型	成年型	老龄型
老年比（%）	< 4%	4% ~ 7%	> 7%

老少比（老化指数），是指一定时空的老年人口（65岁以上）与少儿（0—14岁）人口之比，以描述老龄化进程的影响是来自顶端老年人口还是来自底端少儿人口。老少比这个比值可以小于1、等于1、大于1，分别反映老年人口与少儿人口对老龄化的影响情况。

抚养比，是指老年人口（60岁以上）与少儿人口之和与15—59岁的劳动力人口之比。抚养比越大，意味着劳动力人口的抚养负担越重；反之，则抚养负担越轻。老龄化的加重，则导致抚养比加大。

年龄中位数，把一个国家或地区的全部人口按照从小到大或从大到小的顺序排列，处于中间的那个人的年龄或者中间那两个人的年龄平均数称为年龄中位数，一般来说，当年龄中位数大于 30 岁，就表明该国家或地区已进入老龄化。

三、中国人口老龄化的主要特点

《中国人口老龄化发展趋势预测研究报告》指出：我国目前正处于老龄化进程的加速时期，老龄化总体呈现出规模巨大、增长迅速、高龄趋势、未富先老、地区失衡、城乡倒置、女比男多的特征。

（一）老年人口基数大

中国 60 岁及以上老年人口是世界老年人口总量的 1/5，是亚洲老年人口的 1/2。中国在 21 世纪上半叶将一直是世界老年人口最多的国家。

随着中国低生育水平的长期持续，中国作为世界上人口最多的国家终将成为历史，取而代之的可能是印度。按照联合国的人口预测中位方案，预计到 2025 年印度人口总量将超过中国，进而成为世界上人口最多的国家，但中国仍将是老年人口最多的国家。

（二）人口老龄化增长迅速

想要判断一个国家或地区的人口年龄结构类型，国际上通常通过以下三个指标来分析。

其一，老年人口系数。

其二，少年儿童人口系数。

其三，老少比。

人口年龄结构类型分为三种：年轻型、成年型及老年型。老年人口系数是指老年人口占总人口的比例；少年儿童系数是指 14 岁及以下少年儿童占总人口的比例；老少比也叫老化指数，是指人口中老年人口数与少年儿童人口数之比。

从 1982 年到 2000 年不到 20 年的时间，我国就完成了人口年龄结构从成年型向老年型的转变。据联合国统计和预测，1950～2000 年期间世界老年人口增长为 176%，而中国为 217%；2000～2025 年，世界老年人口将增长 90%，中国将增长 111%。美国有关统计表明，65 岁及以上人口比例从 7% 上升到 14% 需要的时间：法国为 115 年，瑞典为 85 年，美国为 66 年，英国为 45 年。中国老龄人口达到这一比例估计只需要 25 年。

（三）高龄化趋势明显

人口学界通常将 80 岁作为高龄化的起点年龄。根据《中国人口与就业统计年鉴（2011）》的数据整理，2000年我国80岁及以上高龄人口为1 201万人，到了2010年，我国80岁及以上高龄人口为2 099万人，占60岁及以上老年人口的比例为11.82%，这10年间我国80岁及以上高龄人口增加了898万人，年平均增长率达到7.48%，明显快于60岁及以上老年人口的增长速度。目前80岁及以上高龄人口达1 300万，约占老年总人口的9.7%。

（四）人口老龄化进程与经济发展不同步

发达国家的老龄化是属于先富后老，是伴随着经济发展和人口转变发生的。而中国人口老龄化是实施了计划生育政策，控制人口的结果，老龄化进程超前于经济发展。

（五）人口老龄化发展在地区间和城乡之间差异显著

据1990年第四次全国人口普查数据统计，上海、北京、天津人口老龄化进程较早，上海早在1979年人口年龄结构类型就进入了老年型，是当时全国人口老龄化程度最高的地区。而西藏、新疆、青海、宁夏等西部省、自治区到2010年才进入，相差约30年。人口老龄化发展地区差异表现为由东到西的区域梯次特征，东部沿海经济发达地区明显快于西部经济欠发达地区。

而乡村人口老龄化程度则显示，除东北地区城镇人口老龄化程度比乡村低外，其余东部地区、中部地区及西部地区乡村人口老龄化程度均高于城镇，城乡倒置显著。目前，中国农村的老龄化水平高于城镇1.24%，这种城乡倒置的状况预计将一直持续到2040年。据预测，到21世纪后半叶，中国城镇的老龄化水平将超过农村，并逐渐拉开差距。这是中国人口老龄化不同于发达国家的重要特征之一。农村老龄化问题成为我国人口老龄化中最为突出的问题。这也对我国农村医疗保障工作提出了更高的要求。

四、中国在人口老龄化现状下面临的严峻挑战

随着人口老龄化程度不断加深，我国在医疗保障、养老保障、养老服务、就业及教育等方面的压力越来越大，直接、间接地影响我国经济社会的发展，主要存在以下几方面的挑战。

（一）应对老龄问题的准备严重不足

与人口老龄化相伴随的老龄问题可分为基本需求和发展需求两方面。前者存在日益增多的各种老年人基本需求与现实的物质准备与精神准备不足的矛盾；后者包含人口老龄化所带来的宏观方面的影响，包括对整个社会的生产、

消费、储蓄、分配、投资，以及政治和文化等各方面深刻而广泛的影响。这些问题无论对发达国家还是对发展中国家来说都既是机遇又是挑战。

（二）国家财政和医疗将陷入窘境

明显的未富先老特征使医疗保障体系以及公共卫生系统面临严峻挑战。人口老龄化将导致与年龄相关的社会支出占 GDP 的比例由 2000 年的平均不到 19% 上升到 2050 年的 26% 左右，其中卫生保健、长期护理和养老金费用的增长几乎占一半。因此，随着人口快速老龄化和高龄化，医疗卫生支出将逼近或突破维持国家财政和经济发展陷入困境的"警戒线"。

（三）老年健康支持体系存在问题

老年人医疗保障制度体系不健全，主要存在覆盖面狭窄、保障水平低、筹资公平性差三大弊端，给个人经济及社会发展造成压力。特别是在拥有 2/3 人口的农村，存在"因病致贫""因病返贫"的问题，因此老年人保障状况亟待改善。

（四）社区卫生服务发展滞后

我国社区卫生服务发展滞后主要表现在社区卫生服务利用率低、社区卫生服务人才缺乏、社区医疗设备匮乏及社区卫生服务方式和内容不能满足老年人的实际需求四个方面。

（五）老年体育公共服务出现瓶颈

老年人对体育公共服务的需求逐渐增加，而政府对其发展的支持存在一定的滞后性。如经济发达与欠发达区域之间，政府支持力度有一定的差异性与不均等性。政府对群众体育投入相对较少，对老年体育的重视程度明显不足，老龄化的体育公共服务管理相对滞后，人才力量相对薄弱。

五、中国人口老龄化应对策略

人口老龄化是人类战胜自然的必然产物，是人类的一项伟大成就，但它也为人类社会带来了新的挑战。因此，在老龄人口基数大、人口老龄化速度不断加快的情况下，如何保证人口老龄化这一社会问题不会影响经济社会的发展，使老年人群能够享受健康、高质量的晚年生活，是国家政策和社会各界关注的焦点。随着中国人口老龄化程度的加深，健康问题日益成为关系到老年人如何走完人生最后阶段的核心问题，亦为国家制订应对老龄化发展战略的前提。

根据我国人口老龄化的特征，从观念、制度、政策、资源等各个方面解决我国人口老龄化存在的问题，以实现健康老龄化。具体应对策略如下。

（一）完善基本医疗保险制度

构建多层次的医疗保障体系，加快老年人口医疗保障制度的立法步伐。形成以基本医疗保险为基本保证，社会医疗救助为托底，退休大病医疗保险、互助医疗基金、老人专项医疗基金为补充的"五位一体"的老年人口医疗保险制度，有效保护其医疗保障权益。

（二）加大医疗卫生资源投入

政府加大对老年人口的医疗卫生资源投入，大力开发老年卫生领域人力资源，积极改善老年医疗设施和就医环境，确保老年医疗卫生事业发展所需的资金，为老年人健康目标的实现提供人力、物力、财力的强大保障。

（三）政府要保证医疗资源公平分配

政府在加大投入的基础上，应改变"重医疗、轻预防""重城市、轻农村"的投入倾向，实现医疗卫生资源的公平性分配及可持续发展。

（四）全面落实社区卫生服务功能

提高社区卫生服务对老年人的服务能力，培养全科医学人才、加大社区卫生服务投入、转变社区卫生服务模式、全面落实社区卫生服务功能。

社会活动是老年人认识自我、获得社会角色、寻找生活意义的主要途径。应对老龄化的战略对策，除建立和完善社会保障、政策和法律体系外，更应强调促进老年人的自主、自立，提高老年人的自理能力和参与意识，以努力实现"健康老龄化"。

美国学者霍曼、基亚克等认为，积极参与社区活动是老年人退休后感到幸福的重要标志之一，富有意义的志愿活动有助于缓冲老年人因丧失原来的主要社会角色而受到的冲击。因此如何鼓励老年人进行更多的社会参与，倡导老年人力资源开发，是目前积极应对人口老龄化最为切实可行的策略。

第二节　社会体育与老年人健康

一、体育锻炼促进老年人身体健康

（一）动作协调

许多老年人动作笨拙，特别在做一些生疏的动作时更是如此。但经常进行体育锻炼的老人，行动利落、灵活协调，特别是参与技巧型体育活动的锻炼者更为明显。

（二）反应快、灵活性高

老年人反应迟钝是一个普遍的现象，但经常参加体育锻炼的老年人，特别是参加乒乓球、排球、武术器械练习的老人，其反应快于同龄老年人，且灵活性强。

（三）心肺功能的改善和潜力储备增加

心肺功能综合了人体的呼吸系统和循环系统。心肺功能是实现生命活动的保证。心脏在心肺功能中起着中心泵的作用。心脏可分为左、右两心房和左、右两心室。左、右心房和左、右心室之间是不相通的，而左心房和左心室之间，右心房和右心室之间通过房室瓣的启闭时而相通，时而不通。心脏使富氧的动脉血液源源不断输送到全身各组织，为其提供新陈代谢所需的氧，而静脉则回收各组织在代谢过程中产生的二氧化碳和其他废物。

肺通过呼吸运动不断与外界环境进行气体交换；同时通过大循环（体循环）和小循环（肺循环）使血液不断净化。

心脏是生命之泵，心脏收缩时，左心室不断地将动脉血泵出，动脉血流经主动脉及各级动脉分支，最后在毛细血管中将动脉血中的氧扩散进入组织细胞，供细胞氧化代谢，产生能量，以支持生命活动（包括体育活动）；细胞氧化代谢中产生的二氧化碳等废物则扩散进入毛细血管，经过组织细胞的气体交换后，动脉血变成静脉血，即动脉血的静脉化过程。

组织细胞的微动脉与微静脉之间的循环称为微循环。经过微循环后的静脉血循经各级静脉最后集中于上腔静脉和下腔静脉回归右心房。此即体循环（大循环）。全身静脉血回归右心房后，通过三尖瓣进入右心室，右心室将回归的静脉血泵入肺，血流在分布于肺泡表面的毛细血管内进行气体交换，将血液中的二氧化碳扩散进入肺泡，同时将肺泡气中的氧扩散进入肺泡毛细血管，即静脉血的动脉化过程。

1. 氧的利用率

每分输出量的峰值大小是标志人体吸氧能力的主要指标，同时，组织细胞摄氧和利用氧的能力亦十分重要。人体组织细胞摄氧能力可由动脉血液中的氧含量与混合静脉血中的氧含量之差来判定。健康人每 100 mL 动脉血中含氧约 20 mL；动脉血流经组织后回归右心房的混合静脉血中的氧含量每 100 mL 中仍可有 15 mL。可见动、静脉血氧差异为 5 mL/100 mL，也就意味着每 100 mL 动脉血流经组织时被组织细胞摄取和利用 5 mL 氧。安静时人体每分输出量为 4.9 L，所以每分钟的吸氧量为 245 mL。一般老年人的最大动静脉血氧差异可达到 10%，长年坚持体育锻炼的老年人动静脉氧差异可达到 13%。

2. 最大吸氧量

最大吸氧量反映人体每分钟摄取的最大氧量，是人体有氧能力的最好指标。一般老年人的最大吸氧量为 1.6～1.8 L/min，男子略高于女子。人体进入老年期以后，最大吸氧量逐年降低，估计每年降低 1% 左右，但坚持体育锻炼的老人，其最大吸氧量高于同龄不锻炼老人。

（四）改善睡眠质量

睡眠质量的好坏是评价生命质量的重要指标之一。许多老年人往往因睡眠质量不高或失眠而痛苦万分。体育锻炼可以调节大脑皮层兴奋和抑制，使其保持平衡，有利于抑制过程在大脑皮层的扩布，从而获得良好的睡眠质量。

（五）促进食欲

食欲是评价生活质量的又一个重要的指标。坚持体育锻炼可促进消化道的运动和消化液的分泌，同时加速营养物质的吸收，为健康提供物质保证。

（六）增进肺活量

肺活量是指人体尽可能吸气之后，用全力一次性呼出的气体量。肺活动随老年人增龄而不断下降。肺活量是国民体质检测中的重要指标。研究表明，经常锻炼的老年人肺活量显著高于不锻炼的同龄老人。

（七）调节血压

血压升高是老年人常见的症状，而体育锻炼对血压有什么影响迄今还是一个待研究的课题。但可以明确地说，体育锻炼对血压正常的人不会产生任何适应性改变（升高或降低）；但对患有高血压病的老年人，体育锻炼或有助于收缩压的下降，而对舒张压无影响。

（八）增进脊柱关节的灵活性

调查表明，锻炼的老年人驼背者较不锻炼的老年人少50%。锻炼的老年人直腿弯腰中指能触及地面者比不锻炼的同龄老年人多20%以上。此调查结果说明老年人运动锻炼有助于脊椎保持正常的弯曲度，并可增进脊柱关节的灵活性。

二、体育锻炼促进老年人心理健康

（一）老年人心理变化特点

人到老年，生理活动的变化、生活环境的变迁，不可避免地产生一系列的心理变化。老年人的心理活动，有着千差万别的表现形式，如工农、城乡、脑力劳动与体力劳动者、男女性别、种族之间都有心理差异。许多社会因素都可能加快老年人的心理变化。

1. 智力变化特点

智力是一种潜在的、非单一的能力，它是一种知觉、分析和理解信息的复杂的混合体。智力到老年后，随着年龄的增长而下降，但其严重程度差异很大，且与心理因素有着密切关系，有的因信心不足，自认为有减退，而实际情况并不严重。老年人主要是记忆和计算能力的下降，而词汇和一般常识所受的影响不大。记忆减退以近事遗忘为主，刚做过的事或讲过的话记不起来，以致经常找东西甚至怀疑被偷窃，而随意谴责他人；由于远事记忆衰退不明显，所以常唠叨往事，留恋过去，讲话啰唆重复，而对新事物不容易接受，学习新知识、掌握新技能的能力下降，遇到不熟悉的事物容易感到疲乏、沮丧与激怒。总之，老年人在记忆力、计算力、言语能力和空间构图能力方面比中年人有明显的下降，但在定向力方面则无显著差异。

2. 记忆变化特点

老年人由于年龄原因，人体结构与功能日趋老化，各系统功能均有所减退，记忆力减退就是比较突出、也比较普遍的现象。他们多对近期发生的事记不清，刚刚做过的事情一会儿就忘记了。有些老年人很幽默地自称为"老糊涂"，且自己能接受此现象，认为人老了，记忆力减退可以理解。其实，影响记忆力的原因，除生理机能改变外，还与社会心理因素有直接关系。

老年人因感觉不灵敏，注意力下降，使得刺激记忆的内容减少；再加上退休后接触的人和事物有限，不再承担工作任务等，易产生空虚感，从而情绪不振，也会影响记忆；在生活事件中，丧偶或配偶生病等重大事件会使老年人的心理问题更为严重，记忆也相继减退；还有高血压、高血脂等脑血管疾病所引起的记忆力障碍也呈上升趋势。

3. 个性变化特点

个性是一个人在同周围环境的相互作用中表现出来的，区别于他人的、稳定的个人特点。例如，有的人做事干脆麻利，有的人则缓慢而沉稳；有的人勤勤恳恳，有的人则懒懒散散；有的人情绪忽高忽低，有的人情绪却总是平平稳稳的。这些都是人的个性的不同表现。在一般情况下，人的个性一旦形成，就处于相对稳定的状态。

有人对老年人的个性做了大量的研究和试验，结果表明，在成人至老年阶段，个性主要是稳定而不是改变，老年期有自己的特点。如 40 多岁的中年人感到自己肩负责任，富有精力，因而愿意做冒险的事情，而 60 多岁的老年人就感到周围似乎存在某种威胁或危险，变得有些被动、随和了。

同时老年人在活动性、反应性和自我控制能力方面，随着年龄的增长有降低的倾向。这些变化，存在个体间差异，也就是人和人不同，男性和女性不同。人所遭遇到的心理压力过大，对他的个性会造成不利的影响，使情绪状态变得低沉、活动力减少，甚至智力活动能力减退等。社会经济状况对个性发展也有一定影响，经济状况较差的老年人所遭受的心理压力也较大。健康状况对个性发展也可造成影响，身体不好可能影响情绪状态和适应能力。如果身体健康，没有经受过分沉重的心理压力，人到老年时个性变化是很少的。

（二）老年人的心理特征

老年人的心理特征通常表现为以下几方面。

1. 做事重视准确，忽视速度

心理学家发现，老年人在做一件事情时，往往比较重视完成任务的准确性，注意避免犯错误，而对完成任务所用时间的长短并不是很在意。老年人常常嫌年轻人做事毛手毛脚，不够踏实认真。

2. 不会轻易冒险

老年人做事稳扎稳打，轻易不愿冒风险。心理实验证实：老年人宁拿较低的工资，也不愿冒较大的风险去选择一份有机会得到高工资的工作。

3. 老年人"固执"

性格是一个人对自己、对别人、对周围的社会生活环境所持的一种态度和行为方式，是心理特征的一种稳定表现。进入老年期之后，人的活动能力和生理机能就开始逐渐衰退。许多在年轻时意气风发、活泼向上的人，到了老年期之后就变得低沉、缓慢和淡漠。此外，老年人由于一生经历众多，经验丰富，因此其性格特点就更为突出。随着时间的推移和个人思想的逐渐成熟，老年人的世界观、人生观和价值观都已基本成型，有了自己独特的为人处事的模式。那些不了解老年人身心特点和个性特点的人，就会感觉到老年人是越来越冥顽不化和固执己见。

对于个性特点较为固执的老年人，有一种心理技巧和策略可以试，就是低球技术。其具体做法是：先提出一个较小的要求，待老年人接受了之后，接着再提出一个较大的要求，这个要求需要老年人付出比第一个要求更多的物质和精神代价。心理学的研究表明使用低球技术比直接提出那个较大的要求容易被老年人接受。

4. 老年人爱"唠叨"

俗话说：树老根多，人老话多。老年人说话习惯于重复，早就过去的一件小事也会唠叨个不停，而且对自己的想法和观点还深信不疑，不愿屈从别人的意见。

老年人由于生理衰老的原因，开始显得精力不够充沛，许多事情自己不能直接参与，或者无法再像年轻时那样从容和潇洒地把事情做得较为理想。因此，他们只好通过说话来表达自己内心的想法和情绪，这样才会心理平衡。同时由于自尊心的强烈作用，老年人对于自己的态度和观点都会进行坚决的维护，也就是心理学上说的"自我防卫"。老年人为了排遣寂寞，也会借助重复和唠叨的语言为自己的生活增添一点热闹的气氛。老年人最善于津津乐道的就是自己的陈年往事，自己以前取得的成绩，这都是为了能得到一点心灵上的慰藉，以解脱现时的空虚和无奈。

（三）体育锻炼对老年人心理健康的作用

体育可以调节老年人的心理疾患，保障社会稳定发展。体育的愉悦功能和缓解心理压抑等作用和功效,已使更多的人有深刻的体验。当人们的心理产生一定的压抑时,可以借助提供的体育场所和工具,尽情地宣泄内心的烦恼,焕发生命的活力,对老年人也是如此。

身体健康是心理健康的基础,运动在生理学上的积极意义,也同时促进和维护了老年人心理的健康。同时,运动还能改善人的心理状态。肢体运动在大脑上引起运动中枢的兴奋,有利于转移或消除烦恼、抑郁、焦虑、消沉、强迫症等消极心理的中枢兴奋灶。

此外,运动锻炼还是消除焦虑、镇恐压惊、缓和紧张情绪的灵丹妙药。它是改善心理状态的好方法,也有利于培养人的信心、勇气和毅力。运动能使人精神旺盛,心情舒畅。人体在锻炼的时候会释放出许多有益的激素,能调节人的情绪和心境,增强抵抗力,有益身心健康,运动能提高大脑功能。

大脑支配肢体,肢体的活动又可以兴奋大脑,经常锻炼可提高动脑的效力,提高回忆的效果,从而增强记忆力。一些老年人离退休前精神饱满,浑身是劲,离退休后,反而老态龙钟,判若两人。原因可能就是离退休后无所事事,神经松弛,导致大脑传导受阻,各种生理功能失调。所以,运动是保持青春的妙方,是延年益寿的良药。

运动能使人排除郁闷,增加生活情趣。有些集体活动有利于发展老年人的人际交往,使人心胸开阔,在运动中还可产生一些幽默的事情,使人多一些快乐,多一些笑声。笑口常开、精神爽朗是老年人少病长寿的关键。乐观愉悦的情绪,老而好乐的性格,广泛多样的兴趣均有利于保持思维活力,延缓记忆减退。

从全方位理解认识健康的标准,参与体育运动,是老年人的最佳选择。大量的研究结果表明,体育锻炼对参与者的心境改善有一定的作用和效益,可缓解焦虑与紧张情绪,产生良好的情绪体验。参与体育锻炼,让更多的老年人走出家庭的禁锢,与他人进行情感上的交流,从运动过程中净化排解心理疾患,在体育锻炼中增强体质,延缓身体机能衰弱,促进身体健康。

(四)运动中的心理问题及其调适方法

1. 开始运动时的畏惧心理

有些老年人由于身患某种疾病而对运动有顾虑,对某些运动项目有畏惧心理;还有些老年人觉得需要长期坚持锻炼才能改善身心健康,产生畏难情绪。常言道:万事开头难。只要根据个人的实际情况和客观条件,在医生的指导下,选择适当的运动项目,掌握好运动量,逐步培养兴趣,建立信心,就会打消畏惧心理，克服畏难情绪。经过一段时间的锻炼后如果能感到自己身心受益，就会逐步主动、积极地做好下一步的运动计划。

2. 要克服急躁心理

有些老年人坚持某项锻炼后感觉成效不大，容易产生急躁心理。希望尽快加大运动量，或改用其他更有效的运动项目。其实，除了某些目的明确的康复性锻炼外，大部分运动项目对身心健康的影响是缓慢的、长期的，切忌急功近利。只有将每天的运动当成一天中快乐生活的一部分，才会真正做到乐在其中，乐此不疲，心身两悦。如果产生急躁情绪后盲目加大运动量，容易导致身体伤害，心身两伤。而经常更换运动项目，又难以培养运动情趣，不易建立运动规律，故难以达到健身目标。

3. 要避免自卑心理

毋庸讳言，老年人之间的体质和身体状况是有很大差异的，有些老年人体弱多病，有些老年人开始锻炼的时间较晚，看到别的老年人身体好、运动能力强就会有羡慕之情，有时也会产生自卑心理。悲观、沮丧的情绪不仅损害自己坚持运动、持之以恒、重建健康的信心，而且直接损害身心健康。要坚信：不论以前的身体状况、运动能力如何，从现在开始，每个人追求身心健康的机会是相同的，追求健康长寿的权力也是相同的，切不可放弃这种机会和权力。只要实事求是、心平气和、循序渐进、不骄不躁、持之以恒地坚持锻炼，一定会功夫不负有心人。

4. 运动中要心态平和，避免动气

有些运动项目有一定的竞技性。例如老年人常玩的门球、麻将、象棋等。有一部分老年人喜欢这类竞技性的运动项目，但要切忌赢则大喜，输则大悲的情绪变化。情绪波动太大不利于老年人修身养性。对于患有高血压、冠心病等疾病的老年人，大喜大悲更是大忌。因此，参与任何运动项目都要保持心态平和，保证心身愉悦，避免动真气。

第三节 老年社会体育项目的选择

一、老年人选择体育项目的原则

（一）内容全面，顾及全身

老年人的生理老化是全身性的，而运动也应该是全身性的。它既有四肢的活动，也有头部和躯干的锻炼；既要重视关节的运动，也不能忽视浴面和转眼。否则，只顾四肢的活动，而忽略了其他，都有损于整体的健康。特别是老年人，眼明耳聪是幸福，但其牙齿不佳也很不方便。所以，其健身内容应是全面的。

（二）方法简便

由于老年人的关节不灵、手脚缓慢、记忆力差等弱点，不适于学习、参练那些动作复杂、方法多变、技巧性高、难度较大的健身内容。要选用那些易学、易记、易练、方法简便的健身项目，以便达到行忘腿、食忘嘴、拿忘手、书忘笔的熟练程度，获得事半功倍的效果。

（三）动作稳健

老年人由于手脚不灵、反应迟钝、骨质疏松，则易于发生跌倒、扭伤、骨折等可怕事故。因此，应选用那些动而不猛、转而无险、变而不疾、重心稳定、忌速宜缓的健身内容和方法。

（四）少竞争，勿对抗

带有竞争和对抗性质的体育活动，易于引起人们中枢神经的过度兴奋及生理机能的超量发挥。而老年人神经调节的能力较差，心肌收缩力量减弱，呼吸肌力量减退，肌肉力量及弹性降低，骨骼中的有机物减少，出现骨质疏松等，因而难以承担由竞争（特别是激烈的竞争）和对抗（特别是短兵相接的直接对抗）所引起的超负荷的内外刺激。所以，老年人不适于选择那些带有竞争激烈、直接对抗性质的健身内容。

（五）节奏平稳、柔和、富有韵律

根据老年人的心理特点，在活动的节奏上要平稳、柔和、富有韵律。不要忽快忽慢、忽强忽弱、波涛汹涌、大起大落。因为运动节奏异常或对抗竞争激烈，易导致伤筋折骨、心疾复发，有害于老年人的身体健康。

（六）以有氧运动形式为主

老年运动项目的选择要以有氧运动形式为主。有氧运动是一种着眼于增强有氧代谢能力的运动。有氧运动能有效地增加机体的呼吸系统、循环系统吸氧和运输氧的能力，因此有氧运动实际上是一种增强呼吸和心血管功能及改善新陈代谢过程的锻炼方式，是可以持续较长时间的活动，心脏负荷不大，不易产生疲劳。

二、适合老年人体育锻炼的项目

适合老年人体育锻炼的项目很多。浙江大学华明教授认为，有氧运动和适度的力量练习是适合老年人健身锻炼的项目。

有氧运动是相对于无氧运动而言的，有氧运动是一个包括众多运动项目的大类，有氧运动又可称为耐力性运动。凡是运动参与者能保持同一强度（如速度）不变而持续 6 分钟以上的运动，一般都可列入有氧运动。

人的生命活动离不开空气，其实说得更确切一些是离不开空气中的氧。氧是体内物质分解中不可缺少的，物质氧化代谢产生能量，能量是供生命活动的燃料，因此可认为凡是依靠氧化代谢提供能量的运动就是有氧运动。由于无氧运动会产生和积累乳酸、产生氧债，所以不适宜作为健身运动的项目，更不适宜老年人健身活动选择。

（一）有氧运动

1. 健身走

世界卫生组织将走步定为世界上最好的运动。其实古希腊哲人希波克拉底早在两千多年前就说过，走步是上帝赋予子民健康的最好工具。这是因为走步是一项全身性运动。我们在此将走步命名为健身走，说明这个走步的目的性十分明确，即为健身而走。因此要掌握一定的姿势：头微抬、挺胸、收腹、身体重心稍向前移，上肢和下肢配合协调，上肢摆幅适中。健身走可以一人走、结伴走或成队走，不需要器械设备，没有时间要求。

健身走的强度可分为低强度、中强度、高强度，分别为每分钟 60～80 步、80～100 步和 100～120 步。健身走的步幅以本人身高的 1/3～1/2 为宜，健身走的量每天为 3 000 步（低水平）、6 000 步（中等水平）和 10 000 步（高水平）。长年坚持健身走，其健身效益十分明显，尤其适宜 70 岁及以上老人。

健身走应该注意以下几点事项。

（1）科学行走

行走开始不要太快，步速逐渐增加，呼吸加深加快，但应避免呼吸困难。行走运动可分为小运动负荷（3 000～4 000 m/h，50～70 步/min）、中运动负荷（5 000 m/h，80～90 步/min）、大运动负荷（6 000 m/h，100 步/min）。开始时宜小运动负荷，随着身体适应能力和素质的提高，过渡到中等运动负荷或大运动负荷，甚至慢跑步。如感到呼吸困难或其他不适，应减慢速度或原地休息。

为了更科学地计算行走的距离和单位时间内所走的步数，掌握运动负荷，可以佩戴记步器。当然不必过于精确，主要以自己的感觉为度。对于一个60岁以上的健康老年人步行速度应力求达到每分钟100步，一天总量达6 000步，每天行走一小时为宜，步行时最高心率保持在100～120次/min。有的老年人可能达不到这个指标，只要安步当车，以较快的速度进行锻炼也能收到一定的效果。

（2）长期坚持，不断提高

当已经开始并适应了这项运动以后，就要坚持下去，养成每天行走的良好习惯，只有这样才有利于身体素质的提高，有利于下肢肌力的增强。经过锻炼感到行走的运动负荷已不够时，可负重远距离行走，或延长每次行走的时间。可以爬山，以增大运动负荷，巩固和提高运动效果。

（3）某些疾病患者应特别注意的问题

①冠心病病人要注意控制速度，以中小运动负荷为宜，心率控制在100～120次/min。饭后不宜马上行走锻炼，以免诱发心绞痛。

②糖尿病病人最好饭后行走，以减轻食后高血糖，一般以每次行走30～60分钟为好。

③肥胖病病人宜进行长距离行走，同时适当控制饮食，步行的速度要量力而行，但要长期坚持，以达到减轻体重、改变体形的目的。

④神经衰弱症病人宜快速行走，可达100 m/min；而兴奋型者，则宜慢走。晚上入睡困难者，睡前以80 m/min轻快行走15分钟，常可收到较好的镇静效果。

⑤肝病病人不宜饭后行走，如果饭后行动过多，进入肝脏的血液相应减少，肝脏负担过重，对身体是不利的。

2. 慢跑

20世纪60年代，全球掀起了慢跑热，许多政要名人如美国前总统卡特、德国前总统谢尔都是街道上的晨跑者。美国健康和运动委员会 7 名运动医学专家对健身跑、骑自行车、游泳、网球、高尔夫球等项目的锻炼效果进行了评价，专家认为健身跑对心肺功能、肌肉耐力、控制体重、改善睡眠、促进消化等的效果最好。

美国圣迭戈大学运动生理实验室曾对 43 名坚持 10 年健身跑的老人进行了纵向观察。发现长期坚持健身跑，心脏功能及耗氧能力均未降低；而不跑步者，10 年间心脏功能和耗氧能力降低 5%～10%。有研究者发现，许多坚持健身跑的 60～70 岁的老年人，其最大吸氧量相当于 40～50 岁人的最大吸氧量，就是说，健身跑使老年人"年轻了"20 岁。

健身跑和健身走一样，动作技巧无须学习，无须设备器械，简单易行。健身跑运动强度大于健身走，故健身跑特别适宜 70 岁及以下的老年人。

慢跑锻炼应注意以下几点事项。

①慢跑健身要遵守循序渐进的原则，距离和速度从短、慢开始，适应后逐渐增加，要量力而行，留有余地，避免心脏负担过重或使身体疲惫不堪。要衡量运动负荷是否合适，可以用自我检测心率来控制掌握，国际通用是 180- 年龄为最大心率，如 60 岁人的最大心率为 180-60=120 次 /min。跑时以不超过最大心率为宜，也可根据自己的主观感觉，以跑后自觉身体舒适、精神振作、食欲增加、睡眠良好等为适度运动负荷，否则为运动负荷过大，需及时减少运动负荷。

②早晨练习慢跑为最佳，跑前可先做做操或打打拳，早上没有时间亦可安排在下午慢跑，睡觉前不宜慢跑，但可散步。

③慢跑时呼吸自然，口鼻兼用且有节奏地呼吸。呼吸配合二步一吸、二步一呼或三步一吸、三步一呼均可。

④如有感冒、发热、腹泻，应暂停慢跑锻炼。

⑤冬天慢跑时，穿衣多少要根据天气寒冷程度、个人抗寒能力和运动负荷来确定，以跑时不感到太冷为原则。慢跑后，要及时穿衣，若衣服被汗水浸湿，要擦身换衣，注意保暖，以防感冒。

⑥慢性病患者练习慢跑，要做好自我身体检查或按时去医院复查。

3. *游泳*

游泳是在水中进行的运动。由于水和空气的物理特性不同，水依靠浮力使人体飘浮。水的阻力比空气大，所以游泳前进中要克服的阻力大，因而能量消耗大，因此，对心肺功能的锻炼价值大。但游泳要有一定的技术，对于以前会游泳并坚持游泳锻炼的老年人,应鼓励其继续进行游泳运动;但对于以前不会游泳的老年人,则不鼓励他们学习游泳。老年人游泳最好在保持一定水温的游泳池中进行。

(1)游泳的健身作用

①增强心肺功能。利用水的低温作用,可加强血管的舒缩能力,促进血液循环,增强心脏的功能。同时,利用水中压力,可增加肺活量,明显地改善肺功能。

②促使肌肉发达,保持体形健美。游泳能有效地锻炼全身的肌肉和关节,可使腰围变小,胸、背、腿部肌肉发达,身体匀称,体形健美。

③动作敏捷,反应灵活。游泳是一种节奏感很强的运动,利用水的浮力,有利于关节的锻炼,提高其灵活性,使动作柔韧舒展。坚持游泳锻炼可使老年人的动作协调、敏捷。

④经常锻炼,可以减肥。游泳消耗能量较大,每小时消耗 1 255.2 ~ 3 367.2 kJ 热量,可使体重下降,对减肥大有好处。

⑤强身健体,预防疾病。游泳本身是一种体育疗法,有舒筋活血、松弛肌肉的作用,对有些腰背痛、扭伤,可用游泳进行治疗。如方法得当,游泳对冠心病、高血压和胃肠病也有一定的治疗作用。

⑥延缓衰老,使人青春常驻。游泳时利用水对人体皮肤有压、打、拍击的"按摩"作用,以及水中元素(如无机盐)作用,能改善皮肤血液循环和新陈代谢,可推迟皮肤老化和预防皮肤病的发生。

老年人参加游泳的姿式不限,自由泳、仰泳、蛙泳均可。速度不宜过快,时间不宜过长。最好每天锻炼一次,游程一般不超过 500 m,每周锻炼最好不少于 3 次。

(2)老年人游泳应注意的事项

①锻炼前应检查身体,有严重的心血管疾病、皮肤病和传染病者不宜参加游泳锻炼。

②下水前应做 3 ~ 4 分钟准备活动,如臂、腿、腰部弯曲,伸展运动,以防在水中发生腿脚抽筋。

③水温不宜过低。因为进入太冷的水中时,血管会急剧地收缩,血压突然升高,容易导致心脑血管发生意外。因此,初练者最好从夏天开始,气温和水温使老年人容易适应。

④运动负荷要适宜。特别是初练者游程不要太长,每游 50 m 应停下来休息片刻,即使原来善于游泳者也要循序渐进。

⑤注意自我监督。适量的游泳可增加食欲，消除疲劳。如游泳后有头晕、恶心、疲劳不适时，应减少活动量或暂停锻炼。

⑥注意安全。参加游泳锻炼应结伴而行，游泳动作宜慢。不要猛然跳下水，更不要到有急流或漩涡的地方游泳。

⑦游泳可与冷水浴结合进行，游泳前后做冷水浴可增加御寒能力，并为冬泳创造条件。

此外，身体素质好并有多年游泳训练和冷水浴锻炼的老年人，可适当参加冬泳锻炼，对提高机体御寒抗病能力十分有益。参加冬泳者最好每天或隔日锻炼一次，选择上午或中午进行。入水前不要饮酒，要做好热身活动。冬泳时间不宜过长，逐渐增加，一般可游 200～300 m。锻炼后要及时更衣，预防着凉感冒。

4. 骑自行车

自行车是一种简单方便的交通工具，同时也可作为运动工具。骑车可使肺活量增大，血液循环加快，心血管系统和呼吸系统的功能得到锻炼。在蹬车时，由于臀大肌和股二头肌的牵拉，髋关节和膝关节得到充分的活动，从而使臀部和大腿的肌肉力量和耐力得以提升。

骑自行车运动时，运动者要调整好坐垫的位置，如坐垫过高车把过低时，上身过分前倾，骑行时臀部左右扭摆，则容易引起腰肌劳损；坐垫过低时，上抬的膝盖靠近车把，则会影响车把的自由转动。所以坐垫高度应调整为下蹬时膝关节呈微屈状、车把高度应高于坐垫、使骑者身体略前倾 30°左右为宜。

5. 太极拳

太极拳具有较好的保健、医疗和延缓衰老的作用。太极拳的架势平稳，动作舒缓，是老年人极为适宜的锻炼项目，太极拳的锻炼价值在于以下几方面。

①打太极拳时，锻炼者宜思想高度集中，以意带动，有利于提高大脑的生理调节功能，改善身体内的各器官功能，使之协调整合。

②使心脏收缩有力，冠状动脉血流量增加，预防老年人高血压。老年人群中高血压病患者达 46.4%。经常练拳者收缩压较不练拳者低 10～20 mmHg。

③有利于保持肺的弹性，加强呼吸肌的力量。练拳时舒缓而深长的呼吸使膈肌和腹肌得到锻炼，加大肺换气的表面积，改善和促进肺的通气和换气功能。

④调节自主神经，从而促进机体各器官功能的改善。

6. 跳舞

舞蹈能愉悦心情，长年参加舞蹈运动有助于增强心肺功能，调节新陈代谢。

有人统计，跳 1 小时舞，相当于健步走 2 千米，故称之为"艺术健步走"，舞蹈是一种综合性的健身方法，既可在心理方面获益，也能在强身健体方面收到显著效果，但应注意的是节奏快、旋转快的舞蹈不适宜高血压老人和 75 岁及以上老人参与。

7. 球类运动

球类中除足球外的乒乓球、羽毛球、篮球、排球等运动，都适合 70 岁及以下的老年人参加，但运动强度需温和，并保持游戏性的心态。

8. 门球

门球是我国老年人参与人数最多的运动项目之一。门球起源于 13 世纪的法国，传说法国牧民在放牧的间隙常用牧羊鞭打木球，使木球通过草地上竖起的两根木棒所形成的"门"。后来，这种游戏传到了英国、意大利和美国，人们称这种游戏为门球。其由于运动量不大，争夺又不十分激烈，比赛时很优雅，因而很快成为人们喜爱的一项体育运动。20 世纪 80 年代传入中国后，门球运动发展很快，目前，全国已建有 5 万多块标准门球场地，有上百万老年人长年参加门球运动。门球能提高老年人的判断力、反应力，具有一定的健身价值。

（1）门球运动的主要健身作用

①门球活动能使身体得到全面锻炼。打门球的基本动作：瞄准、击球、拾球和到位。在活动中伴随着快步走或慢跑，可以使全身的运动器官，特别是手、臂、腰腿、脚以及视力、听力、内脏和神经系统都得到锻炼。

②打门球可以进行充分的日光浴和空气浴。门球活动是一项户外运动，又因其活动量较小，能持续活动几个小时，可以进行充分的日光浴和空气浴，这是门球户外运动"得天独厚"的优势。经常进行日光浴和空气浴有增强体质和防病治病的作用，太阳的光辐射还可以使人心情舒畅，并改善人体组织的新陈代谢；人体皮肤与空气接触，可产生相应的生理效应，提高身体对气温的适应能力。

③门球活动可以锻炼思维和记忆能力。门球活动中的技巧、战术的运用和整体配合，以及打球所处的位置，都需要脑力，这样日复一日地进行脑运动，就会增强脑细胞的活力，锻炼思维和记忆能力，打门球可以说是体脑并用的运动项目，是体脑运动的有机结合，所以这项运动更有益于老年人健康长寿。

④门球活动具有显著的心理保健作用。门球是运动和娱乐兼而有之的项目，它不仅对肢体健康有益，而且能愉悦参加者的情绪，打起门球来妙趣横生，忘却生活中的种种烦忧，老年人的孤独感、失落感也消失了，同时还增进了球友

之间的交往和友谊,对老年人心理保健起到良好作用。

(2)打门球应注意的事项

①参加门球活动前应把臂、腿、腰以及相应的关节充分活动开。

②打门球时最好穿轻便而不滑的鞋,冬季冰冻天参加户外门球活动更应小心。

③门球活动的体力消耗并不大,但是一旦着迷,容易兴奋,此时老年人应注意控制自己,不应进行超过自己适合的步伐或跨度的活动,以免扭伤筋骨。从未打过门球的人也可以先自己练或与友人、家人同练。

④老年人有充裕的时间打门球,而门球运动能使参加者长时间活动,因此,老年人应把打门球安排在作息制度中,使生活,锻炼有节奏。

⑤老年人经常从事门球活动应有自身监督和预防意外的方法。

⑥老年人参加门球活动,以安全适度、确保实效、能得到快乐感和满足感为健身原则。

9. 垂钓

(1)垂钓的基本含义

垂钓俗称钓鱼,是使用钓竿、鱼钩、鱼线等工具,从江、河、湖、海及水库等处获取鱼类的一种活动,分淡水钓和海钓两大类。淡水钓的技法有沉底钓、流水钓、中层钓等。海钓分为岸钓和船钓两种。

钓鱼是一种有趣的娱乐和有益于身心健康的体育活动,一年四季均可钓鱼,但一般在春、秋两季钓鱼最为合适,冬季在冰上钓鱼也别有一番风味。

现在,也有人把钓鱼作为医治神经衰弱或某些慢性病的辅助疗法,因其经常活动于空气新鲜、风景秀丽的海滨、湖畔或江河边,可陶冶身心,有益于健康。

钓鱼时聚精会神地静坐,有如行气发功,动中求静,静中求动,动静兼修,调和气血,使大脑得到休息,让体内功能协调平衡,达到防病、治病和保健长寿的目的。无论脑力劳动者或体力劳动者,还是老、中、青年人,对钓鱼产生的浓厚兴趣,就在于认识到这种深受人们喜爱的户外活动,确实是祛病强身、益寿延年的有益之道。

(2)钓鱼的主要健身作用

①钓鱼环境有益养身保健。江河湖畔,空气清新,阳光充足,噪声小,是养身保健的良好环境。湖畔、江河两岸的空气中氧气充足,经常呼吸新鲜空气,可引起人体各种相应的良好的生理反应。阳光与空气一样,也是保障人体健康

不可缺少的因素，日光可使人获得健美的皮肤、红润健康的面容，人体经日光中紫外线照射后，可以增强皮肤和内脏器官的血液循环，促进体内的新陈代谢。城市噪声已构成环境的严重污染，这对中老年人的健康尤其有害。经常到空旷恬静的水域垂钓，幽静的环境能消除两耳的疲劳，有助于保持良好的听觉功能，耳聪者多长寿。

②钓鱼活动能控制和消除精神方面的各种不良情绪。参加钓鱼活动有助于提高生活情趣，活跃各种生理功能，是保持心理卫生，防治忧郁症、精神沮丧及焦急、暴躁等不良情绪的好方法。钓鱼的乐趣会使人心情舒畅，情绪稳定，精神饱满，钓鱼时，眼、脑、神专注使一切烦恼忧虑都会自然消除。

③钓鱼活动寓健身于娱乐之中。钓鱼者的心情是闲适安静的，手脑的活动完全出于自然，用不着去克服什么杂念，这种意识和动作的统一，正是练功者所追求的"形神合一"的功效。因此，只要在钓鱼时能保持良好的情绪，心情舒畅，保持正确的姿势，使身体上虚下实，端正安详，那么，人的体质、性格、精神都会起质的变化，获得良好的健身效果。

（3）钓鱼活动应注意的事项

①钓鱼前要做好准备工作。钓鱼是一项户外活动，一般全天在野外，出发前准备好行装，野外天气早晚凉，要多穿些衣服。钓鱼是近水的活动，宜穿防湿防滑的橡胶鞋，晴天需要草帽或遮阳帽，带足饮食和必备的药品。

②选择塘口要看塘口年代、水色、水花、深浅等，一般两年以上没干过的塘口，水中生有杂草等植物，并有多年陈鱼在塘中宜钓。好塘口的水色应是青黄、淡黄、微褐或淡青色的，鱼儿在水面打击水花，表示鱼多，但也有鱼儿在水草中隐身，不乱游动，很少在水面泛水花的；钓者可站在下风口，借风用鼻闻一闻水中的水味，如有一股鱼腥味随风飘至，说明塘中鱼多；最后再看河水的深浅，水深超过 2 m 或太浅至 40 cm，钓鱼都不理想。

③选阵与定点。用钓具探测一下河床某段深浅、平坦或陡峭、凹凸等情况，进行选阵；然后，一定要把风向、风力、水流、水温的情况搞清楚，观察其动水或静水，并结合这些环境对鱼的影响，以作为钓鱼定点撒食的依据。

④选好站脚点。钓鱼站脚点的岸头以低为宜。如岸头过高，站立容易疲乏，也使钓起的鱼起水上岸较麻烦，老人或不会游泳者，应在平坦处钓鱼，以防意外。

钓鱼安全第一，以下几点应引起特别注意。

①钓鱼遇雷雨，切勿在树下停留，空旷地带无处躲避，只有蹲下，缩小暴露面。

②雷鸣电闪时，把钓竿放在原地撤离，不要扛竿走动，雷雨中避免接触金属物。
③雨后走田埂、河堤、土坡时，要以竿代杖，防滑跌。
④河滩、草丛有蛇出没，要穿长裤和长靴。
⑤滑坡处摘钩，鱼蹦脱手，注意人身安全。
⑥勿在临近高压线下甩竿远投。
⑦冬钓下塘靠南行，北边光照有薄冰。
⑧不能在污染的水域中钓鱼或食用其鱼。

（二）适度的力量练习

肌肉力量和力量耐力的降低是衰老过程中一个明显的主观感觉和客观体征。因此，浙江大学华明教授强调，在老年人健身活动中应适当地安排和增加一些力量练习，每周至少应有 3～5 次外加负荷（如哑铃等）的力量练习，负荷以不超过本人最大负荷的 70% 为宜。其他适合老年人参加的力量练习有仰卧起坐、俯卧撑、面壁推墙、掰手腕、推实心球等。练习中不要憋气，因为憋气会阻碍血液循环，造成血压升高等不良影响。

三、不适合老年人参加的运动

浙江大学华明教授认为，不适合老年人参加的运动包括以下几项。
①憋气的运动。
②身体碰撞的运动。
③易产生乳酸堆积的无氧运动。
④膝关节负荷大且易于损伤关节软骨的运动，如爬山、爬楼梯等。

四、老年人健身活动的运动处方

老年人身体各器官的功能日趋衰退，身体代谢功能及调节能力不断下降，因而许多老年人患有慢性疾病，如高血压病、糖尿病、腰肌劳损等。运动锻炼可作为治疗老年人慢性疾病的辅助手段。为老年人常见疾病的治疗和康复所采用的运动方案应由临床医师（康复师）结合患者病情、康复进展等具体情况而制定。

（一）什么是运动处方

运动处方是根据本人的一般健康状况、运动习惯（运动史）和心肺功能及肌肉力量和耐力的状况，用处方的形式制定的系统化、个性化的健康方案。

用于老年人健身活动的运动处方，由谁来制定？理论上讲应该由负责该老人的保健医师，根据身体检查、临床诊断而制定，但在目前我国社会，这种形式尚难。因此，根据目前的实际情况，锻炼者自己可根据体检和临床诊断的结果，提出自己的健身运动方案，并向医师、社会体育指导员等咨询，听取意见后确定。

老年人自己制定运动处方，表明老人是"为了健康，我要运动"，而不是别人或组织"要我运动"。这显然是保证运动处方得以切实执行的重要条件。

（二）老年人健身活动运动处方的内容

浙江大学华明教授提出，适合老年人健身活动的运动处方应包括以下几个方面内容。

1. 运动目的

健身强体，提高生活质量和生命质量。

2. 运动项目

运动项目应为有氧运动和适度的力量练习。但必须强调，长跑等运动项目虽然被列为有氧运动，但运动剧烈时身体中无氧代谢就会参与，所以老年人健身活动中应讲求温和，不能和竞技运动一样尽全力拼搏、厮杀，而应加入更多的游戏成分，这样才能保证运动安全有效。至于具体的运动种类，本章前面已推荐了多种项目，但可供老年人选择的绝不止这些。

3. 运动强度

运动强度是指单位时间内身体的生理负荷。它反映的是人在运动时的用力程度，主要取决于走和跑时的速度、游泳时的游速、举起杠铃的重量等。运动强度是决定锻炼效果的决定因素，强度达不到阈值，则健身效果不明显，如运动强度超过本人可耐受的范围，则可能产生健身的负效果，出现损害人体健康的或显或隐的情况，用于老年人健身活动的运动处方应将运动强度控制在 65%～85% 的本人预期最高心率水平。

4. 运动时间

运动时间是指每次锻炼活动的持续时间。每次锻炼时间不应少于 30 分钟，也不必超过 60 分钟，在运动持续时间内，保持靶心率的时间不少于 20 分钟（累计）。

5. 运动频次

运动频次是指每周锻炼的次数，对老年人的健身锻炼来说，最优选择是每天一次，天天练，但至少每周锻炼不少于3次，全年不少于156次。

6. 制定老年人健身活动运动处方的原则

①安全有效性原则。

②个性化原则。

③动态原则。运动处方不是一成不变的，随着锻炼效果的不断积累和巩固，有必要对运动强度和运动时间、频次做出调整，以期进一步提升锻炼效果。

（三）老年人健身活动运动处方的实施、检查和修订

老年人健身锻炼运动处方的实施，首先是靠老年人的自觉、毅力，其次是靠体育指导员、保健医生和亲友的督促。

在运动处方的实施过程中，应尽可能地加强医务监督，注意运动强度及运动环境等，如雾霾天气不宜户外运动等。

在实施过程中老年人要养成记运动日志的习惯，以便每月、每年调整运动处方。另外，老年人要定期进行体格检查，结合运动处方的实施，总结实施运动处方的效果并对运动处方做进一步调整，在整个过程中应随时与保健医生、体育指导员沟通。

第四节　老年社会体育的组织管理

一、老年人的身心发展特点

随着我国经济社会的不断发展，我国的老龄人口不断增多，我国逐步进入老龄化社会。在这一形势下，对老年人的社会体育活动的组织和管理进行研究，将能够更好地促进我国老年人的身心健康，这对我国的社会主义和谐社会建设具有重要的促进作用。

（一）老年人的身体发展特点

一般意义上的老年人是指年龄在60岁以上的人。随着我国经济的发展，人民物质生活条件的改善，人的平均寿命也有了一定程度的延长。如今，我国逐渐步入老龄化社会，老年体育活动将成为社会体育建设的重要内容。

老年人的各器官、组织表现出明显的衰退变化，人体的适应能力和对疾病的抵抗力减退的程度较大。因此，在这一阶段，人的患病率会逐渐上升，疾病对老年人的健康生活产生极大的破坏。随着年龄的增大，老年人的感官功能、运动能力等都会表现出明显的下降，从而出现反应迟钝、智力下降、运动困难等状况。

（二）老年人的心理发展特点

老年人多从其工作岗位上退休，其社会角色会发生极大的变化，从而对其心理方面产生重要的作用。由于子女工作繁忙，容易使老年人表现出一定的孤独感、失落感。对自身身体各项机能的衰退也会表现出一定的紧张和恐惧。另外，由于无所事事，也很容易使其产生一定的无用感。

二、老年人体育健身活动的选择

（一）选择合适的体育健身活动

只有保持身心的健康，老年人才能够愉悦地生活。因此，我国高度重视老年人的健康问题，不仅在医疗方面出台了一系列保障老年人身体健康的措施，而且还积极促进老年人体育事业的发展。老年人参加体育活动不仅能够有效预防和治疗多种疾病，还能够丰富和充实老年人的生活，使其生活愉悦、满足。

老年人体育项目的选择和设计应从老年人的实际情况出发，科学制订体育锻炼计划的目标、形式、手段，同时还要考虑场地设施因素以及季节变化因素等方面的问题。一般而言，适合老年人参与的体育项目有太极拳、体育舞蹈、慢跑、散步、游泳、垂钓、棋牌等。应根据老年人的兴趣爱好以及其身体状况设计相应的运动，并注重负荷量的适当。

在体育锻炼实践过程中，一方面要科学地选择和设计锻炼内容；另一方面，老年人要量力而行，不可争强好胜。老年人的运动形式主要是严格控制负荷量的有氧运动，如果负荷量安排不当，则可能对身体造成一定程度的损害，甚至引发意外事故。在老年人进行体育锻炼时，还应注重其锻炼的全面性，延缓各方面身体素质和机能的衰退。老年人在锻炼过程中应进行自我监控，并定期对身体进行健康检查。

（二）老年人体育健身活动的特点

1.老年体育项目多以传统体育养生项目为主

老年人所从事的体育运动相对较为舒缓，并且传统的体育养生手段在老年人中得到了较为广泛的传播，如太极拳、八段锦、气功等。我国传统体育项目蕴含着我国的传统文化和哲学，因此得到了人们的广泛认同，所以它成为很多老年人的选择。我国传统的体育锻炼方法强调身心的修养，形神兼备、内外兼修，对于老年人的身心健康具有重要的促进作用。

2. 老年体育活动形式多以群体活动为主

老年人在进行体育活动时，以群体性活动为主，这样不仅能够激发有规律的体育锻炼的动力，还能够有助于老年人打发空闲的时间。在进行群体性的活动时，老年人之间可进行多方面的交流和互动，不仅能够在一定程度上提高体育锻炼的效果，还能够排解其孤独感。

3. 老年体育的强度较低

老年人的各项身体机能和身体素质不断下降，这就使得其在进行体育锻炼时不得不将运动强度控制在较低的水平。为了达到更好的锻炼效果，老年人一般会通过延长体育锻炼时间来实现。在小负荷、长时间的体育运动过程中，他们与其他的老年人一起度过较多的空闲时间。

4. 老年体育的组织化程度较高

老年人体育锻炼的组织化程度较高，在各社区中有相应的老年人活动中心，他们在固定的时间、地点进行体育运动。在体育活动站点也有相应的社会体育指导员，教授相应的体育运动知识并对其进行有效的组织和管理。有些地方还成立了相应的老年人体育运动俱乐部。

三、老年人体育健身指导

（一）树立科学的健康观念

随着经济社会的发展，人们的思想观念也在逐渐进步。在新的历史时期，人们对于健康的认识也在不断发展。现代的健康观念不仅是身体的健康，同时也是心理、情感以及社会适应等方面的综合的健康，它是一种多维度的概念。老年人应确立正确的健康观念，进行必要的健康储蓄，保证现在和未来的高质量生活。

应加强对中年人的宣传和教育，使其关注自身的多方面的健康状况，并使其明确进行体育锻炼的多方面的作用和功能。老年人应改变以往的错误想法和认识，把参加体育锻炼变成自觉的要求和行动，从而有目的地进行体育锻炼。

（二）因人制宜，科学锻炼

由于老年人的各项身体机能和素质都处于逐渐下降阶段，因此，在进行体育锻炼时应注意结合自身的实际情况，按照相应的体育锻炼规律来增强自身的健康，切不可逞强好胜。老年人在进行体育健身锻炼时以群体性体育锻炼为主，这样更加适合老年人的身心发展特点。老年人在群体活动中相互进行交往，交流各自体育锻炼的心得体会。但是，需要注意的是，老年人的体质状况具有很大的差异性，因此应做到因人而异，科学进行锻炼。

在组织相应的体育活动时，应根据其身体机能状况以及相应的心理需求来制定体育锻炼的内容和方法。老年人在进行体育锻炼时不能够根据其他人的体育锻炼的运动量来确定自身的运动量。老年人体育锻炼应符合自身的身心接受能力，并且锻炼要有针对性和实效性。另外，参加体育锻炼的老年人，要从自己的身体状况出发去选择锻炼的内容、方法，根据老年人身体各系统、各部位、各内脏器官的机能逐渐衰退的实际，全面进行锻炼。

老年人的体育锻炼应量力而行，并且应是一个循序渐进的过程，要保持一定的规律性。如果断断续续地进行体育锻炼则不能够起到应有的锻炼效果。在进行体育锻炼时，技术动作的难度以及运动的强度应在其可接受范围之内，保证健身锻炼的安全。

在锻炼过程中，应结合个人的身体状况和条件，适当地增加运动负荷，提高锻炼的强度，以增强机体的适应能力。但要注意的是，不可盲目地增加运动负荷，避免造成过度疲劳或是身体伤害。

（三）防病、治病相结合

老年人具有大量的空闲时间，进行相应的体育运动不仅能够祛病强身、保持健康、延年益寿，还能够丰富和充实其生活，提高生活的质量。老年人进行体育锻炼能够有效提高自身的免疫力，起到防病的目的。而开展一些保健体育和康复体育，能够促进老年人疾病的康复，对于提升其健康状况具有重要的作用。因此，指导老年人进行体育锻炼时一定要与改善健康水平和防病、治病有机地紧密结合起来，使得健康、防病和治病紧密结合，最大限度地满足老年人对健康的需求。

（四）简单实用，持之以恒

老年人身体机能状况明显下降，因此其从事的健身锻炼项目应少而精，锻炼的方法也应该简单实用，避免复杂和幅度过大的动作。轻缓适量是老年体育锻炼的一个重要特点，其内涵是动作轻缓、负荷适宜。为了更好地延缓人体的衰老，还应该持之以恒地进行体育锻炼。在锻炼过程中应做好自我健康调控，排除锻炼过程中的隐患，保证锻炼过程的安全有效。

另外，在进行运动健身时，老年人应有动有静，要把动静这一对矛盾很好地统一起来，积极进行锻炼效果评价并及时调整锻炼计划。

老年人的各项身体机能和素质处于逐渐下降的过程，在锻炼过程中，应根据自身的实际情况对锻炼计划进行及时调整，这是保证体育健身锻炼科学性的有效手段。

在组织和设计老年人的体育活动时，应使老年人明确自我监督的方法，以更好地确定运动锻炼的负荷量的大小。一般常采用的监督方法包括自我观察法，也可通过测量脉搏进行确认。进行自我观察时，一般从以下方面进行：精神状况、睡眠状况、食欲、心率、呼吸等。具体的评价内容如下。

1. 食欲

经常进行适量的体育健身运动，则人体的各项生理反应正常，健康状况良好，人的食欲也会相对比较旺盛。如果进行体育锻炼的负荷量相对较大，则锻炼者的生理会有一定的异常，其食欲也会不振，这时就需要对运动负荷量进行必要的调整，建立科学的健身计划。

2. 排汗量

在进行相应的体育健身运动时，如果运动量合适，则锻炼者会微汗或中等程度出汗，这时机体的新陈代谢状况良好。如果运动负荷量较小，人体在健身运动后出汗较少或基本不显汗，这对人体的锻炼价值不大。如果负荷过大，机体过于疲劳，锻炼者则会满头大汗，浑身湿透，颊部出现盐渍，甚至夜间盗汗。这也不适合锻炼者，不利于健康健身效果的取得。

3. 睡眠状况

如果运动量适宜，则在进行相应的健身运动之后，大脑皮层和全身各器官系统会产生一定的疲劳，这在一定程度上能够促进人的睡眠质量的提高。如果体育锻炼的运动负荷量相对较大，则机体会产生一定的生理不适应，从而导致失眠、多梦的状况，在醒后也会感觉体力不支。

4. 情绪

人体会表现出一定的运动需要，但这一需要得到满足时，会产生轻松愉悦的情绪体验。因此，如果锻炼者在健身锻炼之后表现出精神饱满、状态良好，则表明运动健身的负荷量较为合适；反之，则应及时调整运动负荷和改进锻炼方法，特别要降低运动的强度。

5.疲劳感觉

在运动负荷适当的情况下，锻炼者会倍感舒服，体力充沛，并且渴望进行体育运动。每次进行体育锻炼之后，运动者会表现出一定的疲劳和肌肉酸痛感，但是通过适当的休息之后便能够较快地消除这种疲劳感。如果运动锻炼的负荷量相对较大，锻炼者则会表现出体力不支、萎靡不振的状况，甚至会产生抵触运动锻炼的心理，这时就应该对运动健身的负荷量进行积极调整。

参考文献

[1] 贺洪. 健康管理概论 [M]. 长沙：湖南师范大学出版社，2012.

[2] 胡月琴，邓斌菊. 社区健康管理技术 [M]. 合肥：安徽大学出版社，2016.

[3] 雷铭. 健康管理概论 [M]. 北京：旅游教育出版社，2016.

[4] 李新文. 体育健康管理方法论 [M]. 成都：电子科技大学出版社，2014.

[5] 李雪莉，张忠汉，吴之余. 健康管理研究与实践 [M]. 北京：人民军医出版社，2014.

[6] 卢元镇，周志俊. 社会体育学基础（运动训练专业）[M]. 北京：高等教育出版社，2003.

[7] 卢元镇. 社会体育导论 [M]. 北京：高等教育出版社，2004.

[8] 马斌. 社会体育促进健康的理论与实践 [M]. 沈阳：沈阳出版社，2011.

[9] 上海市体育局群体处，上海市体育宣传教育中心. 社会体育指导员培训辅助教材 [M]. 上海：复旦大学出版社，2005.

[10] 宋狄雷. 社会体育概论 [M]. 哈尔滨：黑龙江人民出版社，2006.

[11] 谭晓东，黄希宝. 健康管理的实践与创新 [M]. 武汉：华中科技大学出版社，2016.

[12] 肖林鹏. 社会体育管理 [M]. 北京：北京体育大学出版社，2005.

[13] 徐晓燕. 社会体育学 [M]. 杭州：浙江大学出版社，2013.

[14] 翟向阳. 健康教育学 [M]. 重庆：重庆大学出版社，2018.

[15] 张国华, 陈雪红, 彭春江. 社会体育活动方案设计与组织[M]. 北京: 北京师范大学出版社, 2010.

[16] 张劲松, 张树巍. 高校体育管理理论与实践[M]. 沈阳: 东北大学出版社, 2016.

[17] 张钧, 何进胜. 运动健康管理[M]. 上海: 复旦大学出版社, 2019.

[18] 赵钢, 雷厉. 体育场馆经营管理概论[M]. 北京: 北京体育大学出版社, 2007.

[19] 周学荣, 谭明义. 社会体育学概论[M]. 哈尔滨: 黑龙江人民出版社, 2004.